期货交易者教育系列丛书

纯碱期货

中国期货业协会　编

中国财经出版传媒集团
中国财政经济出版社

图书在版编目（CIP）数据

纯碱期货／中国期货业协会编．--北京：中国财政经济出版社，2023.7（2024.1重印）
（期货交易者教育系列丛书）
ISBN 978-7-5223-2285-8

Ⅰ．①纯… Ⅱ．①中… Ⅲ．①碳酸钠-期货交易-基本知识 Ⅳ．①F830.93

中国国家版本馆CIP数据核字（2023）第101468号

责任编辑：贾延平　　责任校对：徐艳丽
封面设计：王　颖　　责任印制：刘春年

纯碱期货
CHUNJIAN QIHUO

中国财政经济出版社 出版
URL：http：//www.cfeph.cn
E-mail：cfeph@cfeph.cn

社址：北京市海淀区阜成路甲28号　邮政编码：100142
营销中心电话：010-88191522　编辑部电话：010-88190957
天猫网店：中国财政经济出版社旗舰店
网址：https：//zgczjjcbs.tmall.com
北京时捷印刷有限公司印刷　各地新华书店经销
成品尺寸：170mm×230mm　16开　18.75印张　290 000字
2023年7月第1版　2024年1月北京第2次印刷
定价：49.00元
ISBN 978-7-5223-2285-8
（图书出现印装问题，本社负责调换，电话：010-88190548）
本社质量投诉电话：010-88190744
打击盗版举报热线：010-88191661　QQ：2242791300

《期货交易者教育系列丛书》编委会

前　言

我国期货市场经过30多年发展，经历了从无到有、从小到大、从乱到治，走出了一条独具特色的道路，取得了令人瞩目的成就。30多年来，期货市场的规则体系不断完善，品种创新有序推进，风险管理工具进一步丰富，对外开放进程明显加快。期货市场的规模稳步扩大，市场交易者结构逐步优化，资产管理和风险管理等创新业务探索取得初步成效。期货市场整体运行质量和效率不断提高，价格发现和风险管理的基础功能得到发挥，在优化资源配置，促进产业升级，助力脱贫攻坚和维护国家经济金融安全等方面发挥着越来越重要的作用。

随着我国期货市场规模的不断发展壮大，新的市场参与者特别是个人交易者规模呈持续上升趋势。交易者是期货市场的重要主体，期货市场的发展离不开交易者的积极参与。中小投资者是我国现阶段资本市场的主要参与群体，但处于信息弱势地位，抗风险能力和自我保护能力较弱，合法权益容易受到侵害。维护中小投资者合法权益是证券期货监管工作的重中之重，关系广大人民群众的切身利益，是资本市场持续健康发展的基础。因此，当前我国期货市场正处于快速发展时期，做好期货交易者教育工作意义深远。

2013年，《国务院办公厅关于进一步加强资本市场中小投资者合法权益保护工作的意见》（以下简称《意见》）发布，指出要强化中小投资者教育，加大普及证券期货知识力度。将投资者教育逐步纳入国民教育体系，有条件的地区可以先行试点。充分发挥媒体的舆论引导和宣传教育功能。证券期货经营机构应当承担各项产品和服务的投资者教育义务，保障费用支出和人员配备，将投资者教育纳入各业务环节。提高投资者风险防范意识。自律组织应当强化投资者教育功能，健全会员投资者教育服务自律规则。中小投资者应当树立理性投资意识，依法行使权利和履行义务，养成良好的投资习惯，不听信传言，不盲目跟风，提高风险防范意识和自我保护能力。2019 年 3 月，中国证监会、教育部联合印发了《关于加强证券期货知识普及教育的合作备忘录》（以下简称《合作备忘录》），旨在学校教育中大力普及证券期货知识，推动全社会树立理性投资意识，提升国民投资理财素质，维护社会和谐稳定。2022 年 8 月 1 日，《期货和衍生品法》正式施行，确立期货交易者权益保护制度，构建交易者保护体系，加大普通交易者保护力度。

随着《意见》的深入贯彻和落实，我国中小投资者保护工作取得了积极成效，围绕期货交易者教育工作，期货市场的监管部门、自律组织与中介机构都深入进行了大量形式多样、内容丰富、卓有成效的工作。由中国期货业协会组织编写的本套《期货交易者教育系列丛书》，就是协会按照中国证监会的统一部署，贯彻落实期货交易者教育工作的重要措施之一，也是协会积极响应《关于加强证券期货知识普及教育的合作备忘录》的要求，推动期货知识进校园、进课堂、纳入国民教育体系的切入点。本丛书是为期货交易者编写的一套普及性读物，以广大普通交易者为服务对象，兼顾了专业机构的需求，采取简单明了的问答式体例，在语言上力争做到深入浅出、通俗易懂、可读性强。衷心地希望本丛书的出版能够为期货交易者了解期货市场、树立风险意识、理性参与期货交易提供有益的帮助。

在此，我们对所有在本丛书编写和出版过程中付出辛勤劳动的朋友表示衷心感谢。由于编写时间紧迫，书中错误和疏漏在所难免，恳请读者批评指正。

中国期货业协会

2023 年 7 月

目　录

第一章

国内纯碱现货市场概况

本章要点

本章主要介绍了纯碱的性质、用途、发展历史、国家标准、生产工艺及流程、产能、产量及消费分布、现货贸易、运输及包装等现货基础知识，能够帮助交易者了解纯碱现货的相关知识，为后期更深入地了解和参与纯碱期货做好必要准备。

一、你了解纯碱吗？

（一）纯碱的基本属性

纯碱（Soda Ash），又名苏打、碱灰、碱面或洗涤碱，成分为碳酸钠

(Na_2CO_3)，CAS 号是 497－19－8，分子量为 105.99，化学品的纯度多在 99.5%以上（质量分数）。纯碱属于盐类，因其水溶液呈碱性而被称为纯碱。常温下，纯碱为白色无气味的粉末或颗粒，有吸水性，露置在空气中可逐渐吸收水分；纯碱的熔点为 851℃，沸点为 1600℃。纯碱的化学分子式见图 1－1。

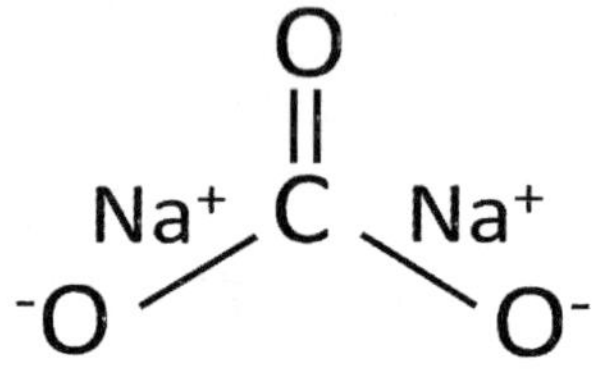

图1－1 纯碱的化学分子式

延伸阅读

什么是 CAS 号

CAS 号（CAS Registry Number 或 CAS Number，简称 CAS Rn 或 CAS #），又称 CAS 登录号，是某种物质[化合物、高分子材料、生物序列(Biological Sequences)、混合物或合金]唯一的数字识别号码，是美国化学会下设的组织化学文摘社（Chemical Abstracts Service，CAS）为每一种出现在文献中的物质分配的一个编号，主要是为了避免化学物质有多种名称的麻烦，使数据库的检索更为方便。所以，CAS 在生物化学方面便成为物质唯一识别码的代称，即每一种化学物质都拥有自己的"学号"。如今的化学数据库普遍都可以用 CAS 号检索。

一个 CAS 号被连字符"－"分为三部分，第一部分有 2 到 7 位数字，第二部分有 2 位数字，第三部分只有 1 位数字，即校验码。CAS 号以升序排列，且没有任何内在含义。校验码的计算方法如下：CAS 顺序号（第一、第二部分数字）的最后一位乘以 1，最后第二位乘以 2，依次类推，然后把所有的乘积相加，再将和除以 10，余数就是第三部分的校验码。以水分子来举例：H_2O 的 CAS 号的前两部分是 7732－18，则其校验码 =（$8\times1+1\times2+2\times3+3\times4+7\times5+7\times6$）mod 10 = 105 mod 10 = 5（mod 为求余运算符），所以水的 CAS 号为 7732－18－5。

纯碱（碳酸钠）易溶于水和甘油，微溶于无水乙醇，难溶于丙醇。水温在35.4℃时溶解度最大，每100克水中可溶解49.7克碳酸钠。其水溶液呈强碱性（pH=11.6），且有一定的腐蚀性。纯碱稳定性较强，但高温下也可分解生成氧化钠和二氧化碳。长期暴露在空气中会吸收水分及二氧化碳，生成碳酸氢钠（俗称“小苏打”）。

碳酸钠可分别与酸、盐、碱发生化学反应：

与酸可发生复分解反应，例如遇足量盐酸时，生成氯化钠和碳酸，不稳定的碳酸立刻分解成二氧化碳和水，碳酸钠与其他种类的酸也能发生类似的反应；

与盐也可发生复分解反应，例如某些钙盐、钡盐可与碳酸钠生成沉淀和新的钠盐；

与氢氧化钙、氢氧化钡等碱也可发生复分解反应，生成沉淀和氢氧化钠，工业上会用这种反应制备烧碱（即氢氧化钠），俗称苛化法。

延伸阅读

认识烧碱（氢氧化钠）

烧碱学名氢氧化钠，化学式为NaOH，俗称火碱、苛性钠，是一种具有强腐蚀性的强碱，常温下为白色晶体，易溶于水（溶于水时放热）并形成碱性溶液。另外，烧碱有潮解性，易吸收空气中的水蒸气发生潮解，吸收二氧化碳发生变质。烧碱是国民经济基础性化工原材料，是“三酸两碱”［三酸两碱，即硝酸（HNO_3）、硫酸（H_2SO_4）、盐酸（HCl）和氢氧化钠（NaOH）、碳酸钠（Na_2CO_3）］中的两碱之一，用途十分广泛，主要用于氧化铝、纸浆、染料、化纤、水处理、冶炼金属、石油精制、棉织品的整理、煤焦油产物的提纯，以及食品加工、木材加工和机械工业、化学工业等方面。

纯的无水氢氧化钠（固碱）为白色半透明、结晶状固体，有块状、片状、棒状、粒状，质脆；极易溶于水，纯液体烧碱为无色透明液体，溶液的溶解度随温度的升高而增大，溶解时能放出大量的热。烧碱水溶液有涩味和滑腻感，呈强碱性，能与酸性物质反应，具备碱的一切通性。

烧碱易溶于乙醇、甘油，但不溶于乙醚、丙酮、液氨，对纤维、皮肤、玻璃、陶瓷等有腐蚀作用，溶解或浓溶液稀释时会放出热量；与无机酸发生中和反应也能放出大量热，生成相应的盐类；与金属铝和锌、非金属硼和硅等反应放出氢；与氯、溴、碘等卤素发生歧化反应；能从水溶液中沉淀金属离子成为氢氧化物；能使油脂发生皂化反应，生成相应的有机酸钠盐和醇，这就是去除织物上油污的原理。

根据氢氧化钠质量分数的不同，烧碱又可分为30%液碱、32%液碱、45%液碱、50%液碱和73%固碱、95%固碱、96%固碱、99%固碱、99.5%固碱等系列产品。固碱从其形状上又可分为桶装固碱、片碱、粒碱。国内固碱市场以片碱为主，主要原因是片碱具有生产工艺简单、生产成本低、使用场景多、市场需求量大等优点。

烧碱是重要的基础化工原料，广泛应用在化学工业、纸浆生产和造纸、印染和化纤、冶金、肥皂和洗涤剂、环保等行业。

在化学工业领域，烧碱是大量化学反应中不可缺少的重要物质，也是生产聚碳酸酯、超级吸收剂聚合物、沸石、环氧树脂、磷酸钠、亚硫酸钠和大量钠盐的重要原材料之一。

在纸浆和造纸工业领域，烧碱作为助剂，可以去除纸浆中的木质素、碳水化合物和树脂等非纤维素，并中和其中的有机酸，制出以纤维素为主要成分的纸浆，提高纸张质量。

在印染和化纤工业领域，烧碱也有广泛应用。在印染工业中，烧碱可作为软水剂，提高印染环节的上色率和均匀度，并提高着色速度。在化纤工业中，烧碱可作为退浆剂，洗除棉纤维中无机盐类杂质，也可作为煮炼剂，去除大部分天然杂质，还可被用作丝光剂，精炼提纯纤维素，改进织物的外观，提高织物的吸湿性。

在冶金工业领域，烧碱可以把矿石中的有效成分转变成可溶性的钠盐，以便除去其中不溶性的杂质。例如，烧碱溶液加温可以溶出铝土矿中的氧化铝，得到铝酸钠溶液。将溶液与残渣（赤泥）分离后，降低温度，加入氢氧化铝作晶种，然后经长时间搅拌，铝酸钠分解析出氢氧化铝，洗净，并在950℃～1200℃温度下煅烧，便得氧化铝成品。又如冶炼钨时，也是首先将精矿和烧碱焙烧成可溶的钨酸钠后，再经酸析、脱水、还原等过程，从而制得粉末状钨。

在日常洗涤工业领域，肥皂、香皂和其他种类的洗涤用品对烧碱的需求比较大。肥皂属于高级脂肪酸的钠盐，一般是用油脂在略为过量的烧碱作用下进行皂化而制得的。烧碱也被用于生产各种洗涤剂、洗衣粉等。

在环保领域，烧碱主要用于水处理过程，用烧碱参与的中和反应可降低水的硬度、调节水的pH值；烧碱可以和废水中的酸性物质发生中和反应生成无害的盐和水，也可通过吸附沉淀消除水中的重金属离子。

（二）纯碱的分类

根据密度的不同，纯碱主要分为轻质纯碱（以下简称“轻碱”）和重质纯碱（以下简称“重碱”），其化学成分都是碳酸钠，但物理形态不同：轻碱密度为500～600千克/立方米，呈白色结晶粉末状（见图1－2）；重碱密度为1000～1200千克/立方米，呈白色细小颗粒状（见图1－3）。与轻碱相比，重碱具有坚实、颗粒大、密度高、吸湿低、不易结块、不易飞扬、流动性好等特点。此外，也有超轻质纯碱和超重质纯碱，密度分别为370千克/立方米左右和1550～2553千克/立方米。

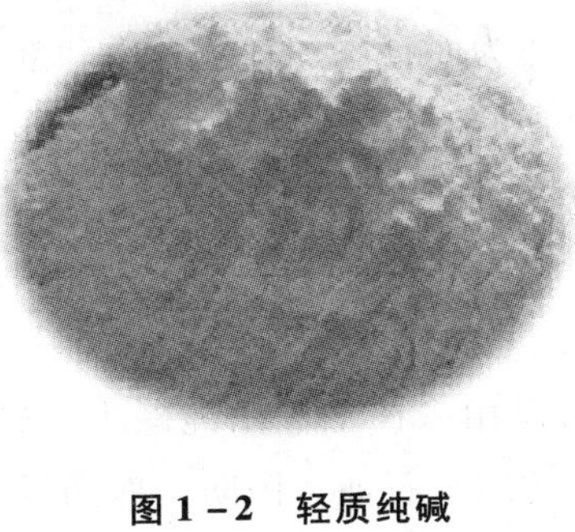

图1－2　轻质纯碱

图1－3　重质纯碱

根据用途的不同，纯碱可分为工业纯碱和食用纯碱。工业纯碱执行 GB/T 210－2004《工业碳酸钠及其试验方法》（简称“国标”）标准，食用纯碱执行 GB 1886—1992《食品添加剂碳酸钠》标准，在达到工业纯碱的低盐碱标准基础上，食用纯碱标准增加了砷和重金属的含量限制。

根据氯化物含量的不同，纯碱可分为普通碱、低盐碱、超低盐碱、特殊低盐碱。普通碱中氯化钠含量的质量分数小于等于 1.20%；低盐碱中氯化钠含量的质量分数小于等于 0.90%；超低盐碱中氯化钠含量的质量分数小于等于 0.70%；特殊低盐碱中氯化钠含量的质量分数小于等于 0.30%。

（三）纯碱的用途

纯碱是重要的基础化工原料和“三酸两碱”中的两碱之一，有“化工之母”的美誉，广泛地应用于建材、化工、冶金、纺织、食品、国防、医药等诸多领域，在国民经济中占有十分重要的地位。

玻璃工业是纯碱最大的下游消费行业，每吨玻璃消耗 0.18～0.2 吨纯碱，用量较大，平板玻璃、光伏玻璃以及日用玻璃的纯碱使用量占纯碱总量50%以上。纯碱作为玻璃工业的原料之一，为反应提供钠离子，同时也是澄清剂的主要成分。

在化学工业领域中，纯碱广泛用于制造硅酸钠（俗称“泡花碱”“水玻璃”）、碳酸氢钠、氟化钠、重铬酸盐、硝酸钠、磷酸三钠、硼砂等产品；在冶金领域，纯碱可作为冶炼的助溶剂、选矿用的浮选剂、炼钢和炼锑的脱硫剂，还可用于氧化铝的生产；在制革工业中，纯碱用于原料皮的脱脂、中和铬鞣革和提高铬鞣液的碱度；在纺织和印染领域，纯碱可充当纺织物生产过程中的软水剂；在食品加工领域，纯碱可作为面食添加剂起到中和剂、膨松剂、缓冲剂、面团改良剂的作用，增加面食的口感和柔韧度，也可作为辅助添加剂应用于味精、酱油等的生产。此外，纯碱也广泛应用于环保脱硫、医药制品、造纸、洗涤剂行业，也可用于照相术和医药制品，高端纯碱还可用于显像管玻壳和光学玻璃的制造。

纯碱绝大部分用于工业，仅有小部分为民用。在工业用纯碱中，轻工、建材、化学工业行业约占三分之二；冶金、纺织、石油、国防、医药及其他工业约占三分之一。

表 1－1　　纯碱的下游应用行业一览表

产品种类	下游行业	
	行业分类	主要产品种类
重质纯碱 轻质纯碱	建材行业 （玻璃行业、陶瓷卫浴）	平板玻璃、日用玻璃、特种玻璃等
		陶瓷
	化学工业 无机盐行业	硅酸钠（水玻璃）、小苏打、硝酸钠、亚硝酸钠、氟化钠、铬酸钠、环氧树脂等
	金属冶炼	氧化铝、钢铁冶炼、有色金属冶炼
	洗涤剂行业	洗衣粉、三聚磷酸钠、4A 沸石
	制药行业	四环素、链霉素、金霉素、安乃近等
	造纸工业	牛皮纸、印刷纸等
	日用品	食用面碱、酱油、罐头等
副产品农用氯化铵	化肥行业（联碱法）	复合肥、粒状氯化铵
副产品工业氯化铵	化学工业（联碱法）	电池制造、电镀、印染等

资料来源：郑州商品交易所纯碱现货市场研究报告。

二、我国纯碱工业是如何发展起来的？

（一）纯碱在国民经济中的地位

纯碱是基本化学工业中产量极大的产品，是最基本的化工原料，用途十分广泛。与重工业、轻工业、科学文化事业、人民生活均有密切联系。化学工业在现代工业体系中占有非常重要的地位，而制碱工业又是化学工业的基础部门之一，它的产量和用量标志着一个国家工业发达的程度。

纯碱作为重要的基本化工原料，与玻璃制造、化工产品生产、氧化铝生产、钢铁冶炼、有色金属冶炼等重工业部门，洗涤剂、造纸、纺织、食品、医药等轻工业部门以及科学文化事业、人们的日常生活有十分密切的联系，在国民经济中占有重要地位。

纯碱工业是我国最早创建的化学工业，在基础理论研究、工业生产技术、产品生产规模等方面均有雄厚的基础。纯碱工业的不断发展带动了我国化学工业的发展，是我国化学工业的摇篮，为化学工业乃至其他科技领域培养了大批专家和工程技术人才。

（二）全球纯碱工业发展概况

远在几千年前，劳动人民就开始使用碱了。在没有工业生产方法之前，人们所需要的碱都取自天然碱和草木灰，从天然碱湖中采得或从含碱植物灰中制造。

最初，人们将碱用于洗涤以及玻璃、肥皂、皮革制造等方面，随着工业的发展，碱的应用越来越广泛，仅仅依靠采集的天然碱已不能满足需要，因此产生了大量人工制碱的需求。

1791 年，法国人路布兰成功研究出以食盐为原料的制碱法，即路布兰法。该法首先用硫酸和食盐制取硫酸钠，然后再将硫酸钠、石灰石和焦炭按照 100:100:35.5 的重量比混合，在反射炉内煅烧（900℃ ~1000℃），生成熔块（黑灰），再经浸取、蒸发、煅烧等过程制得纯碱。

用路布兰法生产纯碱曾经盛行一时，但是该法不能连续生产，原料不能充分利用，并且设备腐蚀严重。随着生产的发展，人们又在探索新的制碱方法。

1861 年，比利时人索尔维综合前人的工作并进行了改进，于 1863 年实现索尔维法制碱，即现在所称的氨碱法。此法以原盐、石灰石为原料，借助氨的媒介作用，经过石灰石煅烧、盐水精制、盐水吸氨、碳酸化、过滤、煅烧、母液蒸馏等工序制得纯碱。

氨碱法由于具备原料价廉易得，生产连续，产品纯度高，适合大规模生产等优点，很快取代了路布兰法。不过依然存在两个难以克服的缺点：一是食盐的利用率低，二是废液排放量大。每生产 1 吨纯碱大约排放 10 立方米无法处理的废液，因此，国内外氨碱厂大部分都建设在沿海地区或西北地区。

1943 年，我国“现代化工的先驱”、制碱专家侯德榜博士，针对索尔维法生产纯碱食盐利用率低，制碱成本高，废液、废渣污染环境和难以处理等不足，带领技术人员，经过上千次试验，在1943年成功研究出新的制碱方法——联合制碱法（侯氏制碱法）。该方法将合成氨厂和纯碱厂建在一起，联合生产纯碱和氯化铵。该工艺使食盐利用率从70%一下子提高到96%，也使氨碱法排放的无用的氯化钙转化成化肥氯化铵，同时解决了环境污染的难题。1943年，中国化学工程师学会一致同意将这一新的联合制碱法命名为“侯氏联合制碱法”。这种方法把世界制碱技术水平推向了一个新高度，使合成氨和制碱两大生产体系有机地结合起来，为世界纯碱工业作出了重要贡献，赢得了国际化工界的极高评价，在人类化学工业史上写下了光辉的一页。

延伸阅读

侯德榜的故事

侯德榜（1890年8月9日—1974年8月26日），是我国著名科学家、化学家、中国重化学工业的开拓者、中国近代化学工业的奠基人之一，同时也是全球制碱业的权威。

侯德榜出生在福建省闽侯县一个普通农家，祖父和父辈都是普通农民，家庭生活较为贫苦。他小时候就常常下地帮家里干农活，虽然辛苦劳作，但也在闲暇时抓住一切可以利用的碎片时间努力学习。1903年，侯德榜在姑妈的资助下到福州英华书院学习三年，1907年又到上海学习了两年的铁路工程专业知识，毕业后找到了一份工作。但侯德榜对知识的渴求并未终止，两年后，侯德榜放弃工作并考入北平清华留美预备学堂，并获得10门功课1000分的优秀成绩。

1913年，侯德榜作为清华学堂第一批毕业生的第一名，获取了赴美留学的机会，他以优异的成绩被保送至美国麻省理工化工科学习，四年后顺利毕业获得学士学位。随后，侯德榜又分别在1917年到普拉特专科学院学习制革、1918—1919年加入哥伦比亚大学研究院研究制革并获得硕士学位，1921年获得博士学位。就在侯德榜即将学成归国之际，他遇到了赴美考察的实业家范旭东，“科学救国”和“振兴民族工业”的共同理想让二人一拍即合，最终，侯德榜拒绝了纽约一份待遇优渥的工作，回国加入天津塘沽永利碱厂，此后便开始了他半个多世纪的科学救国、实业救国的艰难历程。

1921 年，侯德榜受范旭东邀请，回国承担天津塘沽永利碱厂的筹建工作，并出任永利技师长（即总工程师），负责永利碱厂的技术攻克问题。当时，全球制碱技术和市场被少数几个国家垄断，虽然永利碱厂成功筹建，却面临诸多技术和设备上的阻碍，生产出的纯碱也都为劣质纯碱。在种种垄断和困境下，永利碱厂花重金买到一份"索尔维制碱法"的简洁资料。在与范旭东以及其他科学家的共同努力钻研下，侯德榜攻克了我国制碱方面的技术难题，终于在 1926 年首次生产出了合格的批量碱，打破了西方 70 多年来对制碱技术的垄断。

1934 年永利集团决定进军化肥行业，再次拓展国内化工行业维度，建设兼产合成氨、硝酸、硫酸、硫酸铵于一体的南京铔厂，侯德榜全面负责筹建，并担任厂长兼技师长。历时近三年，这座重化工联合企业终于在 1937 年 1 月建成并一次试车成功，顺利投入生产。因其生产技术达到了国际化的水平，为后期国内其他工厂的建设提供了丰富的经验和批量化工人才。

1937 年日本帝国主义在"七七事变"中逐步逼近南京，他们前后多次以工厂安全问题相要挟，力图想收买侯德榜，并提出"合作"管理南京铔厂的要求，但都遭到侯德榜和厂内其他同胞们的严正拒绝。同时，侯德榜还带领大家利用工厂设备生产硝酸铵炸药和地雷壳等抗战物资，支援前线。

天津沦陷后，为了不使碱厂落入敌手，侯德榜决定把工厂迁到四川，在川西五通桥筹建全新的永利川西化工厂。但当时永利碱厂的制碱原料是食盐，而四川都是井盐，用井盐制碱既要多出从井底提吊的工程，又要将井盐进行浓缩，制盐成本会大幅提升。当时四川的资源条件并不适合工厂继续沿用此前的索尔维制碱法，再加上索尔维法的食盐利用率仅有 70% 多，这意味着 30% 左右的食盐会被白白浪费，于是侯德榜决定另寻他法，再次踏上了探索和钻研之路。虽然1939年侯德榜也曾率队到德国谈判购买制碱方法的专利，但西方列强提出了不平等条约，于是侯德榜立即中止谈判，并立志要发明属于我们自己的制碱方法。

为了研究新的制碱方法，侯德榜首先分析了索尔维制碱法的缺点。他发现在原料成本的利用方面，除了食盐中的钠离子和石灰中的碳酸根组合生成碳酸钠（即纯碱）之外，其他的成分如食盐中的氯离子和石灰石中的钙成分都基本无法利用。如何变废为宝、提升原料利用率便成了侯德榜攻克制碱工艺的第一大难题。他曾设计诸多方案，但随后也都被一一否定，最终才想到把索尔维制碱工艺和合成氨工艺相结合，不仅能够大大提高食盐的利用率，还可以通过将氯化铵作为化肥或者化工原料而提升副产品的经济价值，除此之外，在生产过程中还能够省去许多石灰窑、化灰桶、蒸氨塔等设备和环节。

为了验证以上设想，侯德榜又带领技术人员进行了500多次试验，分析了2000多个样品，终于让设想得以实现。该制碱法利用合成氨系统排出的二氧化碳，省去了石灰窑、蒸馏等设备和步骤，同时还能够获得纯碱和氯化铵两种具有实用价值的产品。这种新的制碱法既使盐的利用率从索尔维制碱法的70%提高到96%，还将污染环境的氯化钙替代为化肥氯化铵，同时减少了三分之一的设备，各方面的优势都远超索尔维制碱法。1943年，中国化学工程师学会一致同意将这一制碱法命名为“侯氏联合制碱法”，又称侯氏制碱法。

除了侯氏制碱法，侯德榜在化肥工业也有巨大贡献。新中国成立初期，国家建设迫切需要大量化肥，而关键点又在于氨加工的品种选择方面。此时，侯德榜提议用碳化法合成氨工艺来制备碳酸氢铵，而这项新的化肥生产工艺在不断攻克技术难关，克服资金紧张等阻碍的情况下迅速在全国推广。

侯德榜在实业救国方面的主要贡献有：第一，揭开了索尔维制碱法的神秘面纱，打破了制碱工艺被西方垄断的局面；第二，发明了属于中国人自己的制碱工艺——侯氏制碱法；第三，对我国化肥行业作出突出贡献。除此之外，他还著有《碱的制造》《制碱》《制碱工学》等10部专著和书籍，发表了近70篇论文，为全球化学事业作出了杰出贡献。侯德榜先生受到了各国人民的尊敬和爱戴，并被英国皇家学会聘为名誉会员（当时其国外会员仅有12人，亚洲仅中国、日本两国各一名）。随后，美国化学工程师学会和美国机械工程师学会，也先后聘侯德榜先生为荣誉会员。但他始终牢记自己是一个中国人，并明言："我的一切发明都属于祖国！"他用实际行动完成了"科学救国""实业救国"的坚定理想，呕心沥血地为祖国的化学工业事业奋斗至生命的最后一刻。

（三）我国纯碱工业发展历程

我国的纯碱工业始于1917年，"中国民族化学工业之父"范旭东先生在天津塘沽创办了永利碱厂。永利碱厂是我国乃至亚洲最早成立的纯碱厂，也是我国最早成立的化工企业之一，距今已经有百年历史。

1924年，永利碱厂开始生产纯碱，之后的25年间我国共计生产纯碱150万吨，平均每年只生产6万吨。由于连年战乱，"侯氏联合制碱法"也没有得到发展。新中国成立时，我国仅有天津永利化学工业公司碱厂和大连碱厂两个企业，1949年两厂合计产量仅有8.8万吨。

1949年新中国成立后，大连碱厂（之前称"满洲曹达株式会社"）成为社会主义性质的国营企业（即今天的大化集团大连化工股份有限公司）。经过三年的恢复，1952年大连碱厂产量达到9万吨。1952年天津永利化学工业公司碱厂（之前称"永利制碱公司"，今天的天津渤化永利化工股份有限公司）实行公私合营，经过三年恢复，1955年其产量达到9万吨。

1952年我国建立了联合制碱试验车间，1961年在大连建成大型联合制碱车间，1964年经国家技术鉴定后投入大规模工业生产。

1953年起，我国开始实行第一个五年计划，国家对大连和天津两个碱厂进行技术改造和扩建，到1957年，大连碱厂产量达到30万吨，永利碱厂产量达到20万吨。

此后经过60多年的发展，我国纯碱生产技术不断更新和提升，产能和产量也在不断攀升。1966 年我国纯碱产量突破 100 万吨大关，2000 年新型变换气制碱技术通过鉴定，2008 年“新型变换气制碱工艺”列入国家第一批重点节能技术推广目录。此外，我国纯碱行业生产技术也取得多项全球第一的成绩：除新型变换气制碱技术外，还有带滤机过滤重碱、盐碱钙联合循环生产工艺、新型外冷碳化塔制碱技术等，这些都给纯碱行业发展带来深远影响。目前，我国已成为世界上唯一拥有三种纯碱生产方法的国家，且产量一举超越美国，成为全球最大的纯碱生产国。

延伸阅读

“中国民族化学工业之父”范旭东的故事

范旭东（1883 年 10 月 24 日—1945 年 10 月 4 日），祖籍湖南湘阴，是我国民国时期化工实业家，也是中国重化学工业的奠基人，被称为“中国民族化学工业之父”。他对中国的贡献，都是事关改变国人命运的大事。

（一）创办中国首家精制盐厂

范旭东幼年丧父，随后跟母亲和长兄迁居长沙，日子艰难，仅靠母亲洗衣、做针线维持生计。11 岁时，范旭东进入一家私塾学馆读书，6 年后在哥哥范源濂的协助下留学日本。

范旭东在日本留学期间，中国正在遭受各国列强欺辱，就连日本学术界也对作为中国人的范旭东嗤之以鼻，一位校长还曾言语挑衅地说：“俟君学成，中国早亡矣。”虽然万般屈辱，但这句话却深刻地影响了范旭东，既成为刺激他奋发学习的动力，也促使他下定决心，待学成后回归祖国、报效国家。除此之外，范旭东还将自己的名字范源让改为范锐，字旭东，以明心志、坚定信念。

1911 年国内爆发辛亥革命，消息传到日本后，范旭东决定立即回国。1913 年，在哥哥的帮助下，范旭东加入财政部赴欧洲的盐政考察团。此行也让范旭东系统、全面地了解了欧洲各国食盐制度、制作标准等重要信息。当时欧洲规定：若盐中氯化钠含量低于 85%，则不允许作为牲口饲料用盐，但同时期中国百姓食用的粗盐氯化钠含量还不足50%，其他多为泥沙等杂质，而精制盐市场则长期被英商和日商垄断，价格高昂，成为身份显赫的象征，普通老百姓根本无福消受。

为了改变国内精制盐被外商垄断的局面，让中国老百姓能够拥有自己的精制盐，踌躇壮志的范旭东在天津申请注册了久大精盐公司。该公司虽然在1914年7月经盐务署批准，但在运行伊始便面临重重困境，首当其冲的就是缺乏资金和技术人才。在久大精盐公司创办初期，虽然张謇、范源濂、梁启超等社会名流都给予了资金、审批方面的大力支持，但在技术和制盐工艺方面却仅有范旭东可以独当一面。但有着坚定改变国运信心的范旭东并未被吓退，他克服重重困难，在公司成立初期一边筹办建厂事宜，一边又在海边的一个小屋子里研究精制盐的有关实验。皇天不负有心人，在历经多次实验后，范旭东最终试制出氯化钠含量高达90%以上的精盐，一改国内精盐被外商垄断的局面。

（二）创办中国首家碱厂

久大精盐厂初创时期适逢第一次世界大战，英商卜内门公司趁势大幅提升中国进口洋碱价格，甚至囤积居奇。由于国内缺乏制碱工艺，高昂的碱价以及原料的紧缺迫使国内造纸、印染、肥皂、食品等需要用碱的行业陷入停摆局面。此时，范旭东就开始考虑创办属于中国人自己的制碱厂——以盐制碱。

为创办中国第一家制碱厂，范旭东曾先后到英国卜内门公司参观学习，获得政府制碱用盐免税训令，又与吴次伯及侯德榜等青年科学家共谋事业，终于在1920年9月开始建造我国第一家制碱厂——天津塘沽永利碱厂。但由于当时制碱技术被少数几个国家垄断，永利碱厂在建设之初便经历了技术和设备上的阻碍。1924年8月，永利碱厂生产出国内首批碱，但质量却相当劣质，而此时永利已经投入200万元的成本，外部也面临甲午战争时期政府取消制碱用盐免税政策的威胁、资金链断裂等难题。范旭东甚至在1925年还遭到绑架，最终以8万元的保释金才得以释放，这对原本就资金紧张的永利碱厂来说无疑是雪上加霜。尽管如此坎坷，范旭东依旧没有被困难击退，反而激流勇进，在与侯德榜等科学家的共同努力下，终于在1926年6月29日生产出了合格的批量碱，这是中国首次生产出完全合格的碱成品。范旭东把这种质量合格的碱命名为“纯碱”，并设计注册了“红三角”商标。至此，天津塘沽永利碱厂便成为亚洲第一个能够合格生产纯碱的工厂。

（三）创办中国首家化工科研机构

除了精制盐厂、纯碱厂等实业，范旭东对科学及科研事业也有巨大贡献。在亲身经历了化工实业创业的艰难历程后，范旭东更是深深地意识到科学技术对中国先进工业发展所起到的作用。于是在1922年，范旭东邀请美国哈佛大学博士孙学悟共同成立了中国首家化工科研机构——黄海化学工业研究社。

除此之外，范旭东在1931年还承担了南京国民政府制酸工业的重任——筹建永利硫酸亚厂。1943年，范旭东制订了一个“十厂计划”，以便在抗日战争结束后快速恢复国内的化工产业。然而，计划尚未实施，范旭东就于1945年5月突发疾病不幸离世，年仅62岁。

（四）中国纯碱国家标准

目前，我国纯碱产品质量执行国家标准 GB 210.1—2004。

在 GB 210.1—2004 中，我国工业碳酸钠根据用途分为两类：

Ⅰ类为特种工业用重质碳酸钠。适用于制造显像管玻壳、光学玻璃等。

Ⅱ类为一般工业用碳酸钠，包括轻质碳酸钠和重质碳酸钠。

国标中对外观要求为：轻质碳酸钠为白色结晶粉末，重质碳酸钠为白色细小颗粒，具体应符合表1-2中的各项要求。

表1-2　工业碳酸钠国家标准 GB 210.1—2004

指标项目		Ⅰ类	Ⅱ类		
		优等品	优等品	一等品	合格品
总碱量（以干基 Na_2CO_3 的质量分数计）%	≥	99.4	99.2	98.8	98.0
总碱量（以湿基 Na_2CO_3 的质量分数计）①%	≥	98.1	97.9	97.5	96.7

续表

指标项目			Ⅰ类	Ⅱ类		
			优等品	优等品	一等品	合格品
氯化钠（以干基的 NaCl 的质量分数计）%		≤	0.30	0.70	0.90	1.20
铁（Fe）的质量分数（干基计）%		≤	0.003	0.0035	0.006	0.010
硫酸盐（以干基的 SO_4 质量分数计）%		≤	0.03	0.03②		
水不溶物质量分数%		≤	0.02	0.03	0.10	0.15
堆积密度②（g/ml）		≥	0.85	0.90	0.90	0.90
粒度③筛余物%	180μm	≥	75.0	70.0	65.0	60.0
	1.18mm	≤	2.0	—	—	—

①总碱量为包装时含量，交货时产品中总碱量乘以交货产品的质量再除以交货清单上产品的质量之值不得低于此数值

②堆积密度为氨碱产品控制指标

③粒度为重质碳酸钠控制指标

资料来源：国家标准全文公开系统。

在现货市场中，纯碱的主要品质指标为总碱量、氯化钠含量、铁含量、水不溶物和堆积密度指标，这几项是下游用户最为关注的指标。

小贴士

我国《工业碳酸钠及其试验方法》的国家标准分为两部分。

第一部分：《工业碳酸钠》；

第二部分：《工业碳酸钠试验方法》。

国标中对于纯碱各项指标的规定属于《工业碳酸钠及其试验方法》的第一部分。第一部分（《工业碳酸钠》）修改采用英国标准 BS 3674：1981（1986）《工业碳酸钠》（英文版），并根据英国标准 BS 3674：1981（1986）《工业碳酸钠》重新起草。但考虑到我国国情，在采用英国标准时做了一些修改。

三、纯碱是如何生产的？

根据生产工艺、原料的来源不同，纯碱的生产工艺主要有天然碱法、氨碱法、联碱法和 ADC 发泡剂联产法。天然碱法生产纯碱的主要原料为天然碱矿、燃料煤（用于锅炉发电和生产蒸汽）。氨碱法生产纯碱的主要原料有食盐、石灰石、焦炭或白煤、中间媒介氨、燃料煤（用于锅炉发电和生产蒸汽）。联碱法的主要原料有食盐、氨和二氧化碳、燃料煤（用于锅炉发电和生产蒸汽）。第四章第一个问题中着重介绍了不同生产工艺的原料构成和占比，此处主要介绍不同生产工艺的流程。

2021 年，以上四种生产工艺产能占比分别为 4.7%、43.69%、50.36% 和 1.25%（见图 1-4），不同工艺的主要产成品是轻质纯碱，轻质纯碱通过水合法或挤压法后得到重质纯碱。

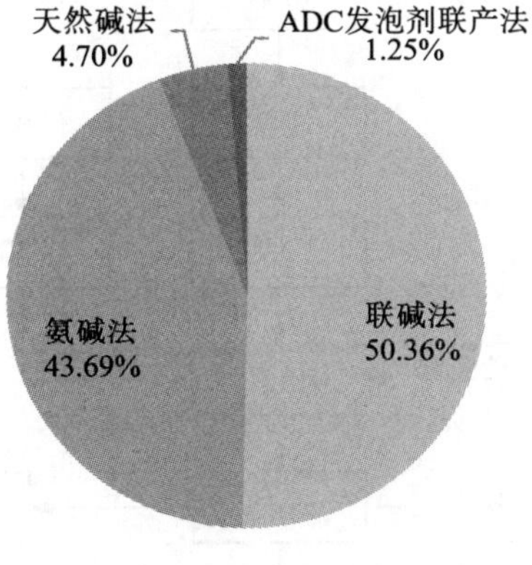

图 1-4　2021 年不同工艺产能占比

资料来源：国家统计局、卓创资讯。

（一）天然碱法

天然碱的开发和利用有着悠久的历史，早在合成纯碱出现之前，就有天然碱的开采和加工。随着天然碱不断被探明，品质优储量大的天然碱矿床被不断发现，尤其是天然碱加工生产纯碱成本低，经济效益好，天然碱的开发和利用得到许多国家的重视。近年来，天然碱的开采量逐步增加，到目前为止，全世界天然碱的年开采量已超过1600万吨。

世界上天然碱的主要开采方法和其他可溶性盐类矿床一样。根据矿床赋存的形态不同，固体矿床开采不外乎两种开采方法，一种是旱采，另一种是溶采。天然碱加工技术包括碱液制备及各种提纯工艺。

目前，天然碱加工主要有三种方法，即蒸发法、碳酸化法和苛化法（制备烧碱）。天然碱法的生产流程见图1-5。

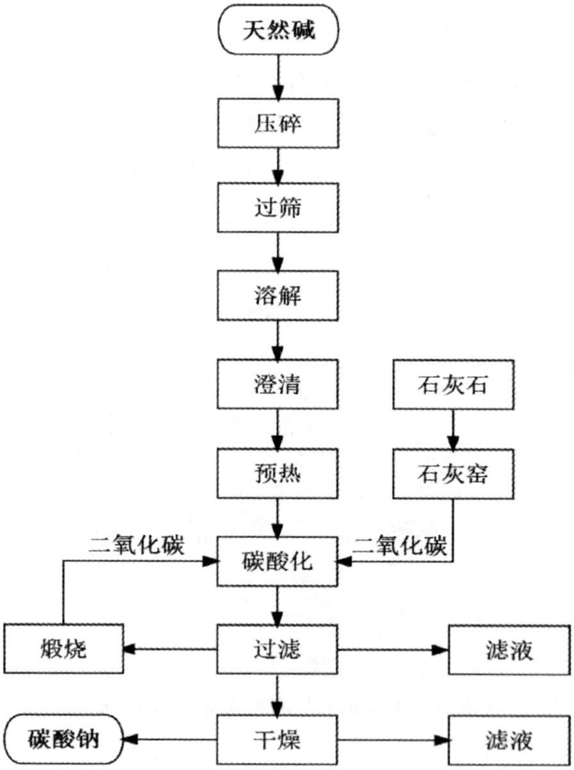

图1-5 天然碱法生产流程

资料来源：光大期货研究所。

1. 蒸发法

根据原料的组成不同，有倍半碱工艺和一水碱工艺两种。以晶碱石（$Na_2CO_3 \cdot NaHCO_3 \cdot 2H_2O$）为主的天然碱可采用倍半碱工艺生产纯碱。在蒸发前若使 $NaHCO_3$ 分解，如干法分解（煅烧）、湿法分解或溶采时被 NaOH 中和。湿法中析出 $Na_2CO_3 \cdot H_2O$，可采用一水碱工艺生产重质纯碱，或者边蒸发边湿分解的一步法一水碱流程生产重质纯碱。

2. 碳化法

对于碱、硝、盐共生的泡碱型天然碱湖水或固体矿，可采用碳酸化工艺生产轻质纯碱，再经重质化生产重质纯碱。如碳酸化的出塔晶浆离心分离后不煅烧，经干燥即可制得小苏打。

3. 苛化法（制备烧碱工艺）

采用苛化工艺将天然碱液中的碳酸钠（Na_2CO_3）、碳酸氢钠（$NaHCO_3$）转变为氢氧化钠（NaOH），形成的淡碱液经多效蒸发，除去可溶性杂质碳酸钠和硫酸钠（Na_2SO_4）等，再经冷析除去 NaCl 杂质，最后经浓缩熔融制得固体烧碱。苛化烧碱与碳酸化小苏打往往联合生产，使石灰石煅烧生成的窑气和石灰平衡，以降低产品的制造成本。

天然碱法的主要原料为天然碱矿、燃料煤（用于锅炉发电和生产蒸汽），其生产工艺简单，成本较低。我国已发现天然碱矿产地 152 处，储量近 4 亿吨，主要分布在河南和内蒙古两地，也是我国天然碱法生产的主要集中地，青藏高原是现代盐碱湖的集中地。而国际上，已探明的天然碱矿多在美国、土耳其、墨西哥、肯尼亚以及中国等少数国家和地区，其中，美国、土耳其和中国是最主要的天然碱法生产国。

天然碱法依靠其自然资源的优势，胜在天然原料成本较低、环保压力较小等方面。据测算，天然碱法比合成法成本低 30%~40%，成本控制良好的部分企业，天然碱法的生成成本仅为合成法的一半。但是，同样受制于有限的自然资源储备及开采，天然碱法生产的纯碱难以满足国内的大量需求。

（二）氨碱法

氨碱法，又称索尔维制碱法或索氏制碱法，距今已有 160 多年的历史，是当今世界大规模制造纯碱的合成方法之一。该方法以食盐、石灰石为主要原料，以氨作为中间辅助材料制造纯碱。此法离开中间媒介氨则不能生产，故名“氨碱法”。氨碱法纯碱的生产流程见图1-6。

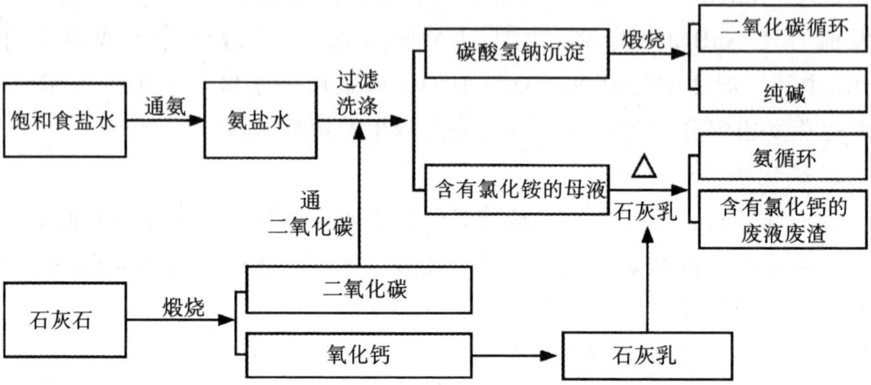

图1-6 氨碱法纯碱生产流程

资料来源：光大期货研究所。

氨碱法的生产过程主要是通过氨盐水吸收二氧化碳（CO_2）得到碳酸氢钠（$NaHCO_3$），再将碳酸氢钠煅烧得到轻碱，转化之后得到重碱。化学反应主要分以下几步。

第一步，CO_2气和石灰乳的制备，煅烧石灰石制得生石灰和CO_2气体；

$CaCO_3 = CaO + CO_2\uparrow$

$CaO + H_2O = Ca(OH)_2\downarrow$

第二步，饱和盐水制备、盐水吸氨，碳酸化制得小苏打$NaHCO_3$；

$NaCl + NH_3 + CO_2 + H_2O = NH_4Cl + NaHCO_3\downarrow$

第三步，将小苏打$NaHCO_3$与溶液分离，煅烧制得纯碱（碳酸钠），并回收CO_2，经压缩机压缩后循环使用；

$2NaHCO_3 = Na_2CO_3\downarrow + CO_2\uparrow + H_2O$

第四步，将溶液中的NH_4Cl及碳酸铵盐分解回收NH_3，循环使用。

$2NH_4Cl + Ca(OH)_2 = 2NH_3 + CaCl_2\downarrow + 2H_2O$

以上四个步骤可以综合为下列总的化学反应式，即：

$CaCO_3 + 2NaCl = Na_2CO_3 + CaCl_2$

但这个化学式中的反应实际上是不能直接进行的，它只是一系列中间反应的总和。氨碱法生产纯碱的主要化学过程是，二氧化碳与氨和氯化钠水溶液反应，生成碳酸氢钠结晶和氯化铵，将碳酸氢钠结晶煅烧制得纯碱，氯化铵母液蒸馏回收氨循环使用。

氨碱法主要优点是原料价廉易得，生产步骤简单，产品纯度高，可以生产低盐碱、适合大规模工业化生产，氨气可循环利用等。但其也存在两个难以克服的缺点：其一，氨碱法中原盐利用率极低；其二，所排放的废液废渣对环境不友好。据统计，每生产 1 吨纯碱，就要排放约 10 立方米的废液、300～350 千克的固体废渣，形成所谓的"白海"，难以处理和回收利用，这样也使氨碱企业的环保压力及成本均较高。除此之外，氨碱法还具有产品单一、厂址布局局限性较强、副产品氯化钙工业价值较低等缺点。

延伸阅读

氨碱法的发明

氨碱法在 19 世纪 60 年代初由比利时人欧内斯特·索尔维成功发明，但其实在索尔维之前，英国人自 19 世纪 30 年代便开始尝试以同样的方法生产纯碱，但全部以失败告终。

欧内斯特·索尔维的父亲是当地一位精制食盐厂商，他的叔叔是一家煤气厂经理，因此自小在工厂长大的索尔维，早就对盐的溶解、浓缩、结晶等过程烂熟于心。成年后，索尔维便到叔叔的煤气厂工作，加深了他煤气化工艺的认识。

起初，索尔维在叔叔的煤气厂中研究的是煤气废液的用途，他在废液中发现了大量的氨和二氧化碳，而其最初目的是想从废液中提取当时价格非常昂贵的碳酸铵，但均以失败告终。后来，索尔维想起小时候在父亲工厂接触到的制盐的过程，于是突发奇想，将氨、二氧化碳（即煤气废液中的两种成分）与食盐水混合，结果出人意料，在容器底部产生了大量的白色沉淀物，这便是碳酸氢钠，即小苏打。而这也是氨碱法生产纯碱的初始步骤，之后再经过加热分解，便轻易地得到了碳酸钠，也就是纯碱。

1861 年，也就是索尔维 23 岁之时，他便获得了人生的第一项专利，用“海盐、氨和二氧化碳生产碳酸钠的工业方法”。1876年，索尔维在维也纳博览会上获得了奖章，自此，该工艺被正式命名为索尔维法，也叫氨碱法。

尽管索尔维成功地发明了生产纯碱的工业方法，但在后期规模化和工业化生产的过程中，氨碱法也面临越来越多的问题，最主要的便是这个方法的化学反应是可逆的，因此，通入混合液中的二氧化碳无法被完全吸收，氨也会大量流失。

为了解决这个问题，索尔维又设计了一座碳化塔，让二氧化碳气体从塔底上升，与塔顶淋下的氨盐水充分接触，并快速将生成的碳酸氢钠转移，这样既避免了化学反应的可逆性，也形成了有梯度的连续性生产，还大量减少了氨的流失。而经过化学反应后的母液则灌入石灰水生成氨，以便回收利用。1872年，一位德国化工学家又在塔底部增加了转动过滤器，专门供沉淀下来的碳酸氢钠转移和阻止逆反应，同时还添加了氨的蒸馏室以便连续使用。这样，氨碱法的生产工艺也被逐步完善起来。

19世纪80年代，德国、美国等国家开始接连建厂，并成立了索尔维公会，会员国约定生产工艺的设计图纸只向会员国开放，而对其他国家坚决保密。如果任何一个会员国有进一步的工艺改良技术和新的发现，将在会员之间彼此分享，并保证不申请专利。同时，各个会员国对全球的销售市场也采取分区划片的形式，而中国市场则由当时的英国卜内门公司独占，中国也进入长达近70年的制碱工艺被国外垄断的周期，直至侯德榜博士发明“侯氏联合制碱法”，这一局面才被打破。

（三）联碱法

联碱法是在氨碱法工艺基础上改进发展而来的，由我国“现代化工先驱”侯德榜博士在1938年创立，因此又称侯氏制碱法。当年，侯德榜海外留学归来，结合中国缺盐的国情进一步改进了索尔维法（即氨碱法），并将纯碱和合成氨两大工业行业联合，通过与氨厂进行“一次加盐、两次吸氨、一次碳化”联合循环生产，利用氨厂的 NH_3 和 CO_2 同时生产出纯碱和氯化铵两种产品。

按照 CO_2 供应方式的不同，联碱法可分为两大类：一类是以合成氨的变换气为制碱原料的所谓变换气制碱；另一类则是以合成氨的脱碳气及炉气为原料的所谓浓气制碱。

变换气制碱，是将合成氨装置的变换气送至联碱装置的碳化塔，在其中脱除变换气中的 CO_2，同时进行联碱的碳酸化过程（制取 $NaHCO_3$ 结晶），脱除 CO_2 后的气体再送回合成氨系统。联碱装置的碳化工序既是制碱工序，也是合成氨装置的脱碳工序，两者合二为一，使合成氨、纯碱与氯化铵生产实现了“真正”的联合。它是我国首创的新技术——变换气制碱。该法缺点是炉气不能完全回收，纯碱的质量不如浓气制碱好，操作管理水平要求严格。

浓气联合制碱是利用合成氨装置的脱碳气及联碱装置煅烧炉气制碱，该法同样是合成氨装置与联碱装置联合制碱和氯化铵，只是该法采用的是合成氨装置脱除的浓度达到98%以上的 CO_2 气体。目前，国内各联碱厂均采用“一次加盐、一次碳化、两次吸氨”的工艺流程。该法的优点是工艺流程成熟可靠，技术先进，生产操作稳定，装置运行率高，管理费用低。

联碱法的具体生产流程见图1-7。

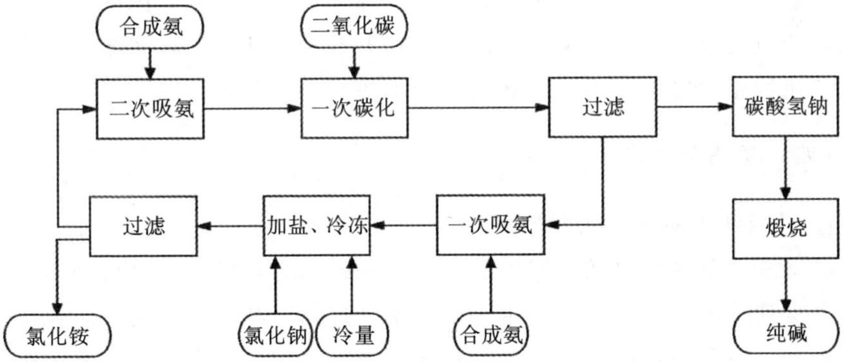

图1-7　联碱法纯碱生产流程

资料来源：光大期货研究所。

联碱法的化学反应如下：

第一步，母液吸氨。氨气、水、二氧化碳反应生成碳酸铵 $(NH_4)_2CO_3$。

$NH_3 + H_2O = NH_4OH$

$CO_2 + H_2O = H_2CO_3$

$H_2CO_3 + NH_4OH = (NH_4)_2CO_3$

第二步，氨盐水碳酸化制得碳酸氢钠（$NaHCO_3$）。此步骤由碳酸铵碳化生成碳酸氢铵后，再与氯化钠反应生成碳酸氢钠沉淀和氯化铵，过滤后得到碳酸氢钠固体。

$CO_2 + H_2O = H_2CO_3$

$(NH_4)_2CO_3 + H_2CO_3 = 2NH_4HCO_3$

$NH_4HCO_3 + NaCl = NaHCO_3\downarrow + NH_4Cl$

第三步，煅烧碳酸氢钠制得纯碱。上一步生成的部分碳酸氢钠可直接销售，剩余的碳酸氢钠则进入与溶液分离、加热煅烧等步骤生成碳酸钠（即纯碱），同时回收二氧化碳，经压缩机压缩后回到第一步循环利用。

$2NaHCO_3 = Na_2CO_3 + CO_2\uparrow + H_2O$

联碱法克服了氨碱法的部分缺点，原盐利用率大幅提升至96%以上，无须石灰石和焦炭（煤），且整个过程中二氧化碳是被循环利用的，节约了燃料、原料、能源和运输费用，同时避免了大量废渣和废液的排放，其副产品氯化铵还可用于氮素化学肥料、电池制造、电镀和印染等。目前，国内的大中型联碱厂工艺运行稳定可靠，技术日臻完善。近年来，国内联碱法生产的纯碱产量比例已经逐步从过去的1/3提升到接近1/2。但该方法同时也存在工艺流程相对复杂、生产装置投入成本较高等不足。

（四）重质化工序

1. 轻碱到重碱的方法和原理

联碱法、氨碱法以及天然碱法生产的纯碱均为轻碱，通过对轻碱的再加工，可得到重碱。随着生产技术水平的不断提高，纯碱生产的重质化率也在不断提升，而重质化的生产方法也从最初单一的固相水合法，拓展为固相水合法、液相水合法及挤压法三种重碱生产方法。

固相水合法，就是将轻碱溶解再结晶，去除杂质，得到重碱的生产方法。

液相水合法，是将轻碱喷雾造粒，这属于物理过程，其中碱液的成分没有变化。

轻碱（碳酸钠）进行水合反应后晶格结构排列发生变化，而轻碱（碳酸钠）的水合物在经过煅烧分解后能够保持现有晶格结构排列，固相水合法与液相水合法正是利用碳酸钠的这一特性，先制得一水碳酸钠结晶，再经煅烧，脱去结晶水以及结晶表面吸附的游离水，制成颗粒大、堆积密度大的重碱。

液相水合法重碱生产工艺与固相水合法重碱生产工艺不同的是一水碱结晶形成过程中，参与反应的水与轻碱量的配比不同，前者参与反应的水与轻碱量的配比大约为4:1甚至更高，而后者参与反应的水与轻碱量的配比大约为1:2.5甚至更低，同时二者形成一水碱结晶的设备不同，前者在结晶器内进行，后者在水合机内完成。此外，前者水合反应温度靠控制结晶器外夹套冷却水的量和水碱比值，后者水合反应温度靠控制水合出气压力、水合机进水温度、水碱比值。

挤压法，是指在两辊之间通过高压将轻碱挤压成薄而硬的碱饼，再粉碎、过筛得到重碱的方法。这一方法的主要原理是利用机械作用改变物料物理性能，其核心是对轻碱进行挤压增密，其工作原理是将具有一定温度的轻碱通过预挤压，先将孔隙内的气体排除，然后在挤压机压辊强大的外力挤压下，使具有较高空隙率的轻碱颗粒发生位移及重新排列，使空隙减小，颗粒之间产生机械啮合，被挤压物料的松散堆积密度迅速增加，并形成具有一定抗碎耐磨特性的饼状（或条状）物料，但这一过程不改变轻碱本身的化学组成。

以上三种纯碱重质化生产工艺对比见表1－3。

表1－3　　纯碱重质化生产工艺对比（以某生产企业为例）

工艺	工艺流程简要介绍	2020年成本（元/吨）	优劣势比较	市场占比
固相水合法	轻碱→一水碱结晶→重碱	42.7	设备投入相对较少，工艺比液相水合法简单，但重碱含盐量略高于低盐重碱	中等，预计超过了30%

续表

工艺	工艺流程简要介绍	2020年成本（元/吨）	优劣势比较	市场占比
液相水合法	轻碱→一水碱晶浆→一水碱结晶→重碱	76.4	工艺复杂，设备投入大，但可以生产出低盐重碱	较大，预计占60%左右
挤压法	轻碱→增密压饼→破碎成粗细不均半成品→筛分挤压生成重碱	36.7	工艺简单，设备投资小，但生产重碱含盐量较高	较小，不足10%

资料来源：根据公开资料整理。

2. 轻碱到重碱的工艺流程

（1）固相水合法简要工艺流程。料仓中的轻碱通过计量后由运输设备送入水合机内，在水合机内与水在适当温度下进行水合反应，生成的一水碱结晶进入重碱煅烧炉，一水碱在重碱煅烧炉内由蒸汽加热管间接加热干燥，脱去游离水和结晶水，制得的重碱由炉尾排出。

（2）液相水合法简要工艺流程。料仓中的轻碱通过计量后由运输设备送入结晶器，与来自母液槽经换热器适当降温后的母液，在适当温度下进行水合反应，形成的一水碱晶浆进入离心机进行固液分离，离心机分离出的母液流回母液槽循环使用，分离出的一水碱结晶进入重碱煅烧炉，一水碱在重碱煅烧炉内由蒸汽加热管间接加热干燥，脱去游离水和结晶水，制得的重碱由炉尾排出。消耗的母液由离心机洗车用水、结晶器生产补水及换热器清洗置换用水补充。

挤压法简要工艺流程

料仓内的轻碱由运输设备输送至挤压机喂料斗，经挤压机的双螺旋给料器预挤压并排出孔隙内空气后送入挤压机的压辊间，在一定压力下轻碱被增密压成碱饼，再初步破碎成粗细不均的半成品。半成品通过计量进入一级破碎机、振动筛。振动筛配有双层筛网，筛内合格物料送往成品；筛上粗料通过计量进入二级破碎机、振动筛，然后，筛内合格物料送往成品。一级筛分的细料及二级筛分的粗料、细料返回至挤压机前重新加工。

以上这三种生产方法都具有连续、稳定、适于大型化生产等优点。液相水合法工艺流程比较复杂，所需设备较多，固相水合法所需设备相对较少。但由于液相水合法可以生产出低盐重碱，并已得到下游客户的一致认可，故目前我国重碱生产工艺以液相水合法为主。挤压法生产重碱含盐量较高，行业使用该工艺生产重碱的相对较少。液相水合法生产出的重碱质量最好，但成本高于固相水合法。

国内个别生产企业同时具备液相水合法、固相水合法及挤压法三种工艺，并可根据客户的要求而采用不同的生产方式，不同生产方法之间也可相互切换、转产。

通常来说，我国纯碱企业重质化率在40%～60%，青海地区纯碱企业的重质化率可达到80%。在这一比率范围内，纯碱生产企业可以根据下游需求、轻碱重碱价差等因素来调节轻重碱比例。由于重碱下游需求量大、稳定，且工艺简单，而轻碱下游需求较冗杂且量小，我国重碱产量增长速度远高于轻碱，过去十年，重碱产量占比从41.3%增长至48.7%。

3. 轻碱到重碱的转化成本

就生产成本而言，固相水合法生产重碱，因一水碱游离水含量较小，物料消耗及能量消耗较小，而液相水合法系统因一水碱中游离水含量较固相水合法偏高，用电设备也比固相水合法多，生产中汽耗、水耗及电耗较大，且用液相水合法生产重碱投资大，同时存在系统母液的平衡问题。以2020年各项费用标准测算，国内大型生产企业以固相水合法生产重碱的，生产成本通常在40元/吨左右（根据经济环境变化有所波动），以液相水合法从轻碱转化到重碱的，生产成本通常在70元/吨以上。除了生产过程中所耗费的水、电、蒸汽、人力及其他综合成本外，重质化工序设备费用也在轻碱到重碱的转化过程中占据较高比例。

以2020年华北某纯碱生产企业新增一套30万吨重碱技术改造项目的成本测算，这套年产30万吨的液相水合法重碱装置，总投资为1.93亿元，其中环保投资为1272万元，占比6.57%，预备费用占比5%左右。其中，工程建设费用中47.98%用于工艺设备采购，根据投资额计算，该套设备投资费用约为9260.14万元。因此，重碱综合成本通常较轻碱高50～100元/吨。设备费用明细见表1－4。

表1－4　　纯碱重质化设备费用明细

序号	总投资	占比（%）	费用（万元）
1	（一）工程费用	88.43	17066.99
2	工艺设备	47.98	9260.14
3	机运设备	6.28	1212.04
4	工艺管道	2.56	494.08
5	工艺设备管道保温防腐	1.52	293.36
6	电气设备	4.92	949.56
7	自控	5.98	1154.14
8	照明与防腐	0.15	28.95
9	室内给排水	0.19	36.67
10	土建	16.25	3136.25
11	装置外配套设施	2.60	501.8
12	（二）其他费用	11.57	2233.01
13	合计	100	19300

资料来源：根据公开资料整理。

（五）纯碱设备检修

纯碱生产属于放热反应，检修一般安排在夏季或是下游停工较多、需求不旺的春节期间。根据每次检修重点的不同（例如更换设备或配件、管道或配套装置维修等），维修成本差异较大，金额从数万元到上千万元不等。

天然碱法的生产工艺简单，纯碱企业设备检修需要每年一次，每次耗时10天左右。

氨碱法的生产设备属于整体一套设备，设备全停大修需要将整个循环设备进行停机维护保养，并针对各项问题调试修整，通常耗时7～10天。通常，每个氨碱企业在1～2年内就要进行一次这样大规模、有计划的停修。

联碱法的生产设备属于两个循环系统设备，设备全停大修需要将两个循环系统设备进行停机维护保养，并针对各项问题进行调试修整，通常耗时10～20天。企业重新开机需要依次启动合成氨的第一个循环系统设备和生产纯碱的第二个循环系统设备，所以相比氨碱法，联碱法检修耗时更长。通常，每个联碱企业每年会进行一次大规模、有计划的停修。

四、我国纯碱产能、产量及其分布情况是怎样的？

（一）纯碱产能变化趋势及分布

我国的纯碱工业在世界上占有重要地位，2003年我国纯碱生产能力出现重大突破，年度产量突破1100万吨，一举成为世界上纯碱产量最大的国家。自此，我国的纯碱生产能力和产量稳居世界首位。

21世纪初，我国纯碱产能经历了一个10年的快速增长期，但近10年，主要处于产能波动、增速放缓的周期。2002—2010年，国内纯碱行业规模快速扩张，产能年度平均增长率达到12.95%，之后5年的产能增速进入相对平稳阶段，产能年度增速下降至2.56%。而2015年之后，随着供给侧结构性改革、安全及环保标准的提高、城市的扩张、经济效益等因素的影响，一部分纯碱厂相继关闭，行业也经历了产能增速放缓、产能结构不断优化升级的周期，2016—2021年，行业产能平均增速仅为0.86%。

2020年我国纯碱产能3317万吨，2021年因连云港碱业、苏尼特碱业、中海华邦等企业进行产能退出或淘汰，全行业产能出现2016年以来的首次负增长。截至2021年，我国纯碱行业总产能3193万吨，较2020年下降124万吨，年度降幅3.74%（见图1－8）。

我国纯碱产能分布相对集中，生产企业主要集中在华东、华中、西北以及华北等地区，以上几个地区的纯碱总产能合计占全行业的85%以上（见图1－9）。2021年华东地区施行淘汰产能，因此其在全国产能占比有所下

图 1－8 中国纯碱产能及同比变化

资料来源：Wind、光大期货研究所。

降。在纯碱产能主要分布地区中，江苏、河南、青海、山东、河北是中国主要的纯碱生产省份。2021 年江苏省部分企业产能退出，截至年底现存产能 390 万吨，占中国纯碱总产能的比例降至 12.21%；河南省纯碱产能约为 570 万吨，占中国纯碱总产能的 17.85%；青海省纯碱产能为 500 万吨，占比在 15.66%；山东省纯碱总产能为 450 万吨，占国内总产能的 14.09%。

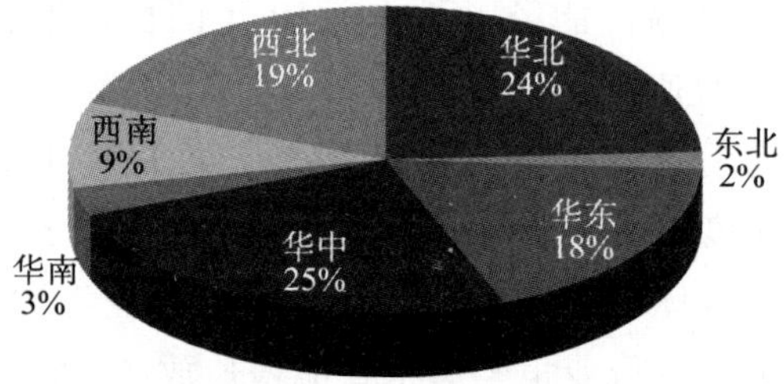

图 1－9 2021 年中国各区域纯碱产能分布

资料来源：国家统计局、卓创资讯。

2021 年全国纯碱产能利用率约 87%，纯碱生产装置分布于全国 21 个省（市、自治区），新疆、西藏、贵州、海南、吉林、黑龙江地区目前没有纯碱企业分布。

（二）纯碱产量及分布

我国的纯碱产量自 20 世纪 80 年代以来连续稳定增长，自 2003 年以来产量稳居世界首位。20 年来，国内纯碱产量的变化趋势与产能变化类似，同样经历了 10 年的快速增长周期以及近 10 年的波动周期，但与产能变化不同的是近 10 年纯碱产量的波动幅度明显大于产能波动。我国纯碱产量自 2001 年开始逐年攀升，直至 2014 年突破 2500 万吨，随后几年，纯碱产量呈现区间波动趋势，增幅明显放缓。截至 2021 年，国内纯碱年度产量为 2913.3 万吨（见图 1－10）。

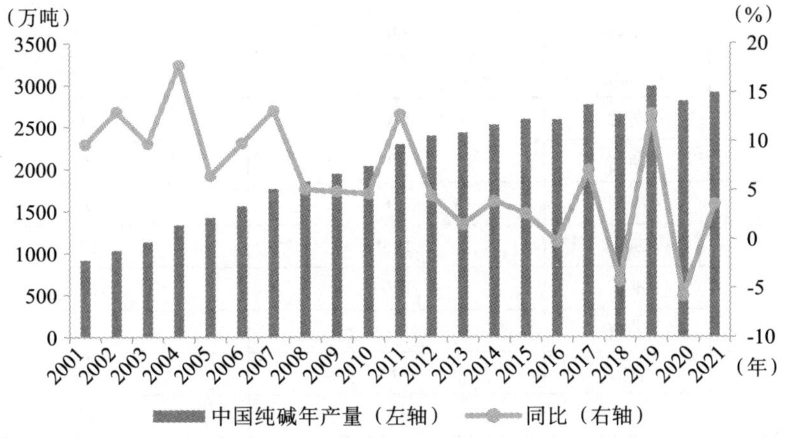

图 1－10 中国纯碱产量及同比变化

资料来源：国家统计局、光大期货研究所。

中国纯碱产量分布与产能分布区域高度一致，产量较高的省份集中在江苏、河南、青海、山东，以上地区 2021 年度纯碱年产量均超过 400 万吨；河北地区年产量超过 200 万吨；其余地区如湖北、四川、重庆等地区的纯碱年度产量都在 100 万吨以上（见表 1－5）。

表 1－5 2021 年中国纯碱产能、产量分区域统计

区域	地区	2021 年年底产能（万吨）	2021 年全年产量（万吨）
华北	河北	230	218
	天津	80	55
	内蒙古	35	41
东北	辽宁	60	0

续表

区域	地区	2021年年底产能（万吨）	2021年全年产量（万吨）
华东	山东	450	415
	江苏	390	474
	安徽	95	83
	福建	40	24
	浙江	30	28
	江西	60	53
华中	河南	570	473
	湖北	170	174
	湖南	48	36
华南	广东	60	57
西南	四川	145	120
	重庆	120	119
	云南	20	2
西北	青海	500	462
	陕西	30	27
	宁夏	40	43
	甘肃	20	8
全国		3193	2913

资料来源：国家统计局、卓创资讯。

（三）纯碱行业集中度

我国的纯碱工业是一个以大型企业为主的行业，集中度相对较高。近两年随着需求的不断提升，纯碱厂家的话语权也在不断加强。截至2021年底，我国共有37家纯碱生产企业，100万吨以上（包含100万吨）的生产厂家有12家，累计产能2020万吨，占比63.26%；产能在60万~90万吨的厂家有12家，累计产能790万吨，占比24.74%；60万吨以下产能的生产厂家13家，累计产能383万吨，占比仅有11.99%。我国国内产能最大的三家纯碱企业分别是河南金山、山东海化、唐山三友。

我国纯碱行业现有的大型生产集团主要有中国盐业、金山化工、唐山三友和远兴能源四家，集团产能占全国总产能的比例分别为13.2%（不含控股纯碱企业）、11.3%、10.6%和5.3%，合计超过40%。

表1-6　　2021年中国纯碱集团产能及占比情况

集团名称	集团总产能（万吨）	占比（%）	下属企业/控股企业	产能（万吨）
中国盐业集团有限公司	420（下属企业）	13.20	中盐青海昆仑碱业有限公司	150
			中盐青海发投碱业	120
			中盐昆山有限公司	80
			中盐安徽红四方股份有限公司	35
			中盐吉兰泰盐化集团有限公司	35
	300（控股企业）	9.40	山东海化集团	300
河南金山化工集团有限公司	360	11.30	河南金大地化工有限责任公司	290
			河南金天化工有限公司	40
			河南金山化工有限责任公司	30
唐山三友集团有限公司	340	10.60	唐山三友化工股份有限公司	230
			青海五彩碱业有限公司	110
内蒙古远兴能源股份有限公司	150	5.30	河南中源化学股份有限公司	130
			桐柏海晶碱业有限责任公司	20

资料来源：上市公司公告、公司官方网站，由光大期货研究所整理。

中盐集团是国内最大的纯碱集团，2021年该集团将青海发投碱业纳入旗下，经过整合，中盐集团旗下纯碱生产企业产能共计420万吨，占2021年全国总产能的13.2%。

（四）不同工艺纯碱产能

2021年底，我国有38家纯碱生产企业。其中，采用联碱法生产的企业共有23家，大部分企业产能在60万~120万吨，少部分产能在20万~40万吨。联碱法工艺主要分布在江苏、河南、湖北、四川和重庆。采用氨碱法生产的企业有11家，大部分企业产能高于100万吨，主要分布在青海、江苏、山东及河北。采用天然碱法生产的企业有2家，均位于河南。ADC发泡剂联产法仅有宁夏日盛1家企业（见表1－7）。

表1－7　2021年不同生产工艺产能统计

生产企业	企业数量（家）	产能（万吨）	产能占比（%）	产能利用率（%）
联碱法	23	1608	50.3	88.0
氨碱法	11	1395	43.67	77.6
天然碱法	2	150	4.70	84.5
ADC发泡剂联产	1	40	1.25	96.7
总计	37	3193	100	83

资料来源：国家统计局、卓创资讯。

（五）我国纯碱企业生产概况

我国纯碱生产企业中，桐柏海晶、云南大为、金富源碱业、湘潭碱业、甘肃氨碱源5家仅生产轻质纯碱，其他纯碱企业均可同时生产轻质纯碱和重质纯碱两种产品。其中，应城新都和徐州丰成两家企业在2022年增添重质纯碱转化装置，未来可随时调整轻质纯碱和重质纯碱的生产比例。

在37家纯碱企业中，在产企业仅34家，占比91.89%，其余3家长期停车。实际在产产能共3078万吨，占总产能的96.40%。百万吨及以上的生产企业共12家，占纯碱企业总数量的32.43%，但所涉及产能占国内总产能的比例达到63.26%（见表1－8）。

表1－8　2021年国内纯碱生产企业概况

	数量（家）	产能（万吨）	厂家占比（%）	产能占比（%）
生产厂家	37	3193	100	100
在产企业	34	3078	91.89	96.40
长期停车	3	115	8.1	3.6
百万及以上	12	2020	32.43	63.26
轻质纯碱厂家	5	108	13.51	3.38

资料来源：卓创资讯。

五、我国纯碱消费情况及分布是怎样的?

(一) 纯碱下游消费结构

我国的纯碱消费领域较广，其中4%左右用于食品行业，属于食用纯碱；其余96%的消费都属于工业用纯碱，广泛应用于工业生产的原材料或辅助添加剂。在纯碱的工业消费中，占比较大的板块是玻璃（平板玻璃、光伏玻璃、日用玻璃），其他板块如化工行业（无机盐）、洗涤剂行业（洗衣粉、合成洗涤剂、肥皂）、氧化铝行业、印染等行业，对纯碱消费相对分散，占比也相对较小（见图1－11、表1－9）。

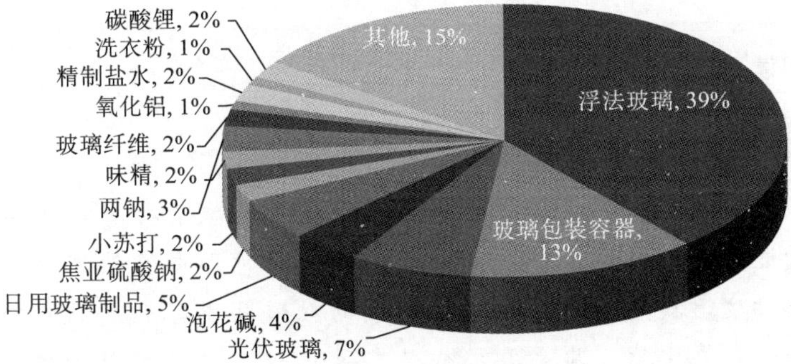

图1－11　2021年中国纯碱下游需求占比分布对比

资料来源：卓创资讯。

表1－9　下游主要单位产品纯碱消耗量

产品名称	吨产品纯碱消耗量（千克/吨）
平板玻璃	180～200
光伏玻璃	180～200
日用玻璃	180

续表

产品名称	吨产品纯碱消耗量（千克/吨）
泡花碱	400
洗涤剂	100
氧化铝	60～100
两钠（硝酸钠、亚硝酸钠）	700～730
小苏打（碳酸氢钠）	650
味精	320
碳酸锂	2000

资料来源：卓创资讯。

下游行业对不同种类的纯碱需求划分较为明确，尤其是在轻重碱使用方面，很少出现二者混用现象。目前，平板玻璃行业是重碱最主要的消费领域，光伏玻璃行业随着规模的不断扩大，未来也将成为重碱的主要消费板块之一。轻碱下游消费板块主要为日用玻璃、无机盐、洗涤行业、氧化铝等，日用玻璃领域主要使用轻碱，少部分企业使用一定量的重碱。

延伸阅读

玻璃的原料有哪些

玻璃作为纯碱下游最大的行业，2021年占纯碱下游消费近40%。玻璃是一种透明的半固体、半液体物质，在熔融时形成连续网络结构，冷却过程中黏度逐渐增大并硬化成不结晶的硅酸盐类非金属材料。普通玻璃是一种化学氧化物，其主要成分是二氧化硅，广泛应用于建筑物，用来隔风透光。

玻璃原料比较复杂，按其作用可分为主要原料与辅助原料。主要原料构成玻璃的主体并确定玻璃的主要物理化学性质，辅助原料赋予玻璃特殊性质并给生产加工带来便利。

（一）玻璃的主要原料

玻璃的主要原料有硅砂或硼、纯碱或芒硝、石灰石、白云石、长石以及碎玻璃等。

硅砂或硼砂：玻璃的生产主要用到硅砂或硼砂中的氧化硅或氧化硼，它们在燃烧中能单独熔融成玻璃主体，决定了玻璃的主要性质，并相应地称为硅酸盐玻璃或硼酸盐玻璃。

纯碱或芒硝：玻璃的生产还要用到纯碱和芒硝中的氧化钠，它们在煅烧中能与硅砂等酸性氧化物形成易熔的复盐，起到助熔作用，使玻璃易于成型。但如果玻璃中的氧化钠含量过多，会使玻璃热膨胀率增大，抗拉度下降。

石灰石、白云石、长石等：玻璃的生产还要用到石灰石中的氧化钙，以增强玻璃化学稳定性和机械强度，但含量过多就会使玻璃析晶，同时降低耐热性。白云石中的氧化镁也是玻璃生产的原料，能提高玻璃的透明度，提高耐水性，减少热膨胀。长石因为含有氧化铝也成为玻璃生产的原料，它可以控制熔化温度，同时也可提高耐久性。此外，长石还可提供氧化钾成分，以提高玻璃的热膨胀性能。

碎玻璃：一般来说，制造玻璃时不是全部用新原料，会掺入15%～30%的碎玻璃，以降低玻璃熔化温度。

（二）玻璃的辅助原料

玻璃的辅助原料主要包括脱色剂、着色剂、澄清剂以及乳浊剂等。

脱色剂：原料中的杂质（如铁的氧化物）会给玻璃带来色泽，常用纯碱、碳酸钠、氧化钴、氧化镍等作为脱色剂，它们在玻璃中呈现与原来颜色的补色，使玻璃变成无色。此外，还有与着色杂质能形成浅色化合物的减色剂，如碳酸钠能将氧化铁氧化成二氧化二铁，使玻璃由绿色变为黄色。

着色剂：某些金属氧化物能直接溶于玻璃溶液，使玻璃着色。如氧化铁可使玻璃呈现黄色或绿色，氧化锰能使玻璃呈现紫色，氧化钴能使玻璃呈现蓝色，氧化镍能使玻璃呈现棕色，氧化铜和氧化铬能使玻璃呈现绿色等。

澄清剂：澄清剂能降低玻璃溶液的黏度，使化学反应所产生的气泡易于逸出而澄清。常用的澄清剂有白砒、硫酸钠、硝酸钠、铵盐、二氧化锰等。

乳浊剂：乳浊剂能使玻璃变成乳白色半透明体。常用的乳浊剂有冰晶石、氟硅酸钠、磷化锡等。它们能形成0.1～1.0μm的颗粒，悬浮于玻璃中，使玻璃乳浊化。

（二）纯碱下游消费分布情况

我国纯碱消费地域也相对广泛。国内纯碱需求量排名前十的省份分别是山东、广东、河北、安徽、湖北、江苏、福建、浙江、四川和湖南，以上地区的纯碱需求量占全国总需求量的大约70%。其中，河北、安徽、广东、湖北和山东五省的平板玻璃产能较为集中，是重碱需求量最高的地区。另外，安徽、浙江、河北、江苏又是我国光伏玻璃产能较为集中的地区，未来也将成为重碱需求量增长的重点地区。

表1－10　2020年中国各省（市、自治区）分行业纯碱需求情况

省（市、自治区）	浮法玻璃	光伏玻璃	日用玻璃	合成洗衣粉	其他	需求总量	占比（%）
山东	77.0	1.6	17.5	8.2	153.0	257.3	10.0
广东	106.9	3.5	22.7	19.8	100.0	252.8	9.8
河北	151.2	11.5	3.6	0.0	70.0	236.4	9.2
安徽	50.0	74.6	13.5	6.6	65.0	209.6	8.1
湖北	88.5	0.8	12.1	0.0	70.0	171.4	6.7
江苏	48.7	11.5	12.6	1.2	75.0	149.0	5.8
福建	58.1	6.4	1.4	0.0	70.0	135.9	5.3
浙江	42.2	12.9	4.1	5.7	65.0	129.9	5.0
四川	58.1	0.0	9.0	6.7	55.0	128.8	5.0
湖南	35.7	0.0	8.1	2.5	45.0	91.3	3.5
河南	22.8	9.4	2.7	1.8	50.0	86.7	3.4
山西	19.8	2.7	2.7	0.0	45.0	70.1	2.7
广西	28.1	10.7	0.2	1.0	30.0	70.0	2.7
江西	12.0	1.3	0.9	0.0	50.0	64.2	2.5

续表

省（市、自治区）	浮法玻璃	光伏玻璃	日用玻璃	合成洗衣粉	其他	需求总量	占比（%）
辽宁	45.8	0.0	0.1	0.0	18.0	63.9	2.5
陕西	18.0	9.4	3.6	0.7	30.0	61.7	2.4
天津	35.0	2.7	0.1	0.0	20.0	57.8	2.2
云南	16.3	0.0	0.7	0.7	35.0	52.7	2.0
新疆	13.8	0.0	0.3	0.0	37.0	51.0	2.0
重庆	17.1	0.0	14.7	0.0	16.0	47.8	1.9
贵州	15.6	0.0	0.8	0.0	25.0	41.4	1.6
海南	3.6	0.0	0.0	0.0	30.0	33.6	1.3
吉林	14.4	0.0	0.2	0.0	15.0	29.5	1.1
内蒙古	11.1	0.0	0.1	0.0	15.0	26.2	1.0
甘肃	6.0	0.0	0.1	0.0	10.0	16.1	0.6
黑龙江	3.6	0.0	0.2	0.0	12.0	15.8	0.6
宁夏	3.9	0.0	0.1	0.0	8.0	12.0	0.5
青海	0.0	0.0	0.0	0.0	10.0	10.0	0.4
全国	1003.0	159.0	131.9	55.1	1224.0	2573.0	100.0

资料来源：卓创资讯。

（三）国内纯碱消费水平

中国不仅是全球纯碱第一生产大国，也是全球第一消费大国。20 年来，国内的纯碱消费水平快速提升，这主要得益于重碱需求的快速增长，而重碱需求量的快速增长又得益于浮法玻璃产能的快速提升。国内浮法玻璃行业对重碱的需求量在 2002 年还不足 200 万吨，2015 年初就已经突破 1000 万吨，此后每年都保持在 1000 万吨以上。除此之外，近 5 年，光伏玻璃产能增速也较为明显，对重质纯碱的需求同样有明显的增量贡献。

轻碱下游行业的消费量的增长速度较为缓慢，过去 10 年，轻碱的总体增幅仅略超 10%，但近两年国家大力发展新能源行业，碳酸锂、钠离子电池等新型板块也对轻碱需求增长作出贡献。据统计，每生产 1 吨碳酸锂，大概需要消耗 2 吨多纯碱，而钠离子电池则需要纯碱作为其重要的正极材料前躯体。2000—2021 年中国纯碱年度消费量见图 1 - 12。

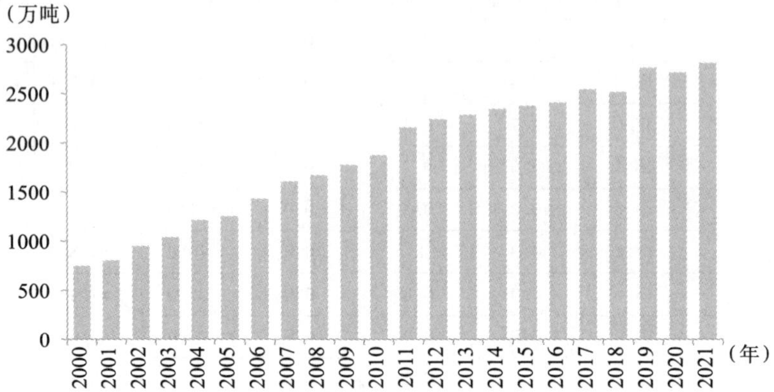

图 1 - 12　2000—2021 年中国纯碱年度消费量

资料来源：Wind、光大期货研究所。

六、我国纯碱的贸易情况如何？

（一）中国纯碱行业销售模式

中国纯碱行业的销售模式有直销、代销和经销。直销是纯碱销售最常采用的方式。

直销，是指纯碱厂家直接与下游用户进行交易，纯碱企业多要求直销客户“押款”。这种方式保证了纯碱销售与采购的稳定性，同时降低了沟通成本。代销，是指纯碱厂家将自己一定比例的货源交由贸易商，在符合纯碱企业内部定价原则的基础上进行货物交易。代销贸易商自己没有库存，不承担价格波动风险。经销，是指国内经营多个化工品种的化工贸易企业同时销售多个品牌的纯碱，批发拿货，根据市场行情进行库存管理，自负盈亏。

轻碱的销售以代销或经销方式为主，直销为辅；重碱因需求量大且集中，多采用直销方式销售。

在我国，玻璃行业是纯碱的最大消费行业，玻璃制造企业一般都是纯碱企业的长期大宗客户，用量固定，一般由纯碱厂直供纯碱。这是因为玻璃生产工艺具有连续性特点，玻璃生产厂需要稳定连续大量原材料供应，所以玻璃制造企业所需纯碱一般都由纯碱厂直接供应。

纯碱的第二大下游制造品是无机盐，如硅酸钠（水玻璃）、小苏打、焦亚硫酸钠、硝酸钠、三聚磷酸钠、红矾钠等。在无机盐制造企业中，消耗纯碱量大的用户，一般从纯碱厂直接购买纯碱，其他消耗量相对较小的企业从纯碱厂直购或者从贸易商处购买。

洗涤用品耗碱量同样很大，近年来，纯碱用量相对比较稳定。以 2016 年为例，洗衣粉直接耗用纯碱约 61 万吨，其他洗涤用品约耗用纯碱 53 万吨。洗涤用品行业供应规律为，大用户和长期固定用户一般由纯碱企业直供，小用户中有一小部分企业由厂家直供纯碱，大部分企业通过中间商购买纯碱。

氧化铝行业中的大部分企业以烧碱为原料，尽管氧化铝行业近年产量增幅较大，但对纯碱的耗用量相对比较稳定。氧化铝企业都是大型企业，其纯碱的供应方式基本上是由纯碱厂直接供给。

（二）国内纯碱贸易流向

国内纯碱的主产区和主销区并不完全一致，多数情况下需要通过贸易调节。全国主要纯碱贸易区域中主要净调出省（市、自治区）的有 5 个，分别为青海、江苏、河南、山东、重庆，调出纯碱总量 1309 万吨；净调入省（市、自治区）的有 19 个，排名前五的是广东、安徽、福建、浙江、湖南，调入纯碱总量 616.5 万吨。

在 5 个主要调出省（市、自治区）中，2020 年调出量达到 300 万吨以上的省份有 3 个。青海、河南、江苏依次排名中国纯碱调出量前三，2020 年调出量分别为 404 万吨、379.3 万吨、335 万吨，这三个省份年调出量占国内总调出量的比例合计达到 84.45%（见表 1－11）。除此之外，山东省的年度纯碱调出量也超过 100 万吨，重庆、天津、内蒙古也是国内纯碱的主要调出地区。

纯碱调入量位列第一的是广东省，2020 年调入量为 202.8 万吨。安徽、福建、浙江等地的纯碱年调入量也都超过了 100 万吨。湖南、山西、广西、辽宁、云南等省份 2020 年纯碱调入量在 50 万～100 万吨之间。

表 1－11　2020 年中国各省（市、自治区）纯碱理论调出量对比　（单位：万吨）

省份	调出量	省份	调出量	省份	调出量	省份	调出量
青海	404	内蒙古	4.8	吉林	－29.5	广西	－70
河南	379.3	四川	0.2	江西	－34.2	山西	－70.1
江苏	335	黑龙江	－15.6	陕西	－35.7	湖南	－77.3
山东	125.7	甘肃	－16.1	贵州	－41.4	浙江	－103.9
重庆	70.2	湖北	－16.4	新疆	－51	福建	－110.9
宁夏	17	上海	－17	云南	－52.7	安徽	－121.6
天津	5.2	河北	－18.4	辽宁	－63.9	广东	－202.8

资料来源：卓创资讯。

分区域来看，华南、华北和华东是纯碱贸易较为集中的地区。华南作为纯碱的主销区之一，区域内供给不足，市场缺口由华北、华东、华中及西部区域补给。华北地区聚集了约占全国 1/4 的玻璃企业，纯碱需求量较大，主要由河南、内蒙古及唐山等纯碱生产区域供给。作为全国主要的纯碱生产和消费市场，华东依靠其发达的汽运、船运及铁路运输等优势，不但实现了纯碱自用，还将纯碱推向了东北、华北、华南等需求旺盛的市场。近年来，纯碱行业的竞争愈演愈烈，华东纯碱流入华北、东北、华南市场上的纯碱贸易量出现不同程度的压缩。

未来，各省（市、自治区）的纯碱供需之间仍存在交叉调货的关联性：青海、河南的纯碱调出地位将更加明显。除此之外，远兴能源股份有限公司内蒙古阿拉善天然碱项目正在有序推进，涉及纯碱产能 780 万吨、小苏打 80 万吨。其中，一期项目的纯碱产能 500 万吨、小苏打 40 万吨，计划 2023 年 6 月建设完成；二期项目的纯碱产能 280 万吨、小苏打 40 万吨，计划 2026 年投产。该项目投产后，内蒙古将成为国内重要的纯碱调出区域，而广东、福建、广西和东北地区则受行业产能新增限制的影响，将仍是国内纯碱的主要输入地。

（三）国内纯碱运输方式

根据是否有包装物及包装方式，纯碱的运输一般分为大包装运输和小包装运输；专用集装箱包装运输和专用集装箱散装运输，以及散装运输三种运输方式（见表1-12）。

表1-12　纯碱的包装与运输对比

经销事项	轻质纯碱	重质纯碱
包装	小包装为主	吨包为主，另有1.5吨包和散装
销售方式	以代销或经销方式为主，直销为辅	直销为主，少量经销
运输方式	铁路运输、公路运输及水路运输	
运距	10~2000公里	
运力	铁路运输≥水路运输≥公路运输	
成本	（300公里以内）水路运输≥公路运输≥铁路运输	
	（300公里以外）水路运输≥铁路运输≥公路运输	
时长	1~15日不等（由方式、运距、运力等多因素决定）	
仓储	因为纯碱可吸收空气中的水分和二氧化碳，形成小苏打，所以仓储时应主要防潮，且远离易与其发生反应的物品（如酸、铵、易燃物与有毒物等）	

注：轻质、重质因堆积密度问题，同等重量的轻质纯碱运费高于重质纯碱运费。

资料来源：郑州商品交易所、光大期货研究所。

运输工具方面，纯碱运输有铁路运输、公路运输及水路运输等多种方式。国内纯碱生产相对集中，需求相对分散，因此运输半径的差异较大。一般300公里以内以公路运输为主，300公里以外以铁路运输为主。青海等偏远地区多采取铁路运输，内陆生产企业多采用公路运输，国内沿长江及临港区域的企业主要采用水路运输。水路运输主要包括沿长江运输和海运，沿长江运输方向以从西向东为主，海运方向以从东向北和从北向南运输为主。三种运输方式相比较，水路运输成本最低，铁路运输运输次之，公路运输成本相对较高。

纯碱的运输要保证以下五点：

一是严禁与酸类、食用化学品等多种产品混装混运；

二是运输途中保持干燥，严禁暴晒、雨淋、高温；

三是包装完整，要有遮盖物，装载稳妥；

四是运输工具应清洁、干燥；

五是要保证容器不泄漏、不倒塌、不坠落、不损坏。

（四）中国纯碱进出口贸易格局及现状

1990 年之前，我国一直是纯碱净进口国。随着 20 世纪 80 年代末国内潍坊碱厂、唐山碱厂、连云港碱厂三大碱厂投产，我国长期大量进口纯碱的局面才结束。从 1990 年开始，中国从常年纯碱净进口国转变为纯碱净出口国。进入 21 世纪以来，我国纯碱年平均净出口量达 143.95 万吨，其中，年平均出口量为 157.26 万吨，年平均进口量只有 13.31 万吨（见表 1－13）。

表 1－13　2000—2021 年中国纯碱进出口量统计　（单位：万吨）

时间	纯碱出口数量	纯碱进口数量	纯碱净出口
2000 年	99.71	13.50	86.21
2001 年	110.36	6.87	103.49
2002 年	114.71	29.37	85.34
2003 年	125.50	30.13	95.37
2004 年	142.99	19.72	123.27
2005 年	177.48	7.06	170.42
2006 年	180.96	14.24	166.72
2007 年	170.60	3.97	166.63
2008 年	212.89	0.14	212.75
2009 年	232.26	3.24	229.02
2010 年	158.20	0.16	158.04
2011 年	151.24	1.16	150.08
2012 年	171.45	3.09	168.36
2013 年	167.75	19.81	147.93
2014 年	179.08	4.99	174.09
2015 年	219.44	0.09	219.35

续表

时间	纯碱出口数量	纯碱进口数量	纯碱净出口
2016 年	197.80	13.46	184.35
2017 年	152.26	14.43	137.83
2018 年	137.84	29.36	108.47
2019 年	143.52	18.69	124.83
2020 年	137.83	35.62	102.21
2021 年	75.86	23.75	52.11
年平均	157.26	13.31	143.95

资料来源：中国海关、光大期货研究所。

前几年，我国纯碱进口来源国相对单一、集中。2012 年土耳其天然碱装置投产后主要供应欧洲市场，直到 2016 年才开始向我国出口少量纯碱，因此，2016 年以前，美国一直是我国纯碱单一进口国。近些年，随着国际贸易体量的不断增加，我国纯碱进口国家逐步扩展至非洲、欧洲、亚洲等地区。目前，我国纯碱进口的主要来源地是土耳其、美国、肯尼亚等国家，除此之外，欧洲的部分国家、日本、韩国也会向我国供应少量纯碱。另外，中国台湾也向大陆提供少量纯碱。

2000—2021 年中国纯碱年度进口数量情况见图 1－13。

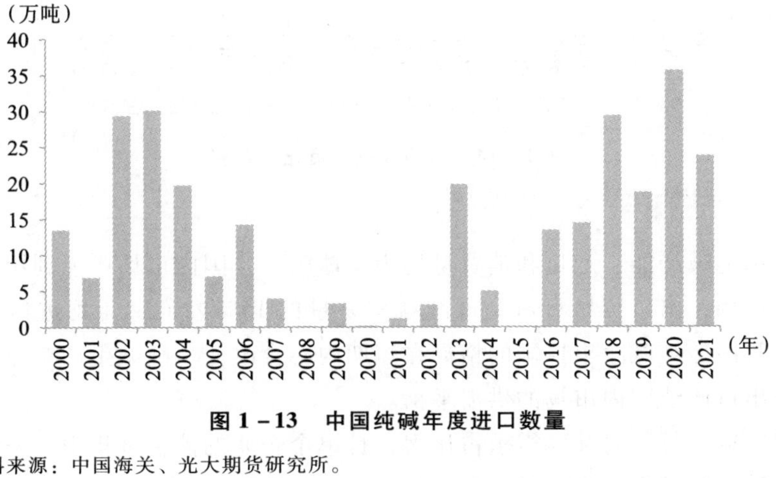

图 1－13　中国纯碱年度进口数量

资料来源：中国海关、光大期货研究所。

我国纯碱主要出口到韩国、印度尼西亚、尼日利亚、越南、菲律宾、孟加拉国、泰国、马来西亚等国家。纯碱出口港主要以南京港、青岛港、天津港、济南港为主，这 4 个港口的出口量占总出口量的 95% 以上。

从趋势上来看，我国纯碱出口量波动也较大。2000—2009 年我国纯碱出口量逐年攀升，在 2009 年达到历史峰值 232.26 万吨，2010 年我国纯碱出口量大幅萎缩至 158.20 万吨，之后 5 年里逐步恢复，最终，在 2015 年，我国纯碱出口量达到第二峰值 219.44 万吨。此后，在国际市场天然碱项目不断投产的节奏下，中国纯碱价格优势在国际市场上逐步减弱，2016—2021 年受到国际地缘政治、公共卫生事件等多方因素影响，我国纯碱出口量再次进入大幅下降趋势。2021 年中国纯碱出口数量萎缩至 75.86 万吨（见图 1－14）。

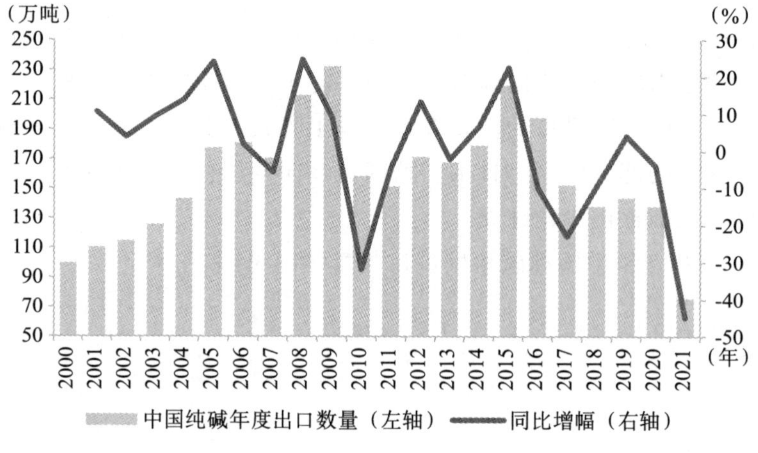

图 1－14　中国纯碱年度出口数量

资料来源：中国海关、光大期货研究所。

中国纯碱产能、产量和消费量均为全球第一，国内市场产能利用率略低于国际市场，出口贸易量占全球纯碱贸易量的 15% 左右，年均进口纯碱量极少，我国是纯碱净出口国的格局在短期内不会改变，纯碱生产企业依然需要通过出口调节国内市场的供需平衡。

我国玻璃行业对纯碱需求占比大，且单个企业的需求量集中，采购高质低价的国际纯碱是非常有利的。但是，国内下游企业进口纯碱有以下不便因素：一是进口国际纯碱要遵循国际纯碱贸易规则，相关手续办理复杂；二是运输周期长达半个月（因订货量、船期、天气等因素）；三是国际纯碱贸易多采用长协，一次性订购量较大，预付款额度较大；四是国际纯碱进入中国还需要进行卸载、分装短倒等步骤，手续繁复，费用较高。国内纯碱价格虽高于国际均价，但供应稳定，运输便利，在途时间较短，且付款方式灵活多样。因此，绝大多数国内纯碱用户最终以采购中国纯碱为主。所以，中国进口纯碱的数量较小，市场潜力也相对有限。

近几年，中国纯碱进出口贸易格局有所变化，整体呈现出口量持续下降、进口量不断提升的趋势。

七、我国纯碱是如何储存与包装的?

(一) 国内纯碱仓储条件及方式

在长期暴露的情况下，纯碱会吸收空气中的水分和二氧化碳，如果受潮，则容易形成硬块，影响使用。因此，纯碱储存主要有四个方面的要求：一是贮存于阴凉干燥的仓库内，要防止雨雪、受潮，防止日晒、受热；二是与易（可）燃物、酸类、铵类、有毒物质等分开存放；三是需要包装密封，防受潮，防破损，防污染；四是存储区内要放置合适的材料来收容泄漏物。

纯碱仓储主要分为定点仓储和移动仓储，以及袋装仓储和散装仓储。

定点仓储又可以分为纯碱厂家内部货台仓储、厂家自建外省货台仓储、厂家联合建设外省货台仓储、港口仓储、罐装车仓储等多种方式。移动仓储指纯碱企业以及中间商将部分纯碱库存先行出库，在运输途中进行销售，并将这部分在途运输但尚未销售的纯碱作为库存的一部分进行管理的一种特殊的仓储模式。移动仓储能够满足远距离运输需求，调节纯碱厂内库存量，并克服较长运输周期对市场交易的影响，从而缓解企业本身的仓储压力，缩短库存周期，提高到货效率。

袋装纯碱储存仓库一般为封闭式仓库，根据库房高度采取两层、三层或者四层叠放堆存。目前，大型纯碱企业小袋包装方式已基本实现全部自动化，码垛机自动码垛和叉车堆存；大袋包装一般是人工套袋，自动放料和缝包，叉车堆存。散装存储一般采用圆筒形钢制或混凝土仓，或者上方下锥形钢制仓储存纯碱。散装存储量大，节省占地面积，管理方便，在大中型纯碱企业中更具有优越性。

（二）国内纯碱包装及方式

在纯碱传统现货市场上，纯碱包装方式主要分为大袋包装、小袋包装和无袋散装三种。下游用户也可以按照自己的特殊要求与厂家协商袋装标准。

1. 大袋包装

大袋包装指每袋 500 千克及以上的包装，国内主要有 750 千克/袋和 1000 千克/袋两种包装规格，后者也被称为吨包或吨袋。此外，也有少量的 500 千克/袋和 1500 千克/袋的包装规格。重碱下游用户多为平板玻璃企业，月度需求量大且集中，为了投料快捷便利和节约拆包人力，多以吨包为主。

根据包装袋材质的不同，大袋包装分为可重复使用包装袋和一次性包装袋：可重复使用的包装袋材质一般为维纶布浸渍聚氯乙烯，2019—2020 年，包装袋的价格约为 100 元/条；一次性包装袋一般为聚丙烯编织袋涂膜或衬薄膜，2019—2020 年，包装袋的价格为 30～50 元/条。

根据袋型的不同，大袋包装有圆形和方形两种：圆形袋制作方便，节省材料；方形袋稳定性好，库房利用率高，运输时车辆装载系数高于圆形袋。

根据层膜分，大袋包装分为双层包装和单层包装。为满足防潮特性，双层包装袋的外包装采用塑料编织袋形式，内包装采用聚乙烯塑料薄膜袋形式。单层包装采用 GB/T 8947—1998 规定的 B 型复合塑料编织袋。

2. 小袋包装

小袋包装指每袋 50 千克及以下的袋装方式，主要有 25 千克/袋、40 千克/袋、50 千克/袋三种规格，其中，25 千克/袋的规格一般用于食用碱包装，40 千克/袋的规格一般用于轻质纯碱包装，50 千克/袋的规格可用于轻碱或重碱包装。小袋包装同样可分为双层内衬聚乙烯塑料薄膜的编织袋或单层塑料复合编织袋，2019—2020 年，包装袋的价格在 2 ~ 4 元/条。

3. 无袋散装

无袋散装指用罐装汽车从纯碱生产企业的成品料仓中将纯碱直接装入汽车的料罐内，运输至纯碱用户，节省了包装材料。散装适用于两种情况：一是纯碱生产企业周边分布有用量较大且稳定的下游用户，适用于纯碱厂周边纯碱用户，尤其是纯碱厂附近用量大的用户。散装方式只需要纯碱用户具有储存一定用量的料仓，即可满足其纯碱需求。二是纯碱的进出口贸易环节，例如，美国天然碱的出口通常先集中使用散装船运输纯碱至目的国的大型纯碱散装仓库，而后再根据用户的需求分装销售。

小贴士

虽然纯碱现货市场的包装规格及方式多种多样，但纯碱期货的基准交割品包装的要求需要符合纯碱国标规定，单包净重为 1 吨以及交易所公告的相关规格。

4. 封口方式

国内纯碱厂家要求包装的封口采用缝线缝合，缝线整齐，针距均匀，无漏缝和跳线现象。对于双层包装，需先将内袋扎口或封口，再将外袋牢固缝合。

5. 净重容忍误差

大袋包装要求平均偏差在 ±5 千克的范围内。小袋包装有两种方式：一种是随机抽取 10 袋称重，要求平均偏差在 ±0.2 千克的范围内；另一种是随机抽取 1 袋称重，要求偏差在 ±0.3 千克的范围内。

自测题

一、不定项选择题

1. 以下（　　）不是纯碱的别称。

A. 苏打　　B. 小苏打　　C. 碱灰　　D. 洗涤碱

2. 纯碱的化学分子式为（　　）。

A. Na_2CO_3　　B. NaOH　　C. $NaHCO_3$　　D. $NaNO_3$

3. 纯碱的主要特性有（　　）。

A. 纯碱属于碱类物质

B. 纯碱暴露在空气中易吸收水分

C. 纯碱水溶液呈强碱性并具有腐蚀性

D. 纯碱可分别与酸、盐、碱物质发生化学反应

4. 纯碱的分类方式不包括以下（　　）。

A. 密度　　B. 用途

C. 氯化物含量　　D. 颜色

5. 纯碱主要用于以下（　　）。

A. 玻璃工业　　B. 无机盐行业

C. 金属冶炼工业　　D. 洗涤工业及日用品工业

6. 关于全球纯碱行业的发展历史，以下（　　）是正确的。

A. 纯碱工业是我国创建最早的化学工业，在基础理论研究、工业生产技术、产品生产规模等方面均有雄厚的基础

B. 几千年前人们所需要的碱都取自天然碱

C. 法国人路布兰成功研究出以食盐为原料的制碱法是最早的人工制碱的工业方法

D. 索尔维制碱法具备原料价廉易得，生产连续，产品纯度高，适合大规模生产等优点

7. 联碱法是我国“现代化工的先驱”制碱专家（　　）博士针对索尔维法生产纯碱的弊端进行改进，经过上千次试验成功研究出新的制碱方法。

A. 徐寿　　B. 唐廷枢　　C. 侯德榜　　D. 范旭东

8. 关于我国纯碱工业的说法正确的有（　　）。

A. 永利碱厂是我国乃至亚洲成立最早的纯碱厂，也是我国成立最早的化工企业之一

B. 纯碱的生产工艺主要有联碱法和氨碱法

C. 我国采用不同工艺生产的成品主要是轻质纯碱，轻碱通过水合法或

挤压法能得到重质纯碱

D. 联碱法在氨碱法工艺基础上改进发展而来，它将纯碱和合成氨两大工业联合，利用氨厂的 NH_3 和 CO_2 同时生产出纯碱和氯化铵两种产品

9. 关于我国纯碱设备检修，下列说法正确的有（　　）。

A. 纯碱生产属于放热反应，检修一般安排在夏季或是下游停工较多、需求不旺的春节期间

B. 氨碱法生产设备属于整体一套设备，设备全停大修需要将整个循环设备进行停机维护保养，并针对各项问题调试修整，通常耗时 7～10 天

C. 联碱法生产设备属于两个循环系统设备，设备全停大修需要将两个循环系统设备进行停机维护保养，并针对各项问题进行调试修整，通常耗时 10～20 天

D. 天然碱法生产工艺简单，纯碱企业设备检修需要每年一次，每次耗时 10 天左右

10. 我国纯碱产能分布主要集中在以下（　　）地区。

A. 江苏　　B. 河南　　C. 青海　　D. 新疆

11. 以下关于纯碱产能产量及生产的说法，正确的有（　　）。

A. 我国纯碱产能分布相对较为集中，但新疆、西藏、贵州、海南、吉林、黑龙江地区目前没有纯碱企业分布

B. 中国纯碱产量分布与产能分布区域高度一致

C. 目前，我国使用 ADC 发泡剂联产法生产纯碱的企业仅有 1 家

D. 我国纯碱生产企业可以根据下游需求、轻碱重碱价差等因素来调节轻重碱比例，比例范围一般在 0～100%

12. 以下关于纯碱消费的说法，错误的有（　　）。

A. 我国的纯碱消费领域分布较为广泛，其中 96% 的消费左右属于食用纯碱，其余 4% 的消费属于工业用纯碱

B. 在纯碱的工业消费中，占比较大的板块主要为玻璃行业，包括平板玻璃、光伏玻璃以及日用玻璃

C. 纯碱下游行业对不同种类的纯碱需求划分较为明确，尤其是在轻重碱使用方面很少出现二者混用现象

D. 国内纯碱需求量最大的地方主要集中在平板玻璃以及光伏玻璃产能

较为集中的地区

13. 轻质纯碱下游消费板块近两年快速增长的行业主要有（ ）。

A. 碳酸锂 B. 钠离子电池

C. 光伏玻璃 D. 新能源车

14. 以下关于我国纯碱贸易模式及运输的说法，正确的有（ ）。

A. 我国纯碱行业运用较多的销售模式分别是直销、代销和经销。代销是纯碱销售最常采用的方式

B. 轻碱以代销或经销方式为主，直销为辅；重碱因需求量大且集中，多采用直销方式

C. 玻璃制造企业一般都是纯碱企业的长期大宗客户，用量固定，一般由纯碱厂直供纯碱

D. 国内纯碱的主产区和主销区高度一致，因此不需要通过贸易调节

15. 我国纯碱的运输方式包括（ ）。

A. 铁路运输 B. 公路运输 C. 水路运输 D. 航空运输

二、判断题

1. 我国自始至终都是纯碱的净出口国。（ ）

2. 我国纯碱的运输方式中，水路运输成本最低，铁路运输次之，公路运输成本相对较高。（ ）

3. 在长期暴露下，纯碱会吸收空气中的水分和二氧化碳，如果受潮则容易形成硬块，影响使用。因此纯碱储存主要储存于阴凉干燥的仓库内，防止雨雪、受潮，防止日晒、受热。（ ）

4. 纯碱现货包装主要有750千克/袋和1000千克/袋两种包装规格，纯碱基准交割品为吨包。（ ）

5. 中国纯碱产能、产量和消费量均为全球第一。（ ）

6. 我国纯碱出口主要去向是土耳其、美国、肯尼亚等国家，除此之外，欧洲部分国家、日本、韩国以及中国台湾也是我国纯碱少量出口的目的地。（ ）

7. 国内纯碱需求相对分散，因此运输半径的差异较大。通常300公里以内以铁路运输为主，300公里以外以公路运输为主。（ ）

8. 2020 年，国内纯碱调出量排名前三的省份分别是青海、江苏、河南。（　　）

9. 目前，平板玻璃行业是重碱最主要的消费领域，光伏玻璃行业随着规模的不断扩大，未来也将成为重碱的主要消费板块之一。（　　）

10. 天然碱法生产工艺成本较联碱法和氨碱法都更高。（　　）

参考答案

一、不定项选择题

1. B　2. A　3. BCD　4. D　5. ABCD　6. ABCD　7. C　8. ACD　9. ABCD　10. ABC　11. ABC　12. A　13. ABD　14. BC　15. ABC

二、判断题

1. 错　2. 对　3. 对　4. 错　5. 对　6. 错　7. 错　8. 对　9. 对　10. 错

第二章

纯碱产业的上下游

本章要点

本章主要介绍纯碱的产业链情况，并深入探索其上、中、下游及副产品和相关产品等行业的发展概况、产量及相关产业政策。同时，本章还着重强调其上、中、下游产品与纯碱的关联性，对纯碱消耗原料的数量以及轻重碱下游行业消耗纯碱的数量都进行了大致估算，以便交易者深入地了解纯碱现货及产业链知识。

一、纯碱产业链是怎样的?

纯碱作为“化工之母”，其产业链覆盖了煤、天然气、盐、石灰石、合成氨等中上游原料和技术，其下游产业链更是广泛覆盖至建材、轻工、化工、冶金、纺织等工业部门，终端产品也渗透到我们日常生活中的各个方面（见图 2－1）。

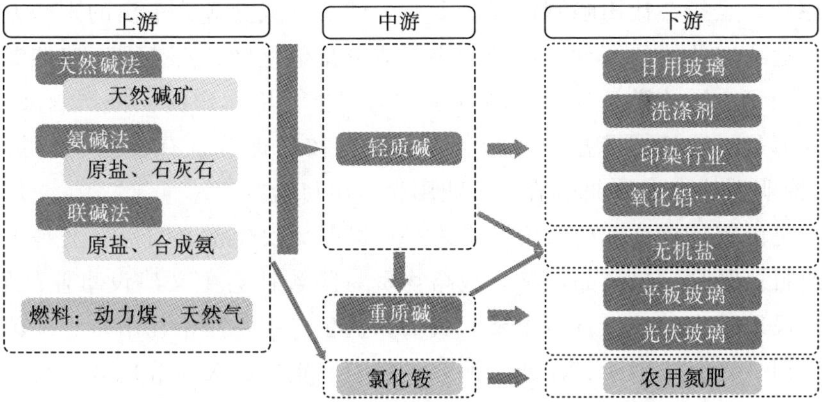

图 2－1　纯碱行业上下游产业链概况

资料来源：郑州商品交易所、光大期货研究所。

二、纯碱上游产业有哪些？

不同的纯碱生产工艺下，耗用原材料有很大区别。用天然碱法生产纯碱的工艺与氨碱法和联碱法的差别很大，天然碱法采用的原料与氨碱法和联碱法完全不同。天然碱法以天然碱湖的碱卤或者溶采地下天然碱矿为原料生产纯碱，并以燃料煤作为锅炉发电和生产蒸汽的动力源。

用氨碱法生产纯碱的方法采用的主要原材料为原盐、石灰石、焦炭或白煤、中间媒介氨、燃料煤（用于锅炉发电和生产蒸汽）。

用联碱法生产纯碱的工艺采用的原料为原盐、二氧化碳、氨和燃料煤（用于锅炉发电和生产蒸汽）。用联碱法制碱过程中生产 1 吨纯碱，可副产 1 吨氯化铵。

综合来看，纯碱的上游行业主要有与原盐、石灰石、天然碱矿、合成氨、动力煤、天然气相关的企业。

（一）原盐

原盐，是指在盐田晒制的海盐及在天然盐湖或盐矿开采出的未经人工处理的湖盐或岩盐等的统称。原盐的主要成分是氯化钠，夹杂有不溶性泥沙和可溶性的钙、镁盐类。我国盐的资源极为丰富，用途广泛，按产制来源分，可分为海盐、池盐、矿盐、井盐、土盐等；按用途分，有食盐（包括加碘盐）、渔业用盐、农牧业用盐、工业用盐、出口盐等。

盐是国家计划分配的重要物资之一，既是人民生活必需品，又是工业生产用原料；既是出口商品，又是战略物资。随着社会主义建设事业的发展，盐在国民经济中的地位日益重要。我国原盐生产主要集中在山东、江苏、湖北、四川、青海、湖南、江西、河北、新疆、重庆、天津等地区，与纯碱产能分布区域高度重合。

原盐是盐化工的源头，也是生产纯碱、烧碱的重要原料，在盐化工中占据非常重要的地位。进入 21 世纪以来，我国原盐产能和产量急速增长。2006 年，我国原盐年度产量增长速度达到峰值 21.50%，随后进入产量增速缓慢下行通道。2013 年，我国原盐产量达到历史新高 7367.6 万吨，此后，产量便在波动中缓慢下行。2020 年，国内原盐产量下降幅度接近 13%，2021 年原盐产量较 2020 年进一步下滑 12%（见图 2-2）。

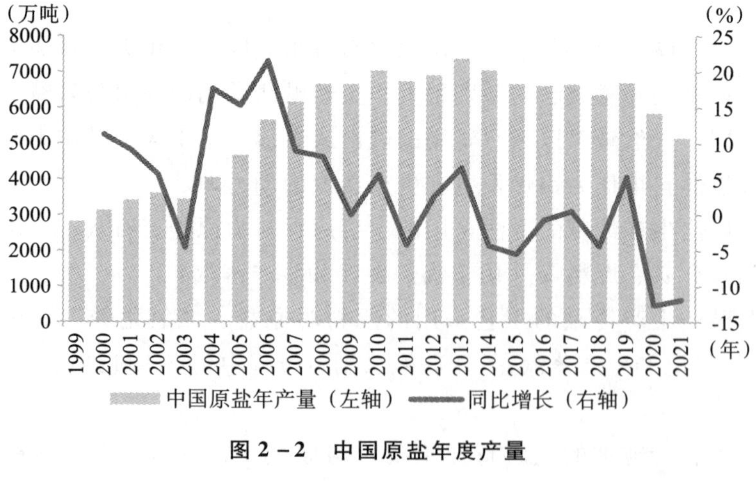

图 2-2　中国原盐年度产量

资料来源：国家统计局、光大期货研究所。

国内各企业生产纯碱过程中，原材料品质、工艺流程等均存在差异，导致原盐的单位消耗量也有所不同，但综合各企业及各工艺整体情况来看，每生产 1 吨纯碱，大约就需要消耗 1.2～1.6 吨原盐，个别原料利用率高的企业原盐消耗量能低至 1.15 吨。

2017 年 1 月 1 日起，一系列盐业改革措施稳步推进：放开所有盐产品价格，取消食盐准运证，允许现有食盐定点生产企业进入流通销售领域，食盐批发企业可开展跨区域经营等，从生产、定价、销售、储运等方面展开体制变革。2018 年，我国进一步升级体制改革，撤销多地盐务局，打破了局部垄断。此后，原盐行业变得更加市场化，且随着人们对健康生活的关注度越来越高，原盐行业的竞争也变得更加激烈。

（二）石灰石

石灰石是一种常见的非金属矿产，是用途极广的宝贵资源，通常以石灰岩作为矿物原料。石灰岩在人类文明史上，以其在自然界中分布广、易于获取的特点被广泛应用。我国是世界上石灰岩矿资源较丰富的国家之一，除上海、香港、澳门等地区外，在其他各省、直辖市、自治区均有分布。其中，陕西省石灰岩的保有储量为全国之首，其余依次为安徽、广西、四川和重庆市、山东、河北、河南、广东、辽宁、湖南、湖北等地，黑龙江、浙江、江苏、贵州、江西、云南、福建、山西、新疆、吉林、内蒙古、青海、甘肃、北京、宁夏、海南、西藏、天津等地的保有储量相对偏低。

石灰石的主要成分为碳酸钙（$CaCO_3$），石灰石常作建筑材料、工业等原料。

在工业上，石灰石是制造玻璃、大理石、石灰、电石的主要原料，最主要的用途是生产水泥。石灰石加水反应生成的熟石灰［氢氧化钙即 $Ca(OH)_2$］，可以用作涂装材料和砖瓦黏合剂等。在炼铁工业，石灰石可作为熔剂；在生活中，将石灰石加工可制成较纯的粉状碳酸钙（$CaCO_3$），用作橡胶、塑料、纸张、牙膏、化妆品等的填充料。另外，石灰石的各种生成物可广泛用于吸收剂、干燥剂、消毒剂等；化工行业利用石灰石的化学性质加工制成氯化钙、硝酸钙、亚硫酸钙等重要钙盐。在农业上，可用生石灰配制石灰硫黄合剂、波尔多液等农药。熟石灰可中和土壤中的酸性，改善土壤的结构，供给植物所需的钙素。用石灰浆刷树干，可保护树木等。

石灰石也可用于制造玻璃、纯碱、烧碱等产品。在生产纯碱时，石灰石是氨碱法生产纯碱的重要原料之一，每生产 1 吨纯碱大约消耗 1.4 吨石灰石，当然，这一数据也因各企业生产设备不同而出现差异。

随着科技的不断进步以及纳米技术的不断发展，石灰石的应用领域进一步拓宽。除了上述传统用途，石灰石还可以作为一种新型环保原料，替代塑料等产品制成管材、包装材料等，且该用途的市场需求量正逐年增加。因此，石灰石将成为 21 世纪最具活力的绿色矿产资源之一，未来发展潜力巨大。

但是，石灰石是一种宝贵的不可再生资源，随着环保意识的逐渐增加，城镇化发展等趋势加强，可供建材使用的石灰岩开采量在逐步减少，未来，优质石灰石资源的勘探和开发，才能给石灰石行业带来更具潜力的发展前景。

（三）天然碱矿

天然碱，在矿物学中是指碳酸钠石一类矿物。在工业矿物岩石学中，它是指能从其中提出碳酸钠组分的钠的碳酸盐、重碳酸盐和含水碳酸盐类矿物。组成碱矿床的矿物种类繁多，常见者有十余种，但具有工业价值的只有少数几种，如苏打、水碱、天然碱、重碳酸钠盐等。

天然碱又称碳酸钠石，呈灰白或灰黄色，玻璃光泽，硬度为 2.5～3.0，密度为 2.11～2.14 克/立方厘米，单斜晶系，晶体呈板状，有时呈结晶质皮壳状，易溶于水。

我国碱矿开发具有悠久的历史，但每年依旧处于供不应求状态。目前，国内天然碱的开发利用主要在河南、内蒙古、新疆等地区。河南桐柏主要有吴城和安棚两大古碱矿床，辽宁铁岭地区有少量低碳酸钠卤水分布，而内蒙古、新疆、吉林则主要分布了第四纪碱矿床，其中以内蒙古境内的察干诺尔碱矿最为著名，其储量达 1100 万吨，是我国现代碱矿的代表。

（四）合成氨

合成氨，指由氮和氢在高温高压、催化剂作用下直接合成的，是一种基本无机化工流程。现代化学工业中，氨是化肥工业和基本有机化工的主要原料，主要用于生产化肥和其他化工产品。在肥料生产中，合成氨主要用于生产氮肥和复合肥料，尿素、硝酸铵、磷酸铵、氯化铵以及各种含氮复合肥皆以氨为原料。在其他工业中，硝酸、各种含氮的无机盐及有机中间体、磺胺药、聚氨酯、聚酰胺纤维和丁腈橡胶等也都需要直接以氨为原料。另外，液氨常用作制冷剂，贮运商品氨时，一部分是以液态形式由制造厂运往外地的。

我国合成氨工业自20世纪50年代以来开始大规模发展，目前我国已经成为全球最大的合成氨生产国。合成氨主要以煤炭为生产原料，是煤化工的重要下游行业，同时也是能源消耗较大的行业之一。随着国家对环境保护的愈加重视、"碳达峰、碳中和"等政策导向下，我国合成氨行业的环保压力持续提升，已经进入产能优化、升级转型的关键时期。

为助力合成氨行业的产业整合，减少行业环保压力，促进行业良性发展，2012年12月工信部发布《合成氨行业准入条件》，引导行业新增产能布局，设置装置规模、技术水平等方面的准入门槛，并对能源消耗及环保评价机制作出严格要求。受此影响，我国合成氨产能产量在2013—2015年增长速度明显放缓，2016年国家供给侧结构性改革之后，产能产量才出现明显下滑。

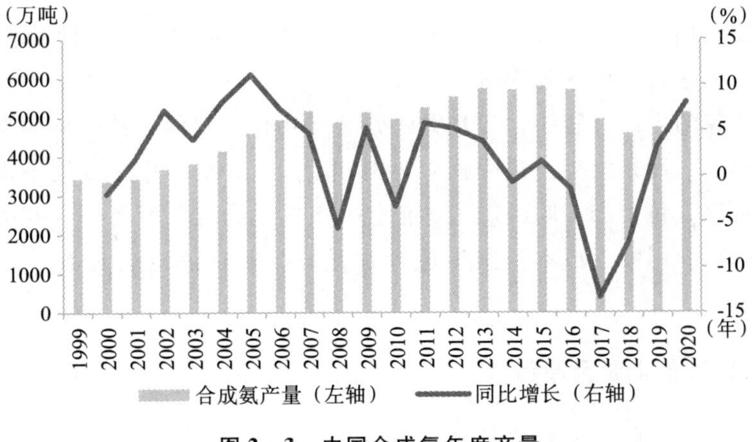

图2-3　中国合成氨年度产量

资料来源：国家统计局、光大期货研究所。

在氨碱法整个生产流程中，氨气（NH_3）是循环使用的。在联碱法纯碱生产过程中，每生产1吨纯碱，就会产生1吨氯化铵的副产品，其中，原盐（NaCl）中的钠离子的最终去向为碳酸钠（纯碱），而原盐（NaCl）中的氯离子去向则为氯化铵（NH_4Cl），这也是联碱法在成本测算中常使用“双吨”成本的原因。正常来说，联碱法生产的“双吨”氨耗在330～350千克，即0.33～0.35吨。

（五）煤炭/动力煤

千百万年来，植物的枝叶和根茎在地面上堆积而成了一层极厚的黑色腐殖质，这些腐殖质在地壳的变动下不断地埋入地下，长期与空气隔绝，并在高温高压下，经过一系列复杂的物理化学变化等因素，形成的黑色可燃沉积岩，即煤炭。

煤炭根据煤化程度可分为褐煤、烟煤和无烟煤；从商品煤交易形态来分，主要有洗精煤、洗混煤、洗中煤、粉煤、末煤等；根据用途可分为用作燃料的动力煤和用以炼钢的炼焦煤。纯碱生产中用到的主要是动力煤，部分企业也用焦炭。

中国长期处于“富煤、贫油、少气”的状态，国内煤炭资源储量仅次于美国、俄罗斯和澳大利亚，居全球第四位。2020年中国煤炭产量和消费量占全球的比例分别为50.4%和54.3%。在动力煤的消费中，以燃煤为主的火力发电构成了动力煤最主要的需求，占比高达57%，其他消费包括冶金、化工、建材、供热耗煤等。

在纯碱的生产过程中，煤炭并不是直接用作原料的一部分从而参与纯碱的成分中去，而是为生产过程提供燃料和动力，在生产中主要用于锅炉发电和生产蒸汽。每生产1吨纯碱大约消耗0.5吨动力煤，但各企业的生产工艺不同，原料利用率、成本控制等也存在差异，所以消耗煤炭数量也存在差异化。

（六）其他上游及原料

除了以上提到的原料之外，纯碱的生产还需要用到天然气、二氧化碳、水、电等资源。

1. 天然气

我国约有25%的合成氨的生产原料以天然气为主，这些以天然气为原料的气头装置主要集中在我国西南地区天然气较为丰富的地方。生产1吨合成氨（化肥）需要消耗850～900立方米天然气，而按照纯碱吨耗合成氨330～350千克来测算，联碱法每生产1吨纯碱，则需要消耗天然气280～315立方米。

2. 二氧化碳（CO_2）

在氨碱法生产过程中，先由氨、水、二氧化碳以及氯化钠进行反应生成碳酸氢钠（$NaHCO_3$），按照化学式的理论值来测算（整个过程不计损失），每生产1吨纯碱，大概需要210立方米二氧化碳。

3. 水电

纯碱行业作为高耗能的生产工业之一，在水、电及耗能方面也存在巨大消耗，但具体消耗量根据各企业装置运行负荷的高低而时刻变化。在国家“碳达峰、碳中和”的目标下，国家对纯碱行业能效标杆水平和基准水平也在不断调整。

三、纯碱下游产业有哪些？

纯碱分为轻质纯碱和重质纯碱，二者下游应用领域也有所不同。重质纯碱下游行业以平板玻璃、光伏玻璃为主；而轻质纯碱下游主要涉及日用玻璃、无机盐、洗涤剂、氧化铝等行业。

（一）重质纯碱下游产业：平板玻璃

平板玻璃主要应用于建筑装饰、汽车行业、新能源、家电以及电子行业等领域。目前，平板玻璃是纯碱（重质）下游最大的消费行业，2021年占纯碱消费比例接近40%。在玻璃中导入纯碱的主要成分是氧化钠，氧化钠在煅烧中能与硅砂等酸性氧化物形成易熔的复盐，起到助熔的作用，使玻璃易于成型。但如果氧化钠的含量过大，会使玻璃热膨胀率增大，抗拉度下降。1999—2021 年我国平板玻璃的产量及纯碱的消耗量见图 2－4。

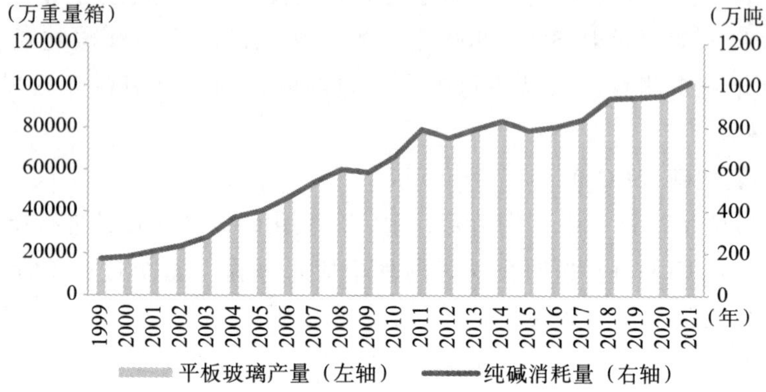

图 2－4　中国平板玻璃的产量及纯碱的消耗量

（纯碱消耗量未测算，非统计局来源）

资料来源：国家统计局、光大期货研究所。

2000 年至今，我国浮法玻璃产能持续增长，2020 年末我国浮法玻璃在产产能达到 11.25 亿重量箱，产量达 9.46 亿重量箱，约 4729 万吨。

若按照玻璃与纯碱的生产比例为 1∶0.2 来测算，则 2021 年我国生产 5083 万吨平板玻璃，共消耗约 945.8 万吨重质纯碱。

我国玻璃生产企业数量众多且产能扩张迅速，21 世纪以来逐步成为社会经济发展不可或缺的力量，为国民经济的发展作出了巨大贡献。但是，玻璃行业经过快速扩张之后产能出现严重过剩现象。为解决这一问题，国务院于 2013 年发布《国务院关于化解产能严重过剩矛盾的指导意见》（国发〔2013〕41 号），严禁钢铁、水泥、电解铝、平板玻璃行业新增产能，2015 年工信部发布的《工业和信息化部关于印发部分产能严重过剩行业产能置换实施办法的通知》（工信部产业〔2015〕127 号）开始实施。

此后几年，工信部也多次下发并修订《水泥玻璃行业产能置换实施办法》（工信部原〔2017〕337 号）等文件来限制平板玻璃行业产能增长，只允许在一定比例内进行产能置换，这在一定程度上解决了玻璃行业产能过剩问题，同时也大大限制了平板玻璃行业对重质纯碱的消耗水平。

延伸阅读

部分产能严重过剩行业产能置换实施办法

第一章　总则

第一条　为遏制产能严重过剩行业盲目扩张，严禁新增产能，化解产能过剩矛盾，引导产业有序转移和布局优化，推进行业结构调整和转型升级，按照《国务院关于化解产能严重过剩矛盾的指导意见》（国发〔2013〕41号）和《国务院关于印发大气污染防治行动计划的通知》（国发〔2013〕37号）要求，制定本办法。

第二条　产能严重过剩行业项目建设，须制定产能置换方案，实施等量或减量置换，在京津冀、长三角、珠三角等环境敏感区域，实施减量置换。

第三条　本办法适用的部分产能严重过剩行业为：钢铁（炼钢、炼铁）、电解铝、水泥（熟料）、平板玻璃行业。

本办法所称的产能严重过剩行业建设项目，包括新建、改建、扩建，以及按照国发〔2013〕41号文件要求清理的未经国家核准且有必要继续建设的在建项目（以下统称“建设项目”）。水泥粉磨站建设项目，可不制定产能等量或减量置换方案，依据本地区水泥工业结构调整方案优化布局。

本办法所称的产能等量置换是指建设项目应淘汰与该项目产能数量相等的落后或过剩产能；减量置换是指建设项目应淘汰大于该项目产能数量的落后或过剩产能。

本办法所称的京津冀、长三角、珠三角等环境敏感区域是指北京市、天津市、河北省、上海市、江苏省、浙江省，以及广东省的广州、深圳、珠海、佛山、江门、东莞、中山、惠州、肇庆9市，以及其他环境敏感区域。

第二章　置换产能确定

第四条　新（改、扩）建项目产能置换指标，须为2013年及以后列入工业和信息化部公告或省级人民政府完成任务公告（以下统称“列入公告”）的企业淘汰产能（不含各地列入明确压减范围的钢铁产能）。已超过国家明令淘汰期限的落后产能，不得用于产能置换。

经省级工业主管部门审批已实施JT窑技术改造，并经省级行业协会等组织鉴定的JT窑，可用于水泥熟料新（改、扩）建项目产能置换。

未经国家核准的在建项目产能置换指标，须为2011年及以后列入公告的企业淘汰产能。

2011年以来列入工业和信息化部公告的淘汰产能数量，依照工业和信息化部公告核定；未列入工业和信息化部公告但列入省级人民政府完成任务公告的淘汰产能数量，依照省级人民政府完成任务公告核定。

建设项目产能数量和2015年以后拟淘汰的产能数量，依照换算表核定。用于置换的产能指标不得重复使用。

第五条　京津冀、长三角、珠三角等环境敏感区域需置换淘汰的产能数量按不低于建设项目产能的1.25倍予以核定，其他地区实施等量置换。

第三章　产能置换指标交易

第六条　支持跨地区产能置换，引导国内有效产能向优势企业和更具比较优势的地区集中，推动形成分工合理、优势互补、各具特色的区域经济和产业发展格局。鼓励各地积极探索实施政府引导、企业自愿、市场化运作的产能置换指标交易。

第七条　产能置换指标交易由各省（区、市）工业和信息化主管部门进行组织协调，制定具体交易实施办法，报省级人民政府同意后执行。

第八条　工业和信息化部搭建全国产能置换指标供需信息平台，为产能置换提供信息服务。同时，探索建立全国产能置换指标交易平台。

第九条　用于跨省交易的产能置换指标，需指标出让方省级工业和信息化主管部门报省级人民政府确认和公告。各省级工业和信息化主管部门将产能指标的出让和需求信息，按要求送工业和信息化部在全国产能置换指标供需信息平台（http：//cyzy. miit. gov. cn）发布。

第四章　置换方案内容和确认

第十条　产能置换方案主要包括淘汰项目和建设项目基本情况，须明确以下内容：

（一）淘汰项目所属的行业和地区、企业名称、组织机构代码、主体设备（生产线）、核定的产能和拆除时间，以及相关材料（工商营业执照、税务登记证、生产许可证等有效证明材料）。

（二）建设项目所属的行业和地区、企业名称、拟建的主体设备和产能。

（三）通过跨省（区、市）交易获得的产能置换指标，需提供指标出让方省级人民政府确认意见，以及供需双方省级工业和信息化主管部门完成交易的确认意见。

第十一条　建设项目企业按照本办法相关条款规定，制定产能置换方案，按各省（区、市）相关要求报送省级工业和信息化主管部门。

第十二条　各省级工业和信息化主管部门按照本办法相关条款规定，核实产能置换方案，确保淘汰项目真实、产能合理，明确置换产能淘汰期限。

第十三条　各省级工业和信息化主管部门将产能置换方案及核实意见，报省级人民政府确认后向社会公告。

第五章　置换方案监督落实

第十四条　工业和信息化部组织对各省（区、市）确认的置换方案进行抽查。同时，积极发挥行业协会等社会各界监督作用。

第十五条　各省级工业和信息化主管部门，根据省级人民政府向社会公告的产能置换方案，按照《关于印发淘汰落后产能工作考核实施方案的通知》（工信部联产业〔2011〕46号）要求，将用于置换的全部淘汰项目，列入年度淘汰落后和过剩产能任务，按要求组织淘汰，使其不能恢复生产。

第十六条　工业和信息化部组织淘汰落后产能工作部际协调小组成员单位，对各地淘汰落后和过剩产能情况进行监督检查，并公开检查结果。

第六章　附则

第十七条　本办法适用于在中华人民共和国境内依法注册的各类所有制企业。

第十八条　本办法自发布之日起施行，有效期至2017年12月31日，并根据产业发展情况适时修订。

第十九条　工业和信息化部之前发布的产能置换相关文件要求与本办法不一致的，按本办法执行。

第二十条　本办法由工业和信息化部负责解释。

（二）重质纯碱下游产业：光伏玻璃

可再生能源因其对环境危害较小且资源分布广泛，长期以来都受到全球各个国家的青睐，我国也未曾停止对可再生能源，尤其是新能源的开发和利用。为了促进可再生能源的开发利用，增加能源供应，改善能源结构，保障能源安全，保护环境，实现经济社会的可持续发展，《中华人民共和国可再生能源法》于2006年1月1日起正式实施。至此，可再生能源的开发利用被我国列为能源发展的优先领域。

近几年，国家发改委、财政部、工信部、国家能源局、住房和城乡建设部等部门密集地出台了关于新能源板块，尤其是光伏发电行业的生产、销售、财税、补贴、土地政策等各方面的政策，各省市对光伏行业的装机规划、能源消纳、用电补贴等也都出台了大量优惠政策。经过数年发展，我国光伏发电规模、应用范围都在逐步扩大，目前已经覆盖至家庭用户、太阳能电源、通信、石油、海洋、气象等众多行业与领域。

2021年是我国“十四五”规划的第一年，“碳达峰、碳中和”首次被写入政府工作报告。光伏玻璃行业作为光伏产业链中游组件中的重要一环（见图2-5），其规模与前景都离不开我国光伏行业的发展。

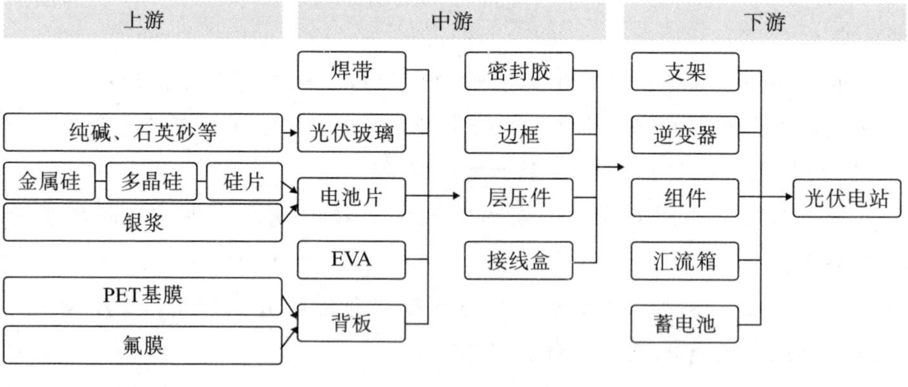

图2-5 光伏产业链示意图

资料来源：光大期货研究所制作。

光伏玻璃主要分为超白压延玻璃和超白浮法玻璃。两者的区别在于制作工艺和应用对象不同。全球光伏电池市场中晶硅电池的应用更为广泛，超白压延玻璃的透光率更高，而我国光伏发电又以晶硅路线为主，所以相较于超白浮法玻璃，超白压延玻璃在市场中占据了更大份额。它的低氧化铁含量以及高光伏透射比都会对发电效率和光伏组件的寿命产生较大的影响，另外，光伏玻璃的抗冲击性能、耐热性能、耐湿冻性能、耐磨性能、颜色均匀性等品质也都比普通平板玻璃高。

2021 年之前，《水泥玻璃行业产能置换实施办法》（工信部原〔2017〕337 号）规定，光伏玻璃行业新增产能严格受限，且新建光伏玻璃项目需要制订产能置换方案，这与我国光伏发电行业规模快速增长背离。2020 年下半年以来，光伏行业的高景气导致光伏玻璃供不应求，下游组件企业面临原料价格飙涨和采购困难的局面。在此背景下，2020 年 11 月初，国内六大光伏组件企业联合发布《关于促进光伏组件市场健康发展的联合呼吁》的公开信。信中明确表示，目前玻璃行业产能增长的限制是光伏产业组件供应材料短缺的主要因素，并呼吁国家充分考虑目前光伏行业的供应短缺情况，放开对光伏玻璃产能扩张的限制。

在光伏企业联合呼吁下，2020 年年底工信部对《水泥玻璃行业产能置换实施办法》（工信部原〔2017〕337 号）进行修订，形成了《水泥玻璃行业产能置换实施办法（修订稿）》，并于 2021 年 7 月正式印发，即《水泥玻璃行业产能置换实施办法》（工信部原〔2021〕80 号）。该办法指明光伏压延玻璃项目可不制订产能置换方案，但新建项目应委托全国性的行业组织或中介机构召开听证会，论证项目建设的必要性、技术的先进性、能耗水平、环保水平等，并公告项目信息，项目建成投产后企业履行承诺不生产建筑玻璃。至此，我国光伏玻璃产能新增的限制被取消。

在国家放开对光伏玻璃产能限制之后，国内多个玻璃龙头企业进军光伏玻璃产业，使 2021 年国内光伏玻璃在产产能出现明显提升，近两年我国光伏玻璃供需偏紧的状态也得到了缓解。数据显示，2021 年全年光伏玻璃产能达到 1289. 91 万吨，产量约 1019 万吨（见图 2 - 6）。按照每生产 1 吨光伏玻璃消耗 0. 2 吨重质纯碱测算，目前国内光伏玻璃对纯碱年度消耗量约 258 万吨，且未来仍有巨大的增长空间。

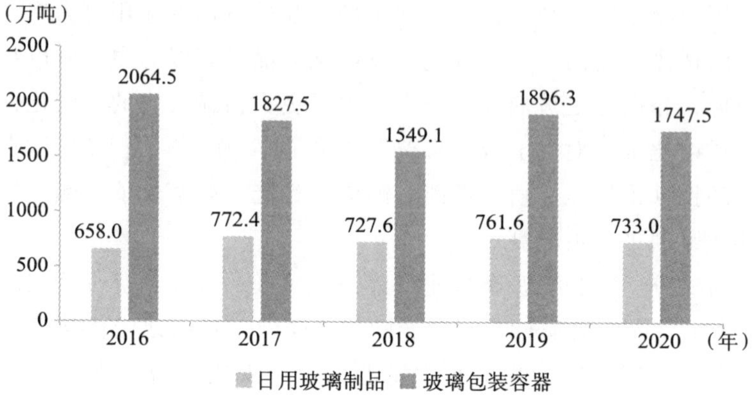

图 2－6　中国光伏玻璃年度产能及产量

资料来源：卓创资讯、光大期货研究所。

光伏玻璃生产线对原材料供应的稳定性要求极高，停窑一次的损失可达上亿元。在光伏玻璃总成本中，原材料（以纯碱、石英砂为主）成本占比 40% 以上。原材料成本中接近一半为纯碱，占光伏玻璃总生产成本的 20%。

我国主要的光伏玻璃生产地区为安徽，该地区产能占全国光伏玻璃产能的比例超过 50%。其他地区如江苏、山东、河南、河北等也分布着光伏玻璃产能。从地区分布来看，我国光伏玻璃产能分布与纯碱行业产能分布存在高度重合，利于产业链协同式发展，而光伏玻璃行业未来发展的关键也在于对原材料供应、采购成本等供应链的管理。

小贴士

为了更好地服务国家新能源战略，促进光伏产业高质量发展，方便纯碱期货更好地服务下游光伏玻璃产业，郑州商品交易所于 2021 年 11 月将光伏玻璃主产地区安徽省纳入纯碱期货交割区域。

（三）轻质纯碱下游产业：日用玻璃工业（日用玻璃制品、玻璃包装容器）

日用玻璃工业是我国传统的民生产业，具有悠久历史，是具有创新竞争力的优势产业，是循环经济中的绿色产业，与人民日常生活和下游产业以及相关行业的发展密切相关，是国民经济发展中不可或缺的重要产业。按照我国现行《国民经济行业分类》（GB/T 4754—2017）标准，日用玻璃行业主要包括玻璃仪器制造业（行业代码 3053）、日用玻璃制品制造业（行业代码 3054）、玻璃包装容器制造业（行业代码 3055）、玻璃保温容器制造业（行业代码 3056），按照行业属性分类，属于轻工类的日用玻璃行业。

常见的日用玻璃有酒类用瓶、化妆品瓶、罐头瓶、医药用瓶、化学试剂用瓶等玻璃包装容器，以及琉璃艺术品、玻璃工艺品、水晶玻璃首饰、玻璃装饰挂件等。玻璃包装容器安全性高，使用后也易于回收利用，既避免了塑料包装材料不易降解、回收处理难度较大的问题，也克服了纸质和金属包装材料生产过程中大规模消耗不可再生资源的难题。随着政府对环境友好型、资源节约型社会建设的不断深入、监管要求的不断提升，以及社会居民的环保意识、节约资源意识的增强，玻璃包装容器逐渐成为政府鼓励类包装材料，坚持推动日用玻璃行业向高端、节能、环保、轻量化方向发展。

日用玻璃行业是轻质纯碱下游最大的消费领域，每生产 1 吨日用玻璃需消耗 0.18 吨纯碱，相较于平板玻璃和光伏玻璃而言，成品吨耗纯碱水平略低。但日用玻璃行业也可使用重质纯碱，因为重碱价格高于轻碱，所以仅在部分中高端日用玻璃领域会涉及重质纯碱。一般，该领域轻碱和重碱的使用比例是根据轻质纯碱和重质纯碱价差及日用玻璃市场情况波动进行调整的，通常轻质纯碱使用比例在 68%～73% 波动。2020 年日用玻璃行业的轻质纯碱消费量为 314.3 万吨，占轻碱下游总消耗量的 24.5%，轻碱使用比例在 70.4% 左右（见表 2－1）。

表 2－1　2016—2020 年中国日用玻璃领域产量及轻碱消耗量情况

时间	日用玻璃制品	玻璃包装容器	合计	轻碱消耗量	轻碱、重碱消耗比例
2016 年	658.0	2064.5	2722.5	357.7	73%、27%
2017 年	772.4	1827.5	2599.9	341.6	73%、27%
2018 年	727.6	1549.1	2276.7	295.1	72%、28%
2019 年	761.7	1896.3	2657.9	339.7	71%、29%
2020 年	733.0	1747.5	2480.5	314.3	70%、30%

资料来源：郑州商品交易所轻质纯碱现货市场研究报告。

近几年，我国日用玻璃行业产能结构不断优化，产品逐渐从普通型转变为精巧型，从实用型转变为观赏型，从厚重型变成轻薄型。自2016年供给侧结构性改革、环保整治攻坚战等政策执行以来，我国制造业的环保生产、能耗控制的监管要求不断提高，在众多压力下，部分日用玻璃行业内技术落后、能耗大、规模小的企业，因无法负担环保、能耗等整改要求带来的额外成本而逐步被淘汰，而能耗控制能力强，具有技术、规模、品牌优势的企业则得到扶持和壮大，行业产能结构得到优化，因而全行业对纯碱的消耗量也在逐年下降。

我国日用玻璃制品产量在2017年达到最高的772.38万吨，此后整体呈现下降趋势，而玻璃包装容器产量峰值出现在2016年的2064.48万吨，二者综合产量峰值也出现在2016年，对纯碱的消耗水平也在2016年达到峰值490万吨。2020年以来，受公共卫生事件影响，部分厂家复工复产时间不断推迟，加上国外订单减少，日用玻璃行业产量也出现明显下降，当年日用玻璃制品同比减少3.76%，玻璃包装容器同比减少7.84%（见图2-7），行业对纯碱消耗量也下降至314.3万吨。

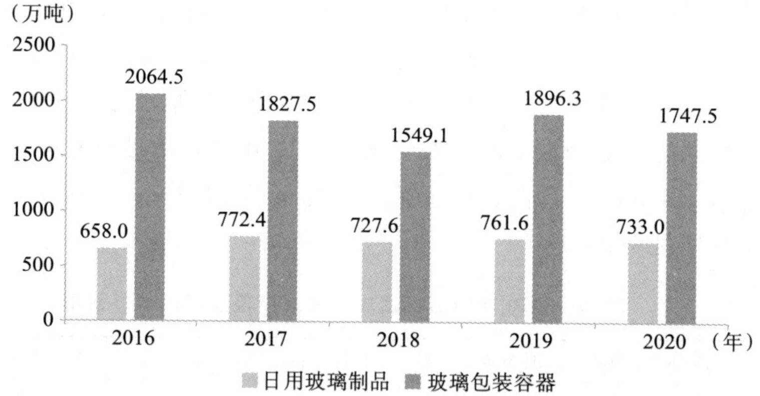

图2-7 2016—2020年日用玻璃产量变化

资料来源：郑州商品交易所轻质纯碱现货市场研究报告。

分地区来看，2020年中国日用玻璃制品主要集中在华北、华东、西南、华南地区生产，产量大区分布不均衡，各省市产量呈现梯队式分布，广东、山东、重庆等省市产量最多。而2020年中国玻璃包装容器主要集中在西南、华北地区生产，产量大区分布也不均衡，其中，四川省贡献了最多产量，其次是山东、河北等省份。

（四）轻质纯碱下游产业：无机盐（硝酸钠、亚硝酸钠）

无机盐（Mineral Salt）即无机化合物中的盐类，旧称矿物质。无机盐行业产品种类较多，与纯碱相关的通常为钠盐，其中，硝酸钠和亚硝酸钠统称“两钠”。“两钠”又分为正品“两钠”和副产“两钠”。每生产1吨“两钠”需要消耗0.7～0.73吨轻质纯碱，生产过程中纯碱的主要作用是提供钠离子。

硝酸钠和亚硝酸钠都是无机物，化学式分别为$NaNO_3$和$NaNO_2$。当硝酸钠遇热释放氧气便会形成亚硝酸钠。硝酸钠是强酸强碱盐，水溶液呈中性；亚硝酸钠是强碱弱酸盐，水溶液呈碱性。两者氮的化合价不同，亚硝酸钠中的氮为+3价，硝酸钠中的氮为+5价。因为化合价不同，所以二者的性质不同，故二者用途也不同。硝酸钠主要用于玻璃、炸药、冶金等行业。亚硝酸钠是重要的医药、染料中间体，还可以用于食品行业，在肉类制品加工中用作发色剂、防微生物剂、防腐剂，还可以用作防冻剂。

国内“两钠”产能主要分布在山东、湖北及重庆三个地区。山东产能约40万吨，占全国总产能的37%，山东海澜是全国最大的“两钠”生产企业。湖北产能36万吨，占比33.3%。副产“两钠”全年产量7万～8万吨，生产不稳定。副产“两钠”可以看作部分厂家的环保项目，其中，草酸、乙二醇、硼酸副产不需要纯碱，废酸溶液副产则需要用到纯碱。

受2019年海化华龙硝铵装置停产搬迁、福建邵武化工及湖北新鄂西两钠装置退出市场等产能变化的影响，近两年我国正品“两钠”产能产量均有所下降。2020年我国“两钠”产能约108万吨，其中亚硝酸钠产能62.6万吨，硝酸钠产能45.4万吨。2020年国内“两钠”产量97.2万吨，折合轻质纯碱消耗量约70万吨（见表2－2）。

表2－2　2016—2020年正品硝酸钠、亚硝酸钠产能产量统计　（单位：万吨）

时间	产能	产量	轻碱用量
2016年	130	113.75	81.9

续表

时间	产能	产量	轻碱用量
2017 年	130	113.1	81.4
2018 年	135	116.1	83.6
2019 年	135	118.8	85.5
2020 年	108	97.2	70.0

资料来源：郑州商品交易所轻质纯碱现货市场研究报告。

（五）轻质纯碱下游产业：泡花碱

泡花碱又称硅酸钠，也是一种无机物，化学式为 Na_2SiO_3，其水溶液叫作水玻璃，无色、青绿色或棕色的固体或黏稠液体。

泡花碱的生产工艺可分为干法和湿法两种，干法工艺原料主要为硅石（石英砂）、纯碱，市场中也有少量用硫酸钠（又名元明粉或芒硝）替代纯碱，以减少原材料成本，但因其污染较重及泡花碱成品质量略差（成品比较浑浊，含杂质较多），目前仅在西北及山东地区的少量小企业中使用，此部分占比 8%～10%。干法工艺直接生产的产品为固体泡花碱，固体泡花碱经过加热熔化，可制得液体泡花碱；湿法工艺原料为硅石（石英砂）、烧碱，在高压蒸锅内进行压蒸反应，直接生成液体水玻璃。目前，国内市场泡花碱生产企业使用的工艺通常是干法生产固体泡花碱，再经溶解转变成所需规格的液体泡花碱。

泡花碱行业所使用的原料纯碱多为轻碱。虽然重质纯碱具有比重大，生产过程中粉尘较少，对窑炉损耗更少等优势，但由于重质纯碱价格通常高于轻质纯碱，而泡花碱行业本身利润较低，故大多数企业选择使用轻质纯碱。据测算，每生产 1 吨固体泡花碱消耗轻质纯碱约 0.4 吨。

我国泡花碱行业生产企业较多，小规模工厂多，自 2016 年供给侧结构性改革以来，行业产能集中度有所提升。2018 年行业产能回落至 530 万吨后常年持稳，产量稳中有小幅增加，对轻质纯碱的消耗量也从 2016 年的 126 万吨提升至 2019 年的 141.4 万吨。但 2020 年行业产量出现小幅回落，轻质纯碱消耗量随之回落至 133.9 万吨（见表 2－3）。

表 2－3　　2016—2020 年中国泡花碱产能产量及轻碱消耗量情况　（单位：万吨）

项目	2016 年	2017 年	2018 年	2019 年	2020 年
产能	580.0	580.0	530.0	530.0	530.0
产量	350.0	350.0	360.0	380.0	360.0
轻碱消耗量	126.0	126.0	132.5	141.4	133.9

资料来源：郑州商品交易所轻质纯碱现货市场研究报告。

我国泡花碱产能分布受上游原材料及下游行业分布的影响较大，其产能主要分布在山东、安徽、河北、江浙等地区。2020 年山东地区泡花碱产量占比在 55% 左右，对纯碱的消费量是 72.8 万吨，消费占比 54.4%；安徽地区泡花碱产量占比约 13%，对纯碱消费量约 18 万吨，占比 13.4%；河北、江浙地区产量占比均为 10%，纯碱消费量分别为 16.1 万吨、14.4 万吨，消费占比分别为 12%、10.8%（见表 2－4）。

表 2－4　　2020 年泡花碱行业轻碱消耗量分地区统计

地区	泡花碱产量（万吨）	产量占比（%）	纯碱消耗量（万吨）	纯碱消耗量占比（%）
山东	198.0	55.0	72.8	54.4
安徽	46.8	13.0	18.0	13.4
河北	43.2	12.0	16.1	12.0
江浙	36.0	10.0	14.4	10.8
西北等其他地区	36.0	10.0	12.6	9.4
合计	360.0	100.0	133.9	100.0

资料来源：郑州商品交易所轻质纯碱现货市场研究报告。

（六）轻质纯碱下游产业：小苏打

小苏打的应用范围较广，食品添加、化工行业、饲料添加等行业都是我国小苏打的主要消费领域。在食品添加行业，小苏打主要用于碳酸饮料、面食发酵、膨松剂等；在环保领域，脱硫脱硝、水处理等化工行业对小苏打用量稳步增加，一般在环保形势比较严峻时期，小苏打的用量会有明显提升；在饲料添加剂行业，小苏打主要作为缓冲添加剂使用，作用是中和动物胃酸，以促进体内微生物活动，提升动物消化机能，从而提高饲料的消化利用率。一般，小苏打夏季用量较多。另外，小苏打还可以用于制药、灭火剂、冶金助熔剂、印染行业固色剂、羊毛洗涤剂以及生产橡胶、海绵等多种行业。

近5年，随着环保政策的持续收紧，化工行业的脱硫脱硝，小苏打用量不断增加。受此影响，我国小苏打产能、产量均呈现增长态势，2018—2020年行业产能的扩张速度有所加快。据统计，2020年全国小苏打产能为284.5万吨（见图2-8），同比增加7.58%，其中，纯碱法制小苏打产能占比在四成左右。

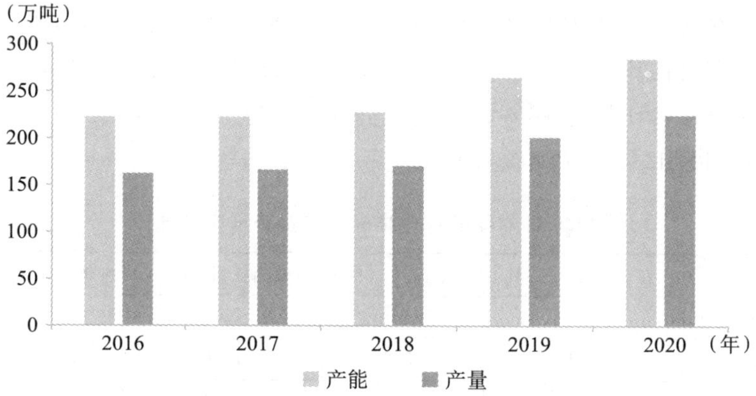

图2-8　2016—2020年中国小苏打产能及产量

资料来源：郑州商品交易所轻质纯碱现货市场研究报告。

我国纯碱法制小苏打主要分布在山东，其次是天津及江苏。2020年，纯碱法制小苏打产量在89.9万吨左右，纯碱用量约在58.4万吨（见表2-5）。

表2-5　2016—2020年小苏打的产能、产量、纯碱法产量及轻碱消耗量情况

（单位：万吨）

时间	产能	总产量	纯碱法产量	轻碱消耗量
2016年	222.5	162.4	65.0	42.2
2017年	222.5	166.3	66.5	43.2
2018年	227.5	170.6	68.3	44.4
2019年	264.5	201.0	80.4	52.3
2020年	284.5	224.8	89.9	58.4

资料来源：郑州商品交易所轻质纯碱现货市场研究报告。

小苏打应用领域广泛，且在部分行业有着不可替代性，加上我国对环保的关注度越来越高，所以脱硫脱硝、水处理对小苏打的用量保持增长态势，行业未来发展前景较好。

小贴士

小苏打即碳酸氢钠（Sodium Bicarbonate），分子式为 $NaHCO_3$，是一种无机化合物，白色结晶性粉末，无特殊气味，味碱，易溶于水。在潮湿空气或热空气中可缓慢分解，产生二氧化碳，加热至 270℃ 完全分解。遇酸则强烈分解，产生二氧化碳。

（七）轻质纯碱下游产业：味精

味精作为一种调味料，主要成分为谷氨酸钠，化学式为 $C_5H_8NNaO_4$，通常为白色结晶或粉末，无特殊气味，对光稳定。味精能刺激味蕾，增加食品特别是肉类和蔬菜的鲜味，常添加于汤料和肉制品中。它对人体的直接营养价值较小，但其提供的谷氨酸可与血氨结合起到解毒作用，在临床上用于对肝昏迷病人的治疗。

我国最初的味精工业化生产是以面筋或豆粕为原料，采用酸水解的方法生产味精。此方法耗能大、成本高、劳动强度大、对设备要求高，需耐酸碱设备，目前已退出市场。随着科学的进步及微生物技术在食品行业的应用，味精生产发生了革命性的变化。自 1965 年以来，我国味精行业大都采用发酵法生产。

谷氨酸的主要原料有淀粉、糖蜜、醋酸、乙醇等，目前我国采用糖质或淀粉原料生产谷氨酸，然后经等电点沉淀、离子交换或锌盐法精制等方法提取谷氨酸，再经脱色、脱铁、蒸发、结晶等工序制成谷氨酸钠结晶。在整个生产过程中，纯碱主要起到中和的作用。

近几年，我国味精行业的产能基本稳定，但实际产量却出现一定波动。2018 年味精产量受大气环保督察影响，国内重点厂区出现长时间停产、限产；2019 年随着味精价格不断攀升，企业开工积极；2020 年上半年，在公共卫生事件影响下，餐饮消费行业萎缩大幅削减味精消费，行业开工明显下滑，其中不乏企业停产现象。2020 年下半年随着下游企业生产水平提升、出口量增加等需求恢复，再加上原料玉米价格涨势凶猛，所以，为降低企业生产成本，味精行业开工保持较高水平。

据统计，每生产 1 吨味精需消耗 0.32 吨纯碱，目前国内七八成味精企业采用纯碱生产味精，另有部分企业采用烧碱生产。2020 年我国味精年度产量约 246.7 万吨（见图 2－9），比 2019 年增加 0.1%，按纯碱使用量 75% 的比例测算，2020 年味精行业的纯碱用量约 59.21 万吨（见表 2－6），其中内蒙古地区用量占比最大。

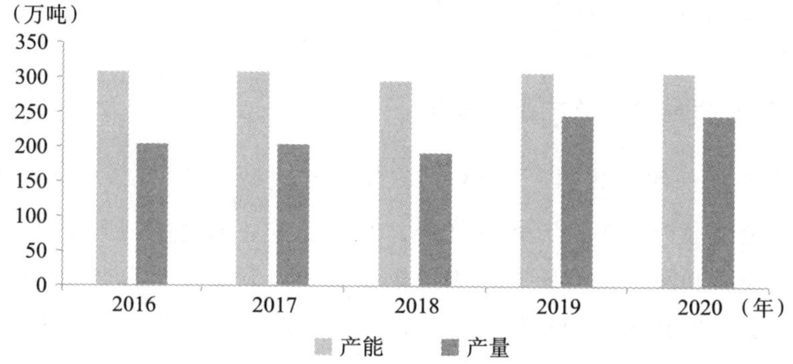

图 2－9　2016—2020 年味精产能产量变化情况

资料来源：郑州商品交易所轻质纯碱现货市场研究报告。

表 2－6　2016—2020 年中国味精产能、产量及轻碱消耗量情况　（单位：万吨）

时间	产能	产量	轻碱消耗量（纯碱使用占比 75%）
2016 年	308	203.6	48.9
2017 年	308	203.6	48.9
2018 年	295	191.5	46.0
2019 年	307	246.3	59.1
2020 年	307	246.7	59.2

资料来源：郑州商品交易所轻质纯碱现货市场研究报告。

味精的综合生产流程长，虽然技术壁垒不高，但是配套完整的生产流程设备再加上热电等配套设施，具有较高的壁垒。在目前的行业格局下，若完整的工艺流程和基础设施不完全配套，则难以形成成本规模优势，故新进入者也难与原有市场寡头竞争。再者，味精属于高污染行业，环保配套设施以及环保审批构成了环保壁垒。所以，在行业壁垒面前，新增产能进入显得愈发困难，而原有寡头企业能够凭借自身积累的优势扩大在行业中的话语权。

（八）轻质纯碱下游产业：氧化铝

氧化铝是一种高硬度的无机化合物，是铝的稳定氧化物，化学式 Al_2O_3，熔点为 2054℃，沸点为 2980℃，是在高温下可电离的离子晶体，常用于制造耐火材料。我国是全球最大的氧化铝生产国，2021 年氧化铝总产能增加至 9000 万吨以上，产量增至 7748 万吨（见图 2－10）。

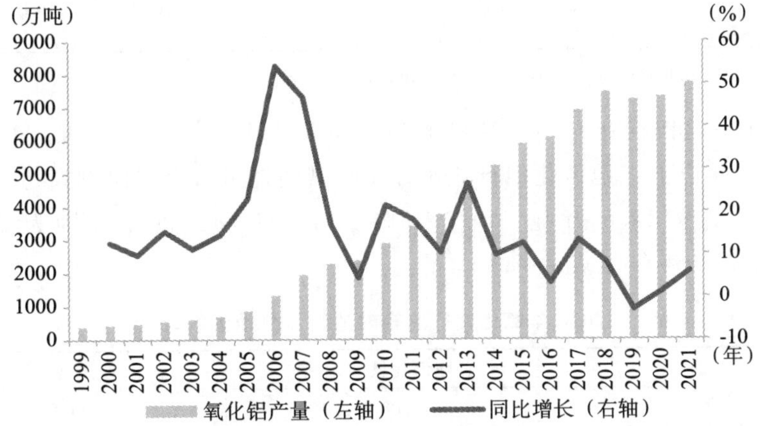

图 2－10　1999—2021 年中国氧化铝年度产量及同比变化

资料来源：国家统计局、光大期货研究所。

我国氧化铝行业的生产工艺主要有拜耳法和烧结法。其中，拜耳法生产工艺多以烧碱作原料，而烧结法生产工艺通常以纯碱（轻质纯碱）作为原料。近年来，部分企业研发出混联法、串联法等新型工艺，可同时选用轻碱、烧碱作为原料。因为混联法、串联法同烧结法一样，可以处理品位较低的矿石，弥补拜耳法工艺对矿石品位要求较高的不足，同时也弥补了烧结法回收率较低、生产成本高的不足，所以近年来混联法、串联法工艺的生产装置有所增加。

烧结法、混联法、串联法生产工艺原料均用到轻质纯碱，但相应的单耗却有所不同，一般，烧结法的轻质纯碱单耗为0.09~0.1吨，混联法的单耗为0.07~0.08吨，串联法的单耗约为0.06吨。2020年国内烧结法、混联法、串联法工艺的氧化铝生产企业有11家，涉及相关产能总计1085万吨，占氧化铝总产能的12.6%；三种生产工艺相关产量总计829万吨，占氧化铝总产量的11.3%，折合轻质纯碱总消耗量为59.7万吨（见表2-7）。

表2-7　2016—2020年中国氧化铝产能、产量及轻碱消耗量情况

时间	2016年	2017年	2018年	2019年	2020年
产能（万吨）	7235.0	7910.0	8190.0	8380.0	8600.0
产量（万吨）	6083.0	7147.0	7253.0	7247.0	7313.0
烧结法+混联法+串联法产量（万吨）	626.5	757.6	776.1	797.2	829.0
占比（%）	10.3	10.6	10.7	11.0	11.3
轻质纯碱消耗量（万吨）	45.1	54.6	55.9	57.4	59.7

资料来源：郑州商品交易所轻质纯碱现货市场研究报告。

我国氧化铝行业对轻质纯碱的消耗主要集中在河南、山西、重庆等地区，2020年以上三地氧化铝行业对轻质纯碱消耗量占全国比例高达71.2%，绝对值分别为14.6万吨、14.2万吨、13.7万吨，占比分别为24.5%、23.8%、22.9%（见表2-8）。

表2-8　2020年氧化铝行业轻碱消耗量分地区统计

地区	轻碱消耗量（万吨）	占比（%）
河南	14.6	24.5
山西	14.2	23.8
重庆	13.7	22.9
山东	7.6	12.7
贵州	6.8	11.4
内蒙古	2.8	4.7
合计	59.7	100.0

资料来源：郑州商品交易所轻质纯碱现货市场研究报告。

（九）轻质纯碱下游行业：合成洗涤剂

合成洗涤剂是以表面活性剂为主要成分，并配有适量不同作用的助洗剂，能在井水、河水、自来水、泉水甚至是海水等各类水质中都表现出良好的去污效果。合成洗衣粉作为合成洗涤剂的一种，以化学合成方法制成粉粒状，其中的纯碱成分可以将衣服上脂肪污垢皂化除去。

受供给侧结构性改革、环保等因素影响，国内合成洗涤剂产量自2016年以来明显下降。2020年全年国内合成洗涤剂产量共1149.16万吨，同比增长9.59%，较2016年下降14.11%（见图2－11）。另外，近几年液体洗涤剂快速发展，推动行业不断壮大，合成洗衣粉的市场规模不断被挤压，2016—2020年洗衣粉产量整体呈现下降趋势。2020年中国合成洗衣粉产量354.9万吨，占合成洗涤剂总产量的30.88%，对轻质纯碱的消耗量约35.5万吨（见图2－12、表2－9）。

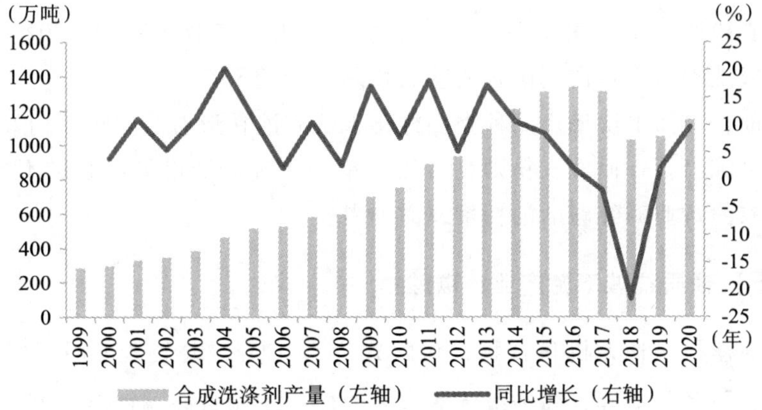

图2－11　中国合成洗涤剂年度产量及同比变化

图2－12　2016—2020年合成洗衣粉产量变化

资料来源：国家统计局、光大期货研究所。

表 2-9 2016—2020 年中国合成洗衣粉产量及轻碱消耗量情况 （单位：万吨）

时间	合成洗衣粉产量	轻质纯碱消耗量
2016 年	446.3	44.6
2017 年	456.8	45.7
2018 年	355.3	35.5
2019 年	333.0	33.3
2020 年	354.9	35.5

资料来源：郑州商品交易所轻质纯碱现货市场研究报告。

从区域上看，我国洗涤剂生产企业主要分布在华东、华南和华中地区。合成洗衣粉产区主要集中在广东、山东、四川、安徽和浙江，2020 年以上五省合成洗衣粉产量占全国合成洗衣粉总产量的 83%。

目前，市面上洗涤产品种类多样化，洗衣液在形态、气味、功效等方面也不断推陈出新，而洗衣粉则相对较为单一。洗衣液市场占有量不断增加，未来洗衣粉行业对纯碱的消耗量或面临考验。

（十）轻质纯碱下游产业：碳酸锂

碳酸锂是一种无机化合物，化学式为 Li_2CO_3。碳酸锂可用于锂化合物及搪瓷、玻璃制造等，高纯级碳酸锂主要应用于制备高端锂离子电池正极材料及电池级氟化锂的制备。近几年，由于新能源板块的快速发展，锂电池板块成为市场青睐的朝阳行业之一，无论是传统锂电池如磷酸铁锂、锰酸锂、钴酸锂、钛酸锂等，还是新型电池如石墨烯电池等都需要用到锂元素。

碳酸锂作为锂电池正极材料的前驱体，其能量是镍氢电池、镍铬电池的三倍，是铅酸电池的两倍。它作为锂产业链中最重要的中间产品，合成工艺根据锂原料分为矿石锂、盐湖锂两大类，而在这两大类工艺中又分为多种制备方法，其中，硫酸法、蒸发沉淀法、溶剂萃取法、粉末吸附法等都需要消耗纯碱。

据测算，每生产 1 吨碳酸锂大概需要消耗 2 吨以上纯碱。2016 年我国碳酸锂产量仅为 5.34 万吨，2021 年已提升至近 20 万吨，对纯碱年度需求量也从 2016 年的 13.29 万吨提升至 2021 年的 39.9 万吨（见图 2-13）。

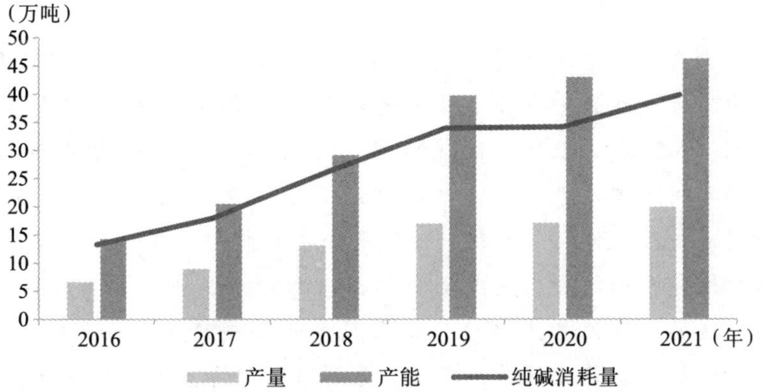

图2-13 2016—2020年碳酸锂产量及纯碱消耗量情况

资料来源：Wind、光大期货研究所。

我国碳酸锂行业产能及产量主要集中在青海、江西、四川，以上三地碳酸锂产量及轻碱消耗量占比均达到90%以上。截至2020年，国内碳酸锂生产企业45家左右，其中南氏锂电（江西）、赣锋锂业、天齐锂业、雅化集团、致远锂业等产能较大，以上5家生产企业的产能占碳酸锂总产能的46.7%，产量占总产量的44.9%。

延伸阅读

了解锂电池

锂元素的原子序数是3，故其在元素周期表中排序第三位，是最轻的金属。因为锂的原子半径非常小，所以相较于其他碱金属，锂具有压缩性小、硬度大、熔点高等特点。

锂在元素周期表中是排位第一的金属元素，其单位质量所携带的电荷在金属里面最高，对应的能量密度大，因此也就更适合作为电池材料。元素周期表中排名前两位的氢元素和氦元素，是燃料成本巨大的惰性气体，不适合承载能量，被电池材料行业拒之门外。通常，氢燃料的动力系统成本约为锂电动力系统成本的近10倍，而一体化加氢站的成本更是达到锂电充电站成本的200~300倍。

锂元素在动力电池方面具有极高的性价比，已经成为当前国内外动力电池中不可或缺的一部分。传统的锂电池如磷酸铁锂（LFP）、三元体系镍钴铝（NCA）以及镍钴锰（NCM）、锰酸锂（LMO）、钴酸锂（LCO）等都必须要用到锂元素，而一些新型的石墨烯电池也需要依靠石墨烯对电极材料进行改性，而该过程中锂仍是必要元素。

锂电池通常由锂金属或锂合金作为负极材料，并使用非水液态有机电解质溶液的电池，其主要分为锂金属电池和锂离子电池。它的主要原料包括正极材料、负极材料、隔膜、电解液、铜箔、铝箔等，而其下游应用领域多用于电子消费、新能源车的动力电池和储能领域（见图2－14）。

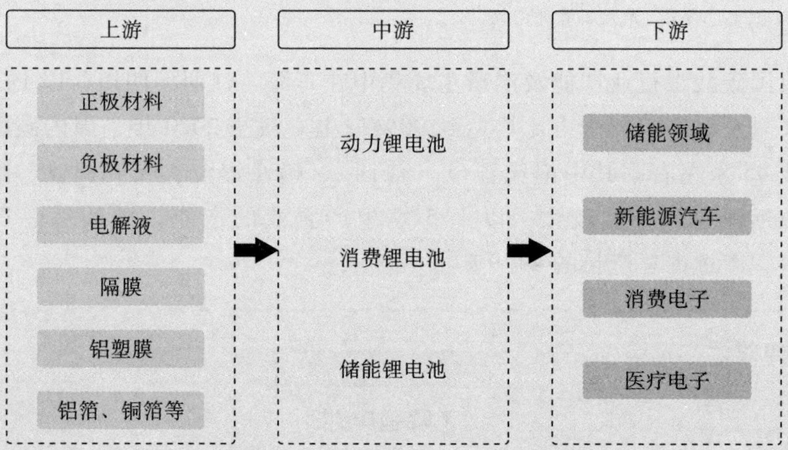

图2－14　锂电池产业链示意图

资料来源：根据公开资料整理，由光大期货研究所制图。

目前，市场主流的锂电池是锂离子电池，主要是指以锂离子嵌入化合物为正极材料电池的总称，它的组成主要由其上游材料汇合而成，而碳酸锂（或锰酸锂、钴酸锂、镍钴锰酸锂等）通常作为锂离子电池正极材料的前驱体。另外，以10～20μm的电解铝箔或铜箔作为导电集流体，以特殊成型的高分子薄膜作为隔膜，以六氟磷酸锂的碳酸酯类溶剂或凝胶状电解液的聚合物作为有机电解液，再以活性物质石墨或结构类似石墨的碳为负极材料，加以电池外壳、盖帽等部分，便形成了一个完整的锂离子电池。

锂离子电池的充电和放电过程，分别就是锂离子在电池中的嵌入和脱嵌过程。在充电过程中，正极材料上生成的锂离子，经过电解液的移动到负极。而到达负极的锂离子就嵌入层状结构的碳层微孔中，嵌入的锂离子数量越多，充电容量就越高。同样，当对电池进行放电时，嵌入负极碳层的锂离子便脱出并运动返回正极。此时，返回正极的锂离子越多，则放电容量便越高。

锂电子电池具有电压高、能量大、循环寿命长、安全性能好、自放电小、快速充电等众多优点。同时，锂电子电池也具有衰老速度受限于使用次数和温度、回收率偏高、过度充电/放电不耐受等缺点。

四、纯碱的副产品及替代品有哪些？

（一）副产品：氯化铵

氯化铵又称氯铵，是一种无机物，分为干铵和湿铵，化学式为 NH_4Cl，是一种速效氮肥，和尿素互为替代品，含氮量为 24%～26%，适用于小麦、水稻、玉米、油菜等作物，对棉麻类作物更有增强纤维韧性和拉力并提高品质的功效。

氯化铵在纯碱产业链中属于联碱法生产工艺的副产品，通常，每生产 1 吨纯碱便产出 1 吨左右的氯化铵，因此，氯化铵行业的产能变化、产量波动、价格涨跌都与纯碱行业规模及价格波动密切相关。我国是氯化铵的生产大国，且以干铵为主，但近几年我国氯化铵行业规模并未出现明显扩张，行业产能自 2019 年达到 1562 万吨之后便维持稳定至今，产量则因生产水平的调整而存在波动。2020 年，我国氯化铵产能 1562 万吨，产量 1420 万吨。其中，干铵产量 892 万吨，占比 62.82%（见图 2－15）。

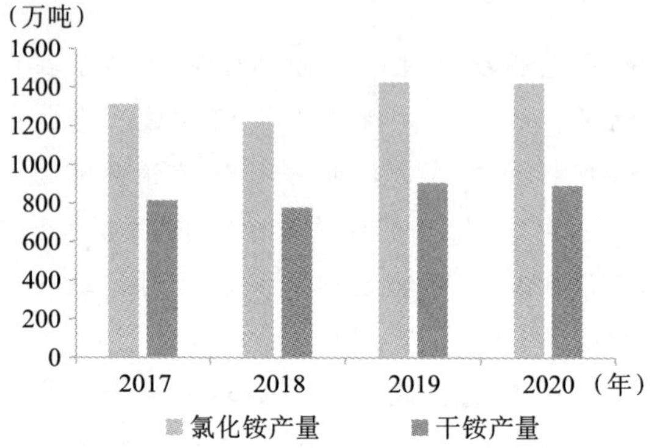

图 2－15 2014—2020 年氯化铵及干铵产量

资料来源：纯碱工业协会、光大期货研究所。

在我国，氯化铵几乎都由联碱企业生产，且 90% 左右都用于生产复合肥。近几年，我国对化肥实施“减量增效”的指导方针，未来的复合肥也将逐步转向高浓度发展，因此，低浓度复合肥料产量及市场份额将受到挤压，氯化铵的用量也存在下降风险，这对我国联碱生产企业长远的生存和发展产生巨大威胁。

（二）替代品：烧碱

烧碱，学名为氢氧化钠，化学式为 NaOH，俗称火碱、苛性钠，是一种具有强腐蚀性的强碱，常温下为白色晶体，易溶于水（溶于水时放热）并形成碱性溶液；另有潮解性，易吸收空气中的水蒸气发生潮解，吸收二氧化碳发生变质，是国民经济基础性化工原材料，与纯碱同为“三酸两碱”中的两碱之一。烧碱用途十分广泛，主要用于氧化铝、纸浆、染料、化纤、水处理、冶炼金属、石油精制、棉织品整理、煤焦油产物的提纯，以及食品加工、木材加工及机械工业、化学工业等方面。由此可见，烧碱和纯碱在部分应用领域具有重合性，故二者在使用方面也存在一定相互替代的关系。

近 20 年，我国烧碱产量持续攀升，年均增速达到 8.68%。2010—2014 年受国家政策支持，需求大幅增加，行业进入门槛相对较低等因素影响，国内烧碱产能和产量快速提升，产能年均增速 7%，产量年均增速 10.9%。2015 年之后烧碱行业规模增速明显放缓，产能年均增速仅为 1.3%，产量年均增速仅为 3.12%。行业规模增速的大幅回落，一方面受到氯碱行业不平衡发展的限制，氯气的易产难销导致厂家新投产能意向较低；另一方面受到国家供给侧结构性改革推进及环保检查趋严，部分不合规的氯碱企业被动退出，产能流失。截至 2021 年，国内烧碱产能超过 4500 万吨，产量 3891.3 万吨（见图 2－16）。

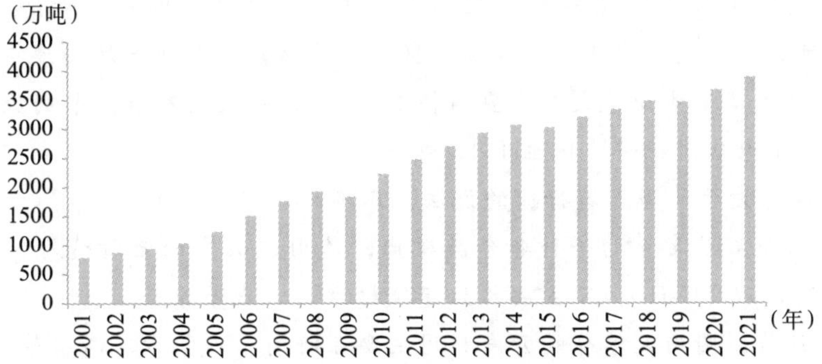

图 2－16　2001—2021 年中国烧碱产量

资料来源：国家统计局、光大期货研究所。

烧碱和轻质纯碱的替代作用体现在如下方面：在烧碱价格上涨幅度较大时，下游企业便转向采购轻质纯碱替代烧碱，提升轻质纯碱需求；而当纯碱价格上涨幅度过大时，下游企业则倾向采购烧碱，轻质纯碱需求减少，价格也将承压。因此，烧碱和轻质纯碱在价格和需求方面都存在相互竞争、此消彼长的关系。按照分子式钠元素含量折算，当烧碱折百价超过轻质纯碱价格的 1.325 倍时，轻质纯碱价格的优势就会凸显，对烧碱存在替代作用。

自测题

一、不定项选择题

1. 以下（　　）不属于纯碱产业链上下游直接关联的行业。

A. 原盐　　B. 合成氨　　C. 氧化铝　　D. 烧碱

2. 纯碱的上游行业中不包括以下（　　）。

A. 石灰石　　B. 动力煤　　C. 氯化铵　　D. 天然气

3. 以下关于原盐的说法，错误的有（　　）。

A. 我国原盐按用途来源分，可分为海盐、池盐、矿盐、井盐、土盐等

B. 我国原盐按产制分，有食盐（包括加碘盐）、渔业用盐、农牧业用盐、工业用盐、出口盐等

C. 我国原盐生产主要集中在山东、江苏、湖北、四川、青海、湖南、江西、河北、新疆、重庆、天津等地区，与纯碱产能分布区域高度重合

D. 每生产1吨纯碱大约需要消耗1.2~1.6吨原盐不等，个别原料利用率高的企业原盐消耗量能低至1.15吨

4. 以下关于纯碱上游行业的说法，正确的有（　　）。

A. 石灰石是常见的一种非金属矿产，是用途极广的宝贵资源，其主要成分为碳酸钙（$CaCO_3$），主要作为建筑材料、工业等原料

B. 目前，国内天然碱的开发利用主要在河南、内蒙古、新疆等地区

C. 合成氨主要用于生产氮肥和复合肥料，尿素、硝酸铵、磷酸铵、氯化铵以及各种含氮复合肥皆以氨为原料

D. 在纯碱的生产过程中，煤炭并不是直接用作原料的一部分，参与到纯碱的成分中去，而是为生产过程提供燃料和动力，在生产中主要用于锅炉发电和生产蒸汽

5. 以下关于纯碱下游行业说法，正确的有（　　）。

A. 平板玻璃是目前纯碱下游消费占比最大的行业，但玻璃行业经过快速扩张之后产能出现严重过剩，为此，国家发布多份文件来限制平板玻璃行业的产能增长

B. 光伏玻璃主要分为超白压延玻璃和超白浮法玻璃，二者的区别在于制作工艺和应用对象不同

C. 日用玻璃行业消耗的是重质纯碱

D. 在无机盐的生产过程中，纯碱的主要作用是提供钠离子

6. 轻质纯碱的下游行业分布不包括以下（　　）。

A. 泡花碱及小苏打　　B. 味精和日用玻璃

C. 氧化铝和洗涤剂　　　　　　　　D. 烧碱和碳酸锂

7. 以下关于氯化铵的说法，正确的有（　　）。

A. 是一种速效氮肥，和尿素互为替代品，含氮量低于尿素，为24%~26%

B. 氯化铵在纯碱产业链中属于氨碱法生产工艺的副产品，通常每生产1吨纯碱便产出1吨左右的氯化铵

C. 我国氯化铵分为干铵和湿铵，其中，湿铵产量占比高于60%

D. 在我国，氯化铵几乎都由联碱企业生产，且90%左右都用于生产复合肥

8. 以下关于烧碱的说法，正确的有（　　）。

A. 烧碱学名氢氧化钠，化学式为 $NaOH$，俗称火碱、苛性钠，是一种具有强腐蚀性的弱碱

B. 烧碱与纯碱同为“三酸两碱”中的两碱，用途十分广泛，部分下游行业与纯碱相互替代

C. 烧碱一般分为液碱和固碱两种

D. 按照分子式钠元素含量折算，当烧碱折百价超过轻质纯碱价格的1.325倍时，轻质纯碱价格的优势就会凸显，对烧碱存在替代作用

二、判断题

1. 在烧碱价格上涨幅度较大时，下游企业更倾向于采购轻碱，减少采购烧碱，从而导致轻碱需求提升而烧碱价格下降的情况；而当轻碱价格上涨幅度过大时，下游企业倾向于采购烧碱，从而导致烧碱需求提升，轻碱需求下降。（　　）

2. 我国是氯化铵的生产大国且以湿铵为主。（　　）

3. 碳酸锂作为锂产业链中最重要的中间产品，是锂电池正极材料的前驱体，也是近几年对纯碱需求提升的重要力量。（　　）

4. 我国合成洗衣粉产区主要集中在广东、山东、四川、安徽和浙江，以上5省合成洗衣粉产量占全国合成洗衣粉总产量的比例超过80%。（　　）

5. 我国氧化铝行业的生产工艺主要有拜耳法和烧结法，其中，拜耳法生产工艺多以烧碱作原料，烧结法生产工艺通常以轻碱为原料。（　　）

6. 我国有20%~30%味精企业采用纯碱生产味精，其余企业采用液碱生产味精。（ ）

7. 我国纯碱法制小苏打主要分布在山东，其次是天津及江苏。（ ）

8. 虽然重碱具有比重大、生产过程中粉尘较少、对窑炉损耗更少等优势，但由于重碱价格通常高于轻质纯碱，而我国泡花碱行业本身利润又较低，因此大多数企业选择使用轻碱。（ ）

9. “两钠”指的是硝酸钠和亚硝酸钠，它们又分为正品“两钠”和副产“两钠”。每生产1吨“两钠”需要消耗0.7~0.73吨重碱，生产过程中纯碱的主要作用是提供钠离子。（ ）

10. 2016年之后，我国日用玻璃行业迈入数年的产能淘汰和优化之路，部分技术落后、能耗大、规模小的企业无法负担环保、能耗等整改要求的成本而逐步被淘汰，因而全行业对纯碱的消耗量在逐年下降。（ ）

参考答案

一、不定项选择题

1. D 2. C 3. AB 4. ABCD 5. ABD 6. D 7. AD 8. BCD

二、判断题

1. 对 2. 错 3. 对 4. 对 5. 对 6. 错 7. 对 8. 对 9. 错 10. 对

第三章

全球纯碱市场概况

本章要点

本章主要介绍国际上纯碱的市场概况，从全球纯碱生产、消费、贸易及其与中国纯碱市场的关联性等多个角度进行剖析，为纯碱期货交易者了解全球纯碱供需格局，分析国际纯碱市场对国内纯碱市场的影响等提供了铺垫。

一、国际纯碱生产情况是怎样的？

（一）国际纯碱产能及分布情况

过去几年，受多种因素影响，全球纯碱市场规模出现大幅增长。例如，玻璃制造业中的平板玻璃和玻璃容器的需求不断增加，肥皂和洗涤剂的使用不断增加，废水处理行业中越来越多地采用纯碱，建筑和建设行业需求不断增长等，都是推动全球纯碱市场扩大的主要原因。

2021 年全球纯碱产能为 7000 万吨左右，主要分布在亚洲、欧洲、北美等地区（见图 3－1），具体国家有中国、美国、土耳其、俄罗斯、印度、巴基斯坦、乌克兰、罗马尼亚、德国、西班牙、英国、波兰、意大利、保加利亚等。

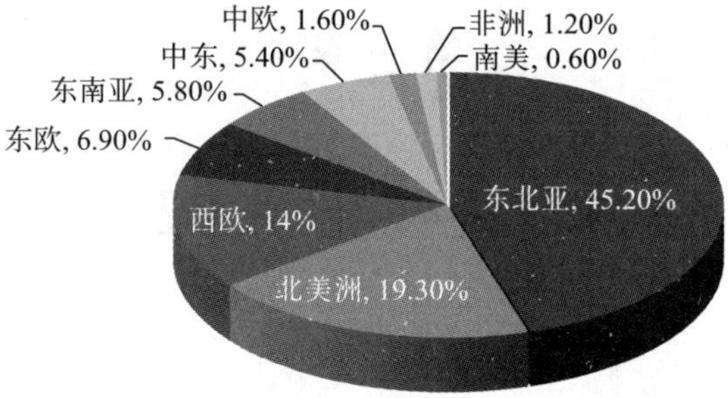

图 3－1　2021 年全球纯碱产能分布占比

资料来源：Genesis Alkali、光大期货研究所。

过去 10 年，全球纯碱产量大多在 5000 万～5700 万吨波动，但 2021 年全球纯碱产量提升至 5900 万吨，年度增幅达到 7.08%（见图 3－2）。

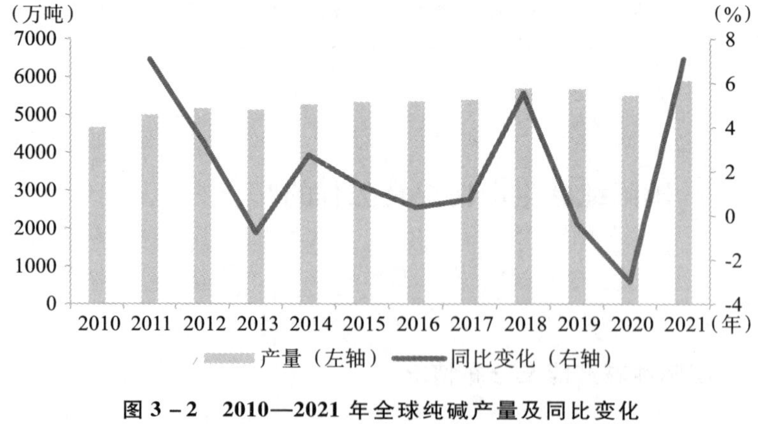

图 3－2　2010—2021 年全球纯碱产量及同比变化

资料来源：根据公开资料整理、光大期货研究所。

全球纯碱的生产工艺主要分为合成碱法和天然碱法。合成碱法主要分为氨碱法和联碱法，天然碱法在国际市场上具有明显的成本优势，且能以更低的成本生产更高品质的纯碱，因此近几年天然碱法在国际市场的占比逐步提升。

目前，全世界已探明的天然碱矿分布于美国、中国、土耳其、墨西哥和非洲等少数国家和地区，其中，美国、土耳其和中国是主要的天然碱法生产国。美国拥有全球90%以上的天然碱资源，怀俄明州绿河（Green River）地区的天然碱是目前全球已知最大的天然碱矿，储量高达600亿吨，且纯度极高，足够保障全球数百年的需求；加利福尼亚州的西尔斯湖（Sealer Lake）也是美国天然碱矿的主要分布地。土耳其卡赞（Kazan）、贝帕扎里（Beypazari）两处天然碱矿资源也较丰富。除此之外，非洲博茨瓦纳、肯尼亚、坦桑尼亚、埃塞俄比亚东非大裂谷一线也都蕴含着丰富的天然碱资源。

中国天然碱资源主要分布于内蒙古和河南，吉林、青海、新疆和西藏也都分布着少量的天然碱矿。其中，内蒙古天然碱矿储藏深度多在地表下300～500米，具有储藏深度浅、易开采等特点。而河南安棚、吴城的固体天然碱均在地表下2000米左右，开采难度较大。

从产能集中度来看，目前全球纯碱行业格局分布较为集中、清晰。除中国外，纯碱产能多集中于美国的Ciner Resources和Genesis Energy、欧洲的Solvay、印度的TATA以及土耳其的Kazan Soda和Eti Soda等公司，国际纯碱龙头企业产品以天然碱法为主（见图3－3）。

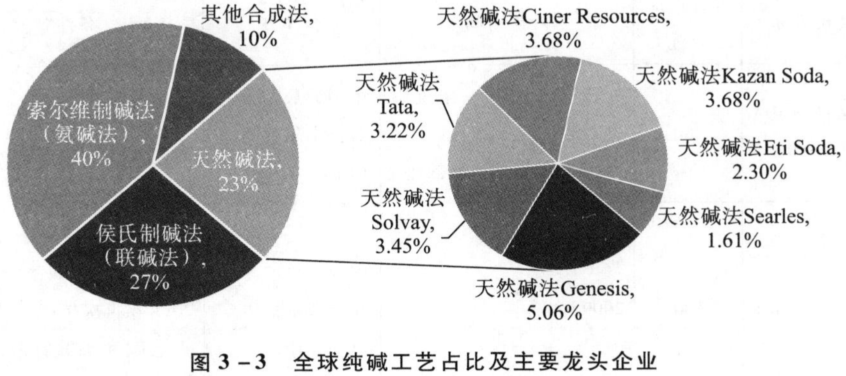

图3－3　全球纯碱工艺占比及主要龙头企业

资料来源：Ciner、光大期货研究所。

（二）国际不同地区纯碱产能情况

1. 亚洲地区

从产能分布上看，亚洲是纯碱产能最为集中也是产量最大的区域，该区域的主要生产国是土耳其、印度和中国。

土耳其贝帕扎里和卡赞两个矿区拥有储量极大的天然碱矿。2017 年，卡赞（Kazan）天然碱综合开发项目竣工，该项目设计产能 250 万吨，建成以后其国内三家纯碱厂家的总产能达到 530 万吨。加之土耳其国内纯碱需求较少，故其生产的纯碱主要供出口使用，而卡赞（Kazan）项目的建成也使土耳其一跃成为继中国和美国之后的全球第三大纯碱生产国，同时成为全球第二大纯碱出口国，年度纯碱出口量超过 400 万吨。

土耳其国内比较著名的纯碱企业以 Ciner Group 为主，旗下拥有 Kazan Soda Electric 以及 Eti Soda A. S. 两家工厂，初始设计年度产能分别为 250 万吨和 100 万吨。随后几年，这两家公司纷纷进行产线扩充。2021 年，Kazan Soda Electric 公司的总产能已提升至 290 万吨天然碱、20 万吨小苏打，而 Eti Soda A. S. 扩产后拥有 195 万吨天然碱和小苏打装置。再加上土耳其另一家 Soda Sanayii A. S. 公司 120 万吨的氨碱装置，土耳其纯碱合计产能已接近 600 万吨（见表 3－1）。

表 3－1　土耳其纯碱生产企业概览

公司名称	设计产能（万吨）	竣工时间	合作方	备注
KAZAN SODA ELECTRIC	250	2017 年 8 月第一条重质纯碱生产线投产 2018 年 1 月项目全部竣工	中国天辰与土耳其吉奈尔集团（Ciner Group）	目前产能扩充至 290 万吨
ETI SODA A. S.	100	2009 年	中国天辰与土耳其吉奈尔集团（Ciner Group）	2017 年 2 月扩建一条 60 万吨重质纯碱生产线；2021 年再次扩产，目前，天然碱和小苏打总产能 195 万吨

续表

公司名称	设计产能（万吨）	竣工时间	合作方	备注
SODA SANAYII A. S.	120	1969 年	Sisecom 和索尔维集团合建的氨碱厂	除了供 Sisecom 玻璃厂外，40% 出口至欧洲和非洲

资料来源：CNKI、光大期货研究所整理。

印度本土纯碱生产厂家集中于印度西北部的古吉拉特邦，以及印度南部的泰米尔纳德邦沿海地区，目前其本土纯碱产能约450万吨。印度国内主要纯碱生产企业为Tata Chemicals Limited（TCL）、Gujarat Fluorochemicals Ltd（GFL）。

中国不仅是亚洲最大的纯碱生产国，也是全球最大的纯碱生产国。2021年，我国纯碱行业总产能3193万吨，占全球总产能的45%左右。在工艺上，中国纯碱行业同时拥有氨碱法、联碱法、天然碱法以及ADC发泡剂联产法，而全球联碱法工艺几乎全部集中在中国。

2. 北美地区

目前北美纯碱产能接近1390万吨，占全球比例的近20%，其中的97%~98%来自美国。美国作为全球纯碱主要生产国家之一，20世纪80年代掌握天然碱技术后快速淘汰合成法纯碱工艺，1986年几乎清退了所有氨碱法纯碱产能，而选用天然碱加工。在随后的几十年里，美国也凭借其天然碱成本优势、丰富的天然碱矿资源等条件，在国际市场份额具有很强的竞争力，每年出口量约600万吨，占产能的近50%，是全球最大的纯碱输出国。至今，美国纯碱产能也全部来自天然碱加工。

美国的天然碱矿集中在美国怀俄明州绿河（Green River）盆地、科罗拉多州西北角（Northwest Colorado）、加利福尼亚州西尔斯湖（Sealer Lake）。美国年度纯碱产量多维持在1000万~1100万吨。2020年全球公共卫生事件影响工业生产，美国纯碱年度产量下降至970万吨，较2019年下降了17.1%（见图3-4）。

虽然美国怀俄明州绿河（Green River）盆地和加利福尼亚州西尔斯湖（Sealer Lake）均分布大量天然碱矿，但天然碱矿类型不同，天然碱的生产方法也不同。绿河盆地的纯碱企业主要采用蒸发法生产，而加利福尼亚的西尔斯谷矿物公司则采用卤水碳化法生产。

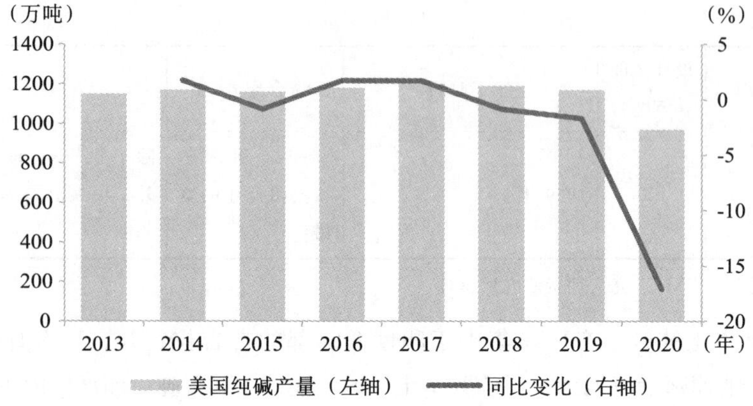

图 3－4 美国纯碱产量

资料来源：美国地质调查概览、光大期货研究所整理。

美国纯碱生产企业高度集中，大多分布在天然碱矿附近，包括怀俄明州绿河（Green River）地区的 4 家公司所经营的 5 家工厂、加利福尼亚西尔斯湖地区（Sealer Lake）的 1 家公司和工厂（见表 3－2）。除此之外，怀俄明州的几家纯碱工厂还生产副产品烧碱、碳酸氢钠以及硫酸氢钠等，而科罗拉多州的一家碳酸氢钠工厂还要用到怀俄明州运来的纯碱作为生产原料。

表 3－2 美国纯碱生产企业概览

地区	企业名称	产能（MT/A）	原料	工艺	副产品
怀俄明州绿河地区（Green River）	吉尼西斯碱业怀俄明公司 Genesis Alkali Wyoming CP（前 FMC）	4.4	地下晶碱石（$Na_2CO_3 \cdot NaHCO_3 \cdot 2H_2O$）	一水碱工艺（重质纯碱）倍半碱工艺（轻质纯碱）	小苏打、苛化烧碱、亚硫酸钠
	塔塔化学 Tata Chemicals（Soda Ash）	2.5			
	吉奈尔怀俄明公司 Ciner Wyoming LLC	2.8			
	索尔维化学品公司 Solvay Chemicals Inc.	2.5			

续表

地区	企业名称	产能（MT/A）	原料	工艺	副产品
加利福尼亚州西尔斯湖地区（Seales Lake）	西尔斯谷矿物公司（Seales Valley Minerals Inc.）	1.3	西尔斯干盐湖下的含碱卤水	碳化法	工业用盐、硼砂、元明粉

资料来源：CNKI、光大期货研究所整理。

北美地区除美国之外，墨西哥也有少量的纯碱产能分布，约30万吨。

3. 欧洲地区

欧洲是氨碱法（索尔维制碱法）的发源地，其纯碱生产工艺全部为氨碱法。近两年，纯碱产能基本在1400万吨左右，占全球纯碱产能的比例超过20%。第二次世界大战前，索尔维集团和卜内门公司曾一度控制了欧洲、美国、亚洲碱类产品的技术和市场。20世纪80年代后，受美国天然碱冲击，欧洲纯碱产量和产能利用率逐渐下降。然而，由于生产成本高昂，大量闲置装置导致欧洲纯碱行业产能的利用率仅为49%，年度产量还不足产能的一半。

欧洲纯碱企业集中度相对较高，三大跨国公司产能占据近60%的市场规模，最具代表性的有索尔维集团（Solvay Group），其工厂分布在法国、意大利、西班牙、葡萄牙和保加利亚等多个国家和地区，年度产能约750万吨；其次是中央化学品公司（Ciech），年度产能190万吨左右，工厂分布在波兰、德国和罗马尼亚等国家；居第三位的便是英国帝国化学工业集团（前身为卜内门洋行），纯碱产能130万吨左右，工厂分布在英国、荷兰等地区。

除了以上三大集团外，俄罗斯、法国、乌克兰也分布着部分纯碱产能，年产能分别为350万吨、120万吨和115万吨。

4. 非洲地区

非洲的纯碱产能分布相对分散，三家纯碱企业分别分布在三个国家。

埃及亚历山大港的Misr Chemical Industries Co. 公司，隶属于欧洲索尔维集团，纯碱产能约13万吨/年，生产工艺为氨碱法。

肯尼亚马加迪湖的马加迪苏打公司拥有两套纯碱装置，产能分别为35万吨/年和36.5万吨/年，合计能力71.5万吨/年，均为印度塔塔公司（Tata）控股，生产工艺为天然碱法，其产品销往非洲和亚洲。

位于非洲博茨瓦纳的苏阿干盐湖的博茨瓦纳纯碱企业拥有一套30万吨的天然碱法生产装置，生产工艺同美国西尔斯谷矿物公司（Sealer Valley Minerals），均为卤水碳化法，产品主要销往南非。

5. 其他地区

除了上述国家和地区的纯碱装置外，还有一些国家和地区也分布了少量的纯碱装置：巴基斯坦有30万吨/年的产能，伊朗有120万吨/年的产能，巴西有22万吨/年的产能，越南有20万吨/年的产能，乌兹别克斯坦有20万吨/年的产能、日本及阿根廷各有25万吨/年的产能。

二、国际纯碱消费情况是怎样的？

（一）国际市场纯碱需求及分布

从全球纯碱终端需求分布来看，玻璃依旧是纯碱最主要的消费领域。2020年全球玻璃市场占纯碱的消费比例高达53.2%。其中，平板玻璃占比28.7%，玻璃包装容器占比19.5%，其他玻璃占比5%。除此之外，无机化学品、肥皂与洗涤剂占据全球纯碱需求端的第二大、第三大消费领域。2020年，以上两个板块占据全球纯碱需求端的比例分别为13.8%和11.8%（见图3-5）。

过去10年，受益于中国、欧盟和美国三大经济体前景改善、建筑行业和汽车工业的规模快速增长，玻璃需求被大量刺激，进一步引领全球纯碱消费量出现快速增长。近几年，中国、欧洲等地区对新能源板块的大力支持促进电动汽车产业规模快速增长，碳酸锂需求快速增长也促使纯碱需求出现新的增长点（见图3-6）。过去5年，全球碳酸锂板块对纯碱需求增长拉动的

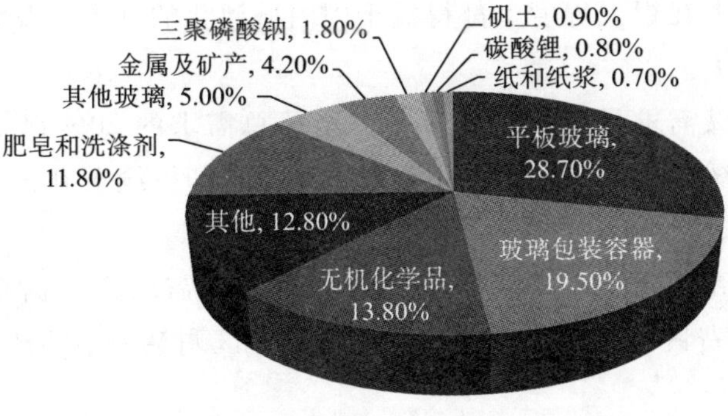

图 3-5　全球纯碱需求板块分布及其占比

资料来源：Ciner、光大期货研究所。

年度平均增速达到 18%，主要地区集中在阿根廷和智利。

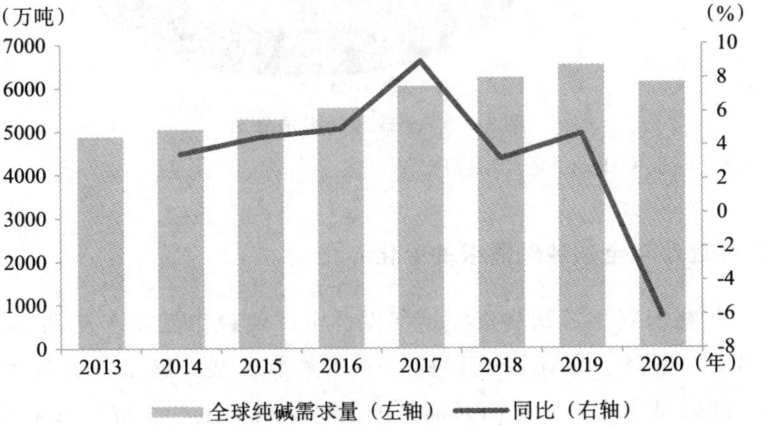

图 3-6　全球纯碱需求量及其同比变化

资料来源：Ciner、光大期货研究所。

国际纯碱需求市场主要集中在亚洲、欧洲和北美，以上三个地区的纯碱消费量占全球 80% 以上的消费比例。亚洲是纯碱需求最高也是需求增长最快的区域，最高占全球纯碱总需求的近 60%，需求主要集中在中国、印度、韩国和日本；东南亚区域纯碱消费主要依赖进口，约占全球总需求的 5%。中国是全球最大的纯碱消费市场，占比达到 43%。近几年，中国纯碱需求市场的不断扩大在很大程度上都得益于国内城镇化的推进以及新能源及光伏产业的发展壮大。

欧洲的纯碱需求量仅次于亚洲，占全球总需求的20%以上。由于欧洲纯碱产能产量缓慢下降且产能利用率较低，需求却持续上升，因此纯碱消费需求需要部分进口。

北美地区纯碱产能占全球比例的近20%，但需求仅占据全球纯碱消费的11%，且消费区域主要集中在美国。北美地区剩余一半的产量用来出口。

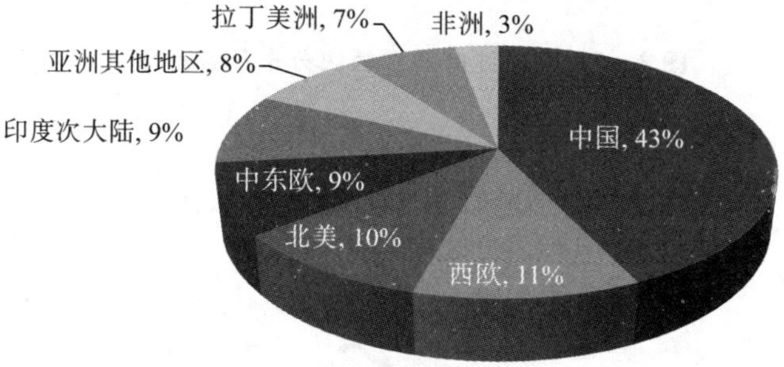

图 3－7　全球纯碱需求分布

资料来源：Genesis Alkali、光大期货研究所。

（二）近几年全球纯碱需求的变化

2020年初，新型冠状病毒疫情暴发，全球纯碱市场需求受到较大影响，出现价格大幅下降、库存快速累积、全球多个大型纯碱工厂暂停生产等现象。由于纯碱是生产一些生活必需品的基础原料，生产、贸易及采购等阶段性停滞给全球纯碱需求带来了极大的负面影响。

首当其冲的便是在全球纯碱消费中占近29%的平板玻璃行业。2005年前后，平板玻璃超越玻璃包装容器成为全球最大的纯碱终端消费行业。由于平板玻璃行业与地产行业、汽车行业是高度相关的上下游关系，彼此之间也出现了负面的连锁反应。

汽车工厂暂停生产导致全球不少平板玻璃工厂生产延期、项目搁置，进一步导致纯碱消费出现明显下滑。好的方面是，全球平板玻璃需求中汽车制造行业仅占10%，因此汽车制造对纯碱的需求缺失幅度有限。不好的方面是，汽车行业的下滑同时导致轮胎的需求下滑，而轮胎需求的下滑又导致其原料之一硅酸钠生产的下滑，硅酸钠作为纯碱下游需求之一，在汽车行业受损之时也对纯碱行业产生负面影响。除此之外，近些年因电动汽车规模增长而导致需求大幅攀升的碳酸锂行业，在疫情期间的增长速度也受到了抑制，也成为削弱纯碱需求的因素之一。

全球建筑行业受到的影响较汽车行业小，且市场未来发展趋势仍未明朗。一方面，行业发展前景将受制于经济下滑导致的投资减少的风险；另一方面，各国政府的激励政策将如何降低公共卫生事件对建筑业及其需求的影响还有待观察。与此同时，太阳能玻璃作为新能源板块，受全球经济停滞的影响相对较小。

与平板玻璃行业不同的是，玻璃包装容器的需求在美国、欧洲等地区最初宣布封锁之后反而出现增长。一方面，居民居家办公、禁止外出等政策刺激消费者对玻璃包装的商品和饮料的储备需求；另一方面，碎玻璃和可回收玻璃的短缺也导致在生产玻璃包装容器之时工厂对纯碱消耗量的提升。但玻璃包装容器行业的增长并未持续，在全球酒吧行业、餐饮业以及旅游业几乎停滞、工厂劳动力严重紧缺等因素影响下，玻璃包装容器行业的生产规模和消费都开始萎缩。尽管部分需求因消费者在家中消费啤酒、饮料等，但以玻璃容器为主的酒精及饮料消费近两年整体是下滑的。与此同时，印度和南非还出台了严格的禁酒令，进一步削弱以上地区玻璃容器对纯碱的需求量。据不完全统计，全球玻璃包装容器整体需求下滑了5%~10%。

肥皂和洗涤剂行业展现出的是与其他纯碱下游工业不同的景象。在经济封锁和停滞阶段，出于对卫生及消毒的考量，全球消费者开始大量储备肥皂及洗涤剂等清洁用品，需求量大幅攀升，刺激纯碱的消耗量明显提升。尤其是在发展中国家，以纯碱为原料的粉末类洗涤产品的使用频率远远高于不以纯碱为原料的液体洗涤产品，但在欧洲和美国等发达地区，肥皂和洗涤产品的需求增长被酒店行业的需求缺失所抵消。

尽管纯碱下游各行业受到影响的程度不同，但全球纯碱需求却在两年多的时间里出现了明显下滑，尤其是2020年4月到5月全球纯碱行业经历了最低迷的市场行情。部分大型生产企业为了适应需求萎缩而被迫降低产量。例如，美国的Genesis Alkali将其在怀俄明州的天然碱工厂的停产时间从最初的停至9月份延迟到了停产至年底，美国其他纯碱工厂、土耳其和欧洲的纯碱生产商也都出现了不同程度的减产。

三、国际纯碱贸易情况如何？

由于全球各国内部纯碱供应与需求的不平衡以及价差的存在，国际市场上纯碱贸易活跃。从全球货源流向来看，国际纯碱主要出口国是美国、土耳其、中国以及比利时，而欧洲、东南亚、南亚、澳洲、南美、非洲是全球主要纯碱进口地区。美国纯碱主要销往南美洲、亚洲、非洲、欧洲等地区，土耳其纯碱主要销往亚洲、非洲、南美洲，中国纯碱主要销往东北亚、东南亚地区、非洲和澳洲等地区。

21世纪以来，全球纯碱贸易量稳步增长，2000—2020年，全球年度贸易量平均增幅在3.4%，同时期的全球纯碱需求年度平均增速约为2.7%，纯碱全球贸易增速超过需求增速（见图3－8）。2008年金融危机、2020年公共卫生事件都给全球纯碱贸易及需求带来较大冲击。

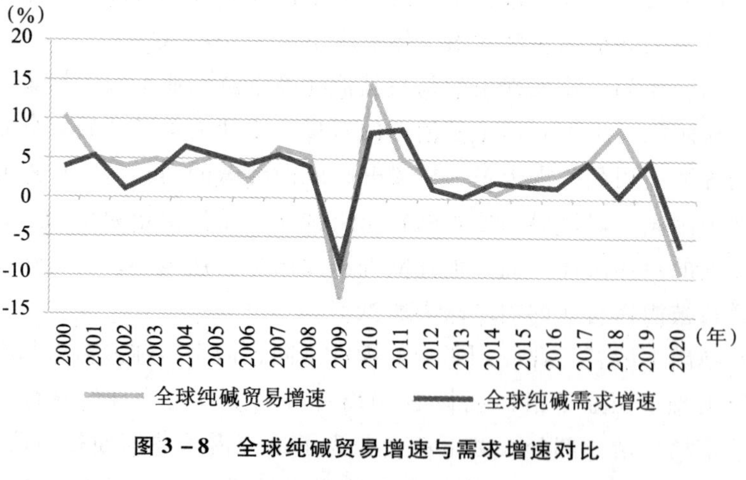

图3－8　全球纯碱贸易增速与需求增速对比

资料来源：© 2020年 IHS Markit、光大期货研究所。

作为国际上最大的天然碱生产国，美国纯碱的国内消费量不到产量的一半，其本土将近50%的纯碱都用于出口。在美国的纯碱生产企业中，吉尼西斯碱业怀俄明公司、吉奈尔怀俄明公司和塔塔化学三家公司的纯碱出口业务是由美国一家天然碱公司ANSAC（American Natural Soda Ash Corporation）负责的，而索尔维化学和西尔斯谷矿物公司两家的出口自行经营。由于ANSAC不能直接向欧洲国家出口纯碱，该公司出口至欧洲地区的纯碱由美欧纯碱海运协会（AESSA，American – European Soda Ash Shipping Association Inc.）负责，具体负责业务内容涵盖仓储、运销、法律与技术支持等方面。

美国依靠其天然碱成本和质量优势，占全球纯碱贸易量的比例约为50%，在国际纯碱市场上影响力巨大。美国纯碱的主要出口区域包括欧洲、非洲、南美洲和亚洲。其中，北美洲（加拿大和墨西哥）占美国出口份额的比例约为23%，拉丁美洲占比28%，东北亚和东南亚分别占据14%和26%，其余美国出口市场的出口份额由高到低依次为中东（4%）、印度次大陆（3%）、欧洲（2%）、非洲（0.4%）（见图3－9）。东南亚市场是美国近几年出口份额增长较快的地区，逐步挤压中国在东南亚的纯碱市场。

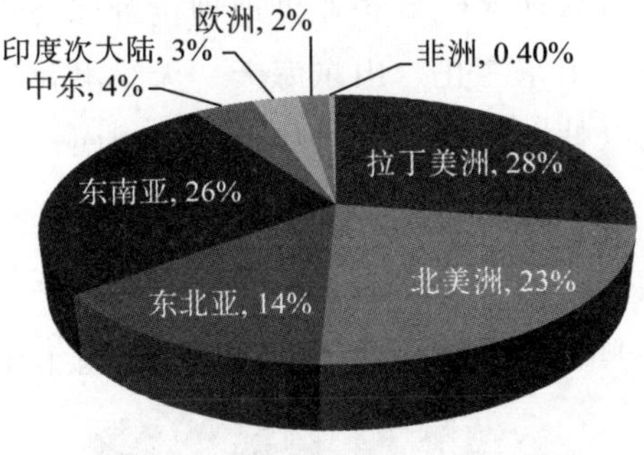

图3－9 美国纯碱出口市场份额

资料来源：© 2020年IHS Markit、光大期货研究所。

土耳其的主要出口目的地为西欧、东南亚、非洲地区，以上三个区域的进口份额占土耳其出口总量的70%。2017年土耳其卡赞（Kazan）天然碱项目投产之后，因其成本低、运至亚欧非的距离短、价格竞争力高等优势，土耳其的纯碱出口份额也不断提升，并一举超过中国成为全球第二大纯碱出口国，在挤压了中国部分出口份额的同时，也改变了全球纯碱市场贸易格局（见图 3－10）。

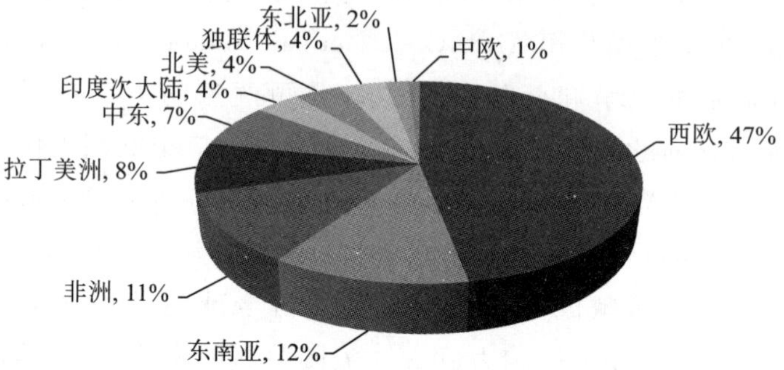

图 3－10 土耳其纯碱出口市场及份额

资料来源：© 2020 年 IHS Markit、光大期货研究所整理。

中国虽然是国际上最大的纯碱生产国，但因国内纯碱需求量也大，同时中国纯碱在国际市场中处于价格高地，因此中国纯碱在国际市场中并没有太大的优势，尤其是在土耳其和美国天然碱的冲击下，我国纯碱出口量并不大。国内出口商多是沿海地区纯碱企业借地理位置优势进行出口贸易，主要出口企业有唐山三友、山东海化、山东海天、天津渤化等。

我国纯碱出口地以韩国、泰国、孟加拉国、越南、印度尼西亚等国家为主，以上 5 个国家占我国纯碱出口市场份额的一半以上，其中，韩国是中国最主要的出口国（见图 3－11）。

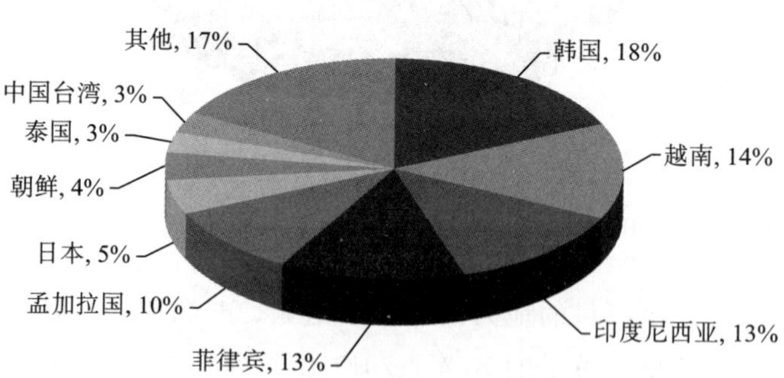

图 3－11 中国纯碱出口市场及份额

资料来源：海关总署、光大期货研究所。

近几年，我国纯碱出口贸易多次受国际地缘冲突、海外需求变化、能源价格波动等因素的影响，再加上近两年国内纯碱需求增长较快、国内价格上涨幅度较大等因素，2021 年我国纯碱出口量近乎腰斩，仅为 75.86 万吨，占产量的比例也萎缩至 2.6%。

四、国际与国内纯碱市场是如何互相影响的?

(一) 全球贸易格局及中国进出口变化

我国纯碱市场与国际纯碱市场关系密切。由于中国是全球主要的纯碱生产国、消费国，也是输出国，本土纯碱可以达到自给自足状态，因此国内纯碱的进出口依赖度并不高。1990 年之前我国一直是纯碱净进口国，直到 20 世纪 80 年代末我国三大碱厂投产才结束我国长期大量进口纯碱的局面。1990 年开始，中国从常年的纯碱净进口国转变为净出口国。

2009 年以前，全球纯碱出口地主要为美国、欧洲和中国。但近几年，土耳其天然碱产能不断落地，供应超过本国需求，所以其大部分纯碱通过出口销售。土耳其纯碱的大量出口对全球纯碱贸易格局产生了颠覆性的改变，一方面对欧洲纯碱生产企业和传统市场造成了很大冲击，另一方面对我国纯碱出口市场形成挤压，同时导致我国纯碱产品在全球贸易中的竞争力下降，进一步影响了我国国内纯碱市场格局及价格。

国内外纯碱价格是影响纯碱进出口数量的重要因素。2015—2021 年，受国际天然碱产能扩张、原油价格大幅波动、人民币汇率波动、公共卫生事件等影响，中国纯碱进出口贸易格局整体呈现出口量下降、进口量提升的变化趋势。2022 年，全球地缘政治冲突升级、国际能源价格抬升、国际物流运输受阻等多方因素导致全球纯碱生产成本提升，价格大幅上涨，从而加强了我国纯碱在国际市场的竞争力，使我国纯碱出口数量大幅提升。

（二）国际纯碱市场发展趋势

全球纯碱产能和产量每年都在缓慢增长，随着经济发展以及全球对新能源板块的青睐，未来几十年纯碱总需求也会逐年增加。根据目前全球发展中国家的产业结构情况，未来纯碱需求增速较快的地区有中国、印度、中东、非洲和南美洲。同时，中国、印度、巴基斯坦、非洲、南美洲等地的纯碱产能也会出现一定增长，尤其是未来 5 ~ 10 年中国内蒙古地区 760 万吨纯碱、80 万吨小苏打项目的落地，或将进一步改变全球纯碱进出口贸易格局。

未来，国际纯碱市场上，美国、土耳其和中国将仍是最重要的出口国。美国具有天然碱储量丰富的得天独厚的自然条件优势，是否扩产或新建纯碱装置取决于出口地用量、运输费用等情况的变化，在国际纯碱贸易中的优势地位仍将长期保持。2017 年土耳其新建纯碱装置投产，目前总产能接近 600 万吨（580 万吨）且大多用于出口，未来仍有产能进一步扩张的可能，其主要出口地区将会是西欧、中东、东南亚、南美洲及非洲。中国位于世界上纯碱需求最为旺盛的区域之一，依靠国内强大的纯碱产能和交通便利的优势，主要出口周边的东南亚、东北亚地区，未来国内天然碱项目投产也将和美国、土耳其天然碱产能进行国际市场份额的争夺。

自测题

一、不定项选择题

1. 以下（　　）地区不是全球产能分布较为集中的地区。

A. 亚洲　　B. 欧洲　　C. 北美洲　　D. 大洋洲

2. 以下（　　）生产工艺不是全球纯碱较为常见的生产法。

A. 联碱法　　B. 氨碱法

C. 天然碱法　　D. ADC 发泡剂联产法

3. 以下（　　）地区存在天然碱矿的分布。

A. 美国怀俄明州绿河　　B. 土耳其卡赞、贝帕扎里

C. 非洲博茨瓦纳　　　　　　　　D. 中国河南

4. 以下关于全球纯碱市场的说法，正确的有（　　）。

A. 中国天然碱资源主要分布于内蒙古和河南，另外，吉林、青海、新疆和西藏也都分布少量的天然碱矿

B. 美国怀俄明州绿河（Green River）地区天然碱是目前全球已知最大的天然碱矿，储量高且纯度极高，足够保障全球数百年的需求

C. 国际纯碱龙头企业产品以合成碱法为主

D. 天然碱法在国际市场上具有明显的成本优势，且能以更低的成本生产更高品质的纯碱

5. 亚洲的纯碱产能主要分布在以下（　　）地区。

A. 土耳其　　B. 中国　　C. 印度　　D. 印度尼西亚

6. 以下关于北美纯碱市场的说法，正确的有（　　）。

A. 北美纯碱产能占全球产能的近 20%，全部来自美国

B. 美国纯碱产能全部来自人工合成碱

C. 虽然美国怀俄明州绿河（Green River）盆地和加利福尼亚州西尔斯湖（Sealer Lake）均分布大量天然碱矿，但由于两地天然碱矿类型不同，因此天然碱的生产方法也有所不同

D. 美国是全球最大的纯碱输入国

7. 以下（　　）属于欧洲的纯碱企业。

A. 索尔维集团　　　　　　　　B. TATA

C. 中央化学品公司　　　　　　D. Kazan Soda

8. 以下（　　）板块不属于全球纯碱消费领域。

A. 玻璃工业　　B. 金属及矿产　　C. 纸和纸浆　　D. 合成氨

9. 以下关于全球纯碱消费的说法，正确的有（　　）。

A. 亚洲、欧洲和北美三个地区纯碱消费量占据全球 80% 以上的消费比例

B. 亚洲是纯碱需求最高也是增长最快的区域，最高能够占据全球纯碱总需求的近 60%

C. 北美的纯碱消费主要集中在美国，且该地区一半的产量都用来出口

D. 欧洲的纯碱市场整体呈现供不应求格局，需求缺口需要靠进口来

弥补

10. 以下关于全球纯碱贸易的说法，错误的有（　　）。

A. 由于全球各国纯碱供应与需求的不平衡以及价差的存在，国际市场上纯碱贸易并不活跃

B. 国际纯碱主要进口国是美国、土耳其、中国以及比利时，主要出口国是欧洲、东南亚、南亚、澳洲、南美、非洲

C. 美国纯碱的主要出口区域包括欧洲、非洲、南美洲和亚洲，但近几年美国也开始和中国争夺东南亚纯碱市场

D. 中国纯碱在国际市场中处于价格高地，因此在国际市场中并没有太大的优势

二、判断题

1. 过去几年，全球纯碱市场规模出现大幅萎缩。（　　）

2. 亚洲、美洲、欧洲、中东、非洲等地区都分布有纯碱产能。（　　）

3. 美国、土耳其和中国是主要的天然碱法生产国，同时也是全球最主要的纯碱进口国。（　　）

4. 中国的天然碱矿资源主要分布于内蒙古、河南、吉林、青海、新疆和西藏。（　　）

5. 中国不仅是亚洲最大的纯碱生产国，也是全球最大的纯碱生产国。同时，中国也具有全球最大的天然碱矿，也是全球最大的纯碱出口国。（　　）

6. 欧洲纯碱生产工艺全部为联碱法。（　　）

7. 非洲的纯碱产能分布相对集中，三家纯碱企业均分布在同一个国家。（　　）

8. 近几年，中国、欧洲等地区对新能源板块的大力支持促进了电动汽车产业规模快速增长，碳酸锂需求受益快速发展也进一步导致纯碱需求出现新的增长点。（　　）

9. 受公共卫生事件影响，全球纯碱需求快速萎缩，玻璃、汽车、建筑、酒店等行业对纯碱的需求明显下滑，但肥皂及洗涤剂等清洁用品对纯碱的消耗量却明显提升。（　　）

10. 中国纯碱的进出口依赖度非常高。　(　　)

参考答案

一、不定项选择题

1. D　2. D　3. ABCD　4. ABD　5. ABC　6. C　7. AC　8. D　9. ABCD　10. AB

二、判断题

1. 错　2. 对　3. 错　4. 对　5. 错　6. 错　7. 错　8. 对　9. 对　10. 错

第四章

纯碱的成本及价格影响因素

本章要点

本章所涉及的内容包含纯碱生产成本及计算方法、纯碱价格历史波动及影响因素、不同地区之间纯碱价格差异、轻重碱之间价差水平等多个方面。纯碱价格波动方向及趋势判断是基本面研究的最终落脚点。通过本章介绍，交易者可以对纯碱期现价格波动及其影响因素有更深入的了解，也为纯碱市场的深度分析提供了依据。

一、纯碱生产成本如何构成?

我国纯碱生产成本主要包括六项费用：

(1) 原料及主要材料费用，原盐和石灰石作为制造纯碱的原料，二氧化碳和合成氨作为辅助材料。

(2) 燃料及动力费用，指生产过程中所耗用的外购和自制燃料、动力，包括电、蒸汽、重油、天然气、动力煤等费用。

(3) 工资及福利费，指企业内所涉及纯碱的生产、营销、管理等人员的工资以及福利费用。

(4) 车间经费，指车间为进行正常生产所耗用的各种材料费用，其中还包含了固定资产的折旧费、修理费、办公杂费、排污费以及其他杂费。

(5) 联、副产品扣除费，指纯碱生产过程中需要扣除的所产联产品、副产品费用。

(6) 企业管理费，指企业为管理和组织全厂生产所发生的各项费用。

小贴士

在纯碱的总成本中，原材料、燃料、动力等成本是随着纯碱产量的变化而变化的成本项目，当纯碱的产量提升时，原材料、燃料及动力的消耗也随着产量的提升而增加，因此成本也会随之按比例增加，这部分成本属于可变成本，是直接跟随纯碱生产流程而消耗的成本。

工资和福利、车间经费、企业管理费等费用都不是纯碱生产过程中直接消耗掉的费用。在一定时期和一定生产量的范围内，它们不会随着纯碱产量的提升或减少而变化，因此被称为固定成本（Fixed Cost）。这些固定成本也会涉及生产企业所产出的其他产品，因此在会计处理上，这些固定资产的折旧、员工工资及公司经营管理费用通常会按照产品品种进行成本摊销，故而构成纯碱综合成本中的固定成本。

举个例子，假设一家纯碱企业每年纯碱产量60万吨，尿素产量80万吨，各个产品之间生产比例可以随意调整。除去每种产品各自的原材料成本外，该厂家每年固定资产折旧费用共10万元，员工及福利费用总计15万元，公司运营各项成本共3万元，则该厂家每年所有固定成本一共为10+15+3=28万元。这28万元无论企业是生产纯碱还是尿素，无论开工是满负荷还是完全停产，都不会发生变化，28万元的成本也始终需要支付。按照成本摊销的方法，这28万元可以按照尿素和纯碱两种产品进行分摊，两种产品每年产量共140万吨，故1吨产品需要分摊0.2万元（28/140=0.2万元），纯碱60万吨则分摊12万元（即0.2×60=12万元），尿素80万吨分摊16万元（即0.2×80=16万元）。

（一）纯碱的原料成本

由于我国同时存在多种纯碱生产工艺，故纯碱的生产成本也会因原材料来源不同、纯碱生产工艺不同而有差异。

1. 氨碱法原料成本

氨碱法工艺生产纯碱的主要原材料有原盐、石灰石、焦炭、液氨，其他还有辅助原材料，如助沉剂、硫化钠、产品包装袋，原材料采购成本合计占氨碱法总成本的40%~50%。

在不同的地区和企业，原盐占纯碱成本的比例差别很大，对于没有自备盐场外购原盐的纯碱生产企业，原盐约占总成本的25%，具有自备盐场的企业，原盐占总成本的比例相对较低，原盐占总成本的比例为10%左右，因此是否具有自备盐场对氨碱法成本影响很大。

石灰石价格便宜，在纯碱生产成本中的占比约为10%，同原料盐一样，是否具有自备石灰石矿、运距的远近、运输方式的不同决定了石灰石原料的价格，由此决定了石灰石在纯碱产品成本中所占的比例。

焦炭在氨碱法制纯碱生产中的用量为每吨纯碱使用焦炭80~120千克，虽然用量不大，但由于焦炭的价格较高，在产品成本中占比约10%。

燃料主要是煤炭，纯碱生产过程中需要使用水蒸气，使用燃料煤将锅炉加热来获取蒸气，每吨纯碱的蒸气用量约3吨，占总成本的35%~40%。

2. 联碱法原料成本

联碱法工艺生产纯碱的主要原材料为原盐、氨、CO_2，其他还有辅助原材料，如助沉剂、硫化钠、产品包装袋。联碱法在产出纯碱的同时以1:1~1:1.2的比例产出氯化铵。为便于企业经济核算，联碱法通常计算整个纯碱和氯化铵工艺生产中所产生的费用：以纯碱产量为核算的基础，先算出联碱法“双吨”总成本，再按比例扣除氯化铵应负担的费用，计算出纯碱的成本。通常来说，受两种产品销售价格变动的影响，氯化铵和纯碱成本比值在0.25～0.34，即纯碱成本占“双吨”成本的66%～75%。

联碱法和氨碱法的不同在于生产1吨纯碱的同时副产1吨氯化铵。联碱法生产1吨纯碱耗盐约1.2吨，在不同的地区和企业，原盐占纯碱成本的比例的差别在于是否自有制盐装置。无自有制盐装置而须外购原盐的联碱企业，原盐约占总成本的20%，自有制盐装置的企业，原盐占总成本的15%左右，因此，是否具有制盐装置对联碱法纯碱成本有一定影响。

联碱法所用的氨来源于合成氨装置，氨的成本高低对联碱法成本影响很大。合成氨由于原料路线和工艺不同，氨的成本差别较大，每生产1吨纯碱和1吨氯化铵产品，需要耗氨0.34吨，占“双吨”产品成本的50%左右。因此，氨在联碱法纯碱成本中决定了联碱法企业的竞争能力。

同氨碱法一样，联碱法生产中也需要蒸汽，使用燃料煤将锅炉加热来获取蒸汽，每吨纯碱的蒸汽用量约2吨，约占总成本的15%。

3. 天然碱法及ADC发泡剂联产法原料成本

天然碱法工艺生产纯碱的主要原材料为天然碱卤，其他还有辅助原材料，如助沉剂、产品包装袋等。除此之外，二氧化碳、煤炭、天然碱矿采矿费用、矿产资源补偿费、生产添加催化剂、人工成本、设备损耗、环保设施等一系列固定成本也需计入天然碱法生产纯碱的成本中。

在天然碱法生产纯碱的过程中，矿产资源补偿费成本公式为：

矿产资源补偿费＝矿产品销售收入×补偿费费率×开采回采率系数

我国补偿费费率取值范围标准是0.5%～4%，国内整体矿产平均值为1.18%，每吨纯碱具体补偿费率存在一定的地域差异。

ADC发泡剂联产法则以尿素、氯、烧碱为起始原料，辅助原料有硫酸、溴化钠、高锰酸钾等。

综合纯碱的不同生产工艺及上游各个产业链吨耗情况，可大致得出表4-1的数据。

通过以上原材料吨耗情况，再结合不同原料的价格，大致可以计算出纯碱的综合成本。但因为国内纯碱生产企业的地理位置分散，各地区之间原料价格、运费、水电以及能源价格差异较大，再加上不同生产企业因经营策

表 4-1 纯碱吨耗原料及比例统计

工艺	原料	吨耗原料	成本占比
氨碱法	原盐	1.6 吨	10%~25%
	石灰石	1.4 吨	10%
	焦炭	0.08~0.12 吨	10%
	燃料煤/水蒸气	3 吨	35%~40%
联碱法	原盐	1.2 吨	15%~20%
	合成氨	0.33~0.35 吨	50%
	动力煤	0.5 吨	15%
	水蒸气	2 吨	15%
其他原料	天然气	280~315 立方米	20%
	电力	500 度	
	二氧化碳	210 立方米	

资料来源：光大期货研究所整理。

略、运营管理、成本控制、生产工艺等存在较大差异，所以各个企业对原材料的利用率、水电的消耗以及人工等其他成本控制力度也不同。

（二）纯碱的燃料和动力成本

纯碱的三种生产工艺所使用的燃料及动力种类基本一样，只是在用量和类别上略不同。生产纯碱的动力来源主要包括燃料煤、新鲜水、外购电或者自备电站产生的电。氨碱企业还会用到焦炭，联碱企业会用到动力煤和无烟煤，西南地区纯碱企业也会使用天然气作为动力能源。

（三）纯碱的其他成本

纯碱的三种生产工艺的其他成本构成基本一样，均涉及工资及福利费、车间经费、折旧费、修理费、摊销费、销售费用、企业管理费、贷款利息等。

在 2016 年至 2020 年的 5 年时间里，国内氨碱工艺企业综合成本在 1200~1600 元/吨的区间波动，联碱工艺“双吨”综合成本在 1500~2000

元/吨的区间波动，天然碱工艺成本长期维持在1000元/吨以下。2021年之后，全球经济缓慢恢复，国内外能源价格大幅波动，全球通货膨胀预期不断加强，环保及能耗双控政策持续发力，新能源板块的快速发展，这一系列因素，导致国内外大宗商品价格出现明显上涨，纯碱成本重心也不断上移。2021年全年氨碱工艺完全成本波动重心上移至1400～2000元/吨，联碱工艺“双吨”综合成本重心上移至1700～2900元/吨。

（四）生产成本的区域性差异

受我国原盐、石灰石、合成氨、煤炭等基础原料供应条件，以及不同生产工艺所需基础条件和下游产业聚集分布情况等一系列因素影响，我国纯碱生产厂址广泛分布于华东、华中、西北以及华北等地区，涵盖中国绝大多数省、市、自治区及直辖市。

我国氨碱法纯碱企业在选址时既要考虑原材料获取的便捷程度，又要考虑厂区面积和废液废渣排放问题，受此影响，我国氨碱企业主要分布在青海、山东、河北、江苏、广东、江西等地。

青海当地原料供应成本低廉，其纯碱成本大多在1250～1400元/吨。山东和河北的纯碱成本相对适中，由于纯碱市场需求量集中，且当地纯碱企业设备建设规模大，企业建设毗邻港口，原料及产品运输便利，成本基本保持在1550～1650元/吨。江苏、广东和江西的纯碱企业的建立主要是为了满足当地需求，企业产能规模不大，原料采购成本较高，纯碱生产成本基本在1700～1800元/吨。

我国联碱法纯碱企业建厂初期多在合成氨装置的基础上进行再建设，且副产品氯化铵多用于化肥行业，因此产能主要分布在华中、华东、西南和东北地区。华中区域联碱厂的纯碱成本在1590～1750元/吨；华东区域联碱厂的纯碱成本在1650～1750元/吨；由于西南区域纯碱企业燃料为天然气，因此成本比华中、华东区域略高，成本在1800～1950元/吨；东北区域联碱厂的纯碱成本与西南区域基本一致，在1850～1960元/吨。联碱法纯碱企业原料产品成本相近，差异相对较小。

天然碱厂家按照碱矿储量进行提纯生产，通常，距离开采年限到期越近，天然碱矿采矿难度越大，因此，提纯技术的投入和相应成本也会逐年增加。我国内蒙古碱矿开采年限在50年左右，河南碱矿开采年限在80～100年。与内蒙古相比，河南天然碱的成本高出50～100元/吨。

二、纯碱现货市场是如何定价的?

(一) 纯碱的价格构成

纯碱的价格包括原材料价格、燃料及动力价格、工厂管理费用、融资成本、销售费用、运输成本及仓储费用等。

(二) 纯碱的定价方式

我国纯碱行业市场化程度较高，产能集中度不高，任何一家企业都无法通过控制产量或消费量来操纵价格。企业之间为了避免价格竞争带来的损失，大多数都采用“随行就市”的定价策略。企业的定价主要参照市场需求情况以及周边同行业的产品价格水平，将本企业产品价格保持在市场平均价格水平，获得行业平均利润。但在具体业务操作方面，由于生产工艺的不同，各企业的产品质量、纯度、粒度等依然存在细微差别，另外，企业之间的定价策略也有差异，导致同类产品在某些时间段或区域会存在微小的价差，但一般不超过30元/吨。因此，不同企业的产品价格还是会存在一定的价差。

从纯碱的消费市场来看具有明显的区域分布特点，例如，轻质纯碱和重质纯碱下游用户的分布具有明显的地域性。在一定的区域内，纯碱生产企业基本上以某区域内的主要竞争对手的产品价格以及其他综合因素来确定本身的产品价格。在不同时期、不同市场条件下，企业的主要竞争对手经常会根据市场情况调整价格。而各个区域内的纯碱产品价格也会相互影响，并非独立确定。除此之外，距离消费市场运距远的企业，其产品的价格常常以消费市场当地的纯碱生产企业的产品价格作为参考，在全国范围内进行竞争。

从市场话语权来看，通常处于非主导地位的企业大多会采取“随行就市”的方式来确定自身的产品价格，当龙头企业出现上调或下调价格之时，非主导地位的企业将更多地采取跟随调价的策略。由于纯碱现货标准化程度很高，且生产多以国家标准为准，下游消费企业对纯碱品牌的要求不高，会更多地考虑产品价格、付款方式和供应稳定性。

从不同的纯碱分类及其对标下游的贸易方式来看，国内轻碱和重碱价格的统计口径也有所不同。轻碱的下游企业分散，数量众多，下游企业多从贸易商、直销点、分销店等提货，同地区价格常有差异，因此统一采用出厂价。重碱下游企业分布集中，需求量大且稳，一般由贸易商或纯碱生产企业承担运费，送货到厂，因此除西北以外的地区，重碱价格均采用送到价，而西北地区重碱采用出厂价。

（三）纯碱行业常见的定价策略

1. 送到价/到岸价

送到价模式主要是由纯碱生产企业承担产品的运输费用，开票价格中还包含了产品的运输费用以及各项杂费。

送到价的优点是经销商、贸易商和下游企业可以很简便地计算出成本价格和到岸价格，有利于控制成本。目前，重碱普遍采用此种定价模式。

2. 月末结算

月末结算即根据市场价格变化，取每月纯碱价格的平均价格作为结算价格。此方式在前期需要缴纳一定比例的保证金，后期在提货当月结算之时取市场平均价格。

这种方式的优点是与市场联系更为紧密，结算价格能及时地体现市场价格，贸易商可根据市场行情的变动情况和下游需求情况，及时调整订单。在行情波动频繁时期，该定价方式也有助于纯碱企业和贸易商共同承担风险。缺点是纯碱生产企业缺乏主导性，生产计划受短期市场行情波动影响明显，由于市场提货时间不同，结算时间也不相同，贸易商之间操作空间较大。

3. 价格协调

在某些地理区域范围内，不同纯碱企业之间销售市场可能会出现重叠，互相成为竞争对手，但为了企业的生存和发展，企业之间也需要经常进行信息沟通。在市场形势不好时，这种信息沟通在一定程度上能够遏制纯碱价格下滑的趋势，共同维护行业的健康运行。但对于参与者并没有法律依据和法律效力，通常只能在市场情绪较好之时发挥作用，在市场低迷的情况下运作较为困难。

4. 招标定价

招标定价是由下游用户对较大规模的纯碱用量进行公开招标，多个纯碱企业参与招标后，以低价竞选的淘汰制方式进行纯碱采购的一种纯碱定价方式。例如，中建材为下属的玻璃企业进行统一的纯碱采购与招标。

5. 价格补贴

通常情况下，为了避免市场价格波动过于频繁，纯碱生产企业会给贸易商或经销商提供价格折扣，通过价格折让的方式让纯碱经营企业的利润维持在一定水平，从而达到稳定市场价格的目的。价格补贴的市场操作相对隐蔽，相较于其他相对透明的促销策略来说能够有效保护厂家的营销策略。同时，价格补贴也能够在一定程度上稳定市场秩序，减少价格下跌对整体市场的冲击；价格补贴也有利于纯碱生产企业维持与贸易商和经销商的长期合作关系。

6. 保值销售

无论价格水平如何、采购数量如何，纯碱生产企业通常都会保证贸易商保有一定的利润空间。此种方法的优点是保证纯碱企业的订单量，解决了当下市场看空引起的企业大幅减产和库存积压问题。但贸易商基本无须承担任何风险，因此在行情略有恢复时纯碱企业订单量会出现膨胀性增加，而企业产能通常有限，无法在源头上保证供应量，阶段性供需将会失衡。另外，在行情下跌的过程中，贸易商在利益的驱动下可能会忽略纯碱企业频繁出台的限价措施，进一步导致纯碱价格被推向更低水平，生产企业的利益难以得到保证。保值销售价格策略在解决纯碱企业生产经营中的短期困难后，也为后市不稳定的发展埋下隐患。

按照现货市场惯例，纯碱生产企业为了较好地完成生产经营任务，往往在一定的销售区域内使用多种竞争手段和策略的组合，使企业利润达到最大化。因此，纯碱现货市场的定价策略灵活多样，企业竞争激烈，市场化程度较高。

三、纯碱价格历史波动情况是怎样的？

纯碱价格变动与国家宏观经济走向息息相关。20 世纪 90 年代，受纯碱产能爆发式增长和纯碱下游需求逐渐提升的先后影响，我国纯碱价格经历了由高到低、再由低回升的过程。2000 年以来，纯碱价格受原料成本、供需结构变化、经济运行周期、环保政策、地缘政治变动等多重因素影响，波动较频繁（见图 4－1）。

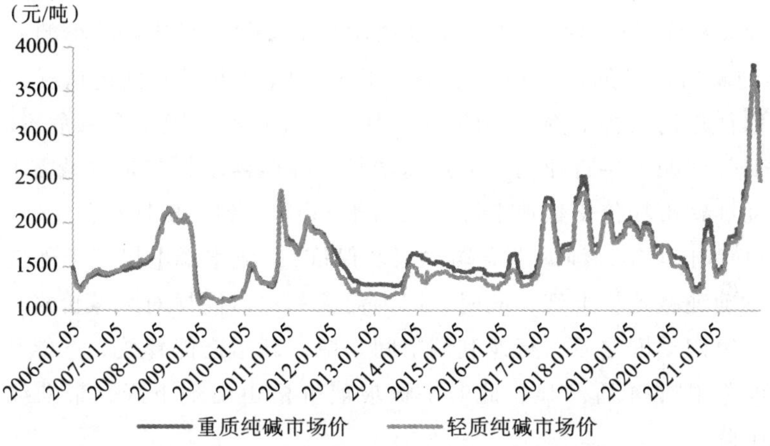

图 4－1 国内轻碱、重碱市场价格走势图

资料来源：Wind、光大期货研究所。

2000—2002 年，国内纯碱产能持续增长，但市场需求转弱，加之中国纯碱主要出口地区东南亚经济发展速度放缓，中国纯碱出口受阻，2001 年纯碱价格一路下滑。2002 年初，纯碱价格最低时，轻碱为 1130～1150 元/吨，重碱为 1180～1200 元/吨，到年底才有 30～50 元/吨的反弹，纯碱生产企业才开始产生利润。

在中国加入世贸组织（WTO）后，纯碱 12% 的进口关税被取消，美国天然碱因价格优势扩大了其纯碱产品在中国的市场份额。2003—2005 年，从美国进口的纯碱在中国市场的份额一度高达 5%～10%，大幅度冲击了国内纯碱市场，中国纯碱价格逐渐下滑至 1000～1100 元/吨。

2005—2008 年国家环评政策逐步严格，纯碱行业产能增长率开始稳步回落，中国纯碱价格重心明显上移。2008 年 4 月，轻碱均价上涨至 2080 元/吨，重碱均价上涨至 2190 元/吨。2008 年纯碱产量、出口量、销售收入和利润等指标均创历史最高水平。但自 2008 年第四季度国内开始受到金融危机影响时，纯碱行业也结束了产销两旺的局面，出现了需求萎缩、供大于求、价格低位运行的态势。

2009 年受国际金融危机的影响，国内纯碱需求开始下滑，纯碱市场价格低位运行。再加上受能源、原材料、运费全面涨价等因素的影响，纯碱全行业亏损。当年可谓是 2000 年以来纯碱行业经营最困难的一年，全行业生产能力仅发挥了 84.23%，纯碱产量增幅也是 2000 年以来最小的一年。但 2009 年纯碱出口量创历史最高水平，平衡了国内市场的低迷情况，但出口价格和以往相比大幅下降。2010 年，中国经济基本摆脱了金融危机的影响，浮法玻璃等纯碱下游行业的产能迅速增长，纯碱需求尤其是重碱需求明显提升，带动纯碱市场价格快速上涨，于当年 11 月达到历史性高位。

2011 年上半年，纯碱供应端“限产保价”，成本端电煤、天然气价格上涨共同推动纯碱价格上涨，同时，国内需求和出口同样对纯碱价格产生了拉动作用。第四季度之后，行业利润空间丰厚，新增产能释放，产能利用率攀升至 90%，供求矛盾凸显，此时平板玻璃价格也出现下降，带动纯碱价格也快速下降。

2012—2016 年年中，纯碱价格长期在低位波动。此阶段国内纯碱行业产能严重过剩，再加上美国天然碱进口冲击国内市场，我国纯碱行情持续低迷，价格整体呈趋势性下行，甚至一度低于纯碱企业的生产成本。期间，轻碱价格最低跌至 1200 元/吨，重碱价格最低跌至 1292 元/吨。市场价格仅在 2013 年第三季度末和第四季度因玻璃产能出现新增而短暂回暖。

2016—2020 年，受国家供给侧结构性改革影响，纯碱行业及其下游进行产业结构优化升级，淘汰劣质产能，行业间产能变化节奏的不一致导致纯碱价格波动变大，虽然 5 年来大趋势经历了相对完整的涨跌周期，但此过程中时间短、涨跌快的价格周期已完成数轮。另外，2018 年之后的中美、中加贸易摩擦，2020 年公共卫生事件对全球经济的冲击，投资市场“黑天鹅”事件频发，这些都影响着纯碱的进出口贸易格局及需求水平。期间，纯碱行业曾一度进入严重过剩阶段，价格也于 2020 年年中达到 10 年新低。

进入 2021 年，国家“十四五”规划对光伏行业的大力支持使光伏玻璃投产规模不断加快，纯碱行业供需格局不断好转，逐渐由多年的供大于求转向供需紧平衡乃至供不应求，纯碱价格也不断创历史新高。除此之外，国家环保政策持续加码，能耗“双控”不断升级，全球陷入能源紧缺、原材料价格大幅上涨的时代，纯碱供给端收缩、成本端推动，也促使纯碱价格一飞冲天，市场价格最终于 2021 年第四季度突破 3500 元/吨。2021 年底，在国家对煤炭、化肥、建材等大宗商品一系列保供稳价措施的导向下，纯碱价格出现明显回调。

通过对纯碱多年的价格数据分析可以发现，纯碱价格有其自身的运行特点，周期性和波动性都相对比较明显。从引发价格变化的因素来看，主要是市场供需平衡变化所致，其次是受原辅材料价格变动的影响，再就是受近几年国内外宏观经济、政策等因素影响。

四、国内纯碱价格是否存在区域性？各区域价差水平如何？

（一）国内纯碱价格的区域性

纯碱作为大宗基础化工原料，由于便于运输和方便储存等特点，其价格具有一定的区域性。我国纯碱的生产企业主要广泛分布于国内东部沿海地区和江苏，中部河南和湖北，西南四川，西北青海等地区，遍布 21 个省市自治区，地理位置分布较为均衡。除青海地区纯碱企业距离终端消费距离较远外，其他地区的纯碱企业离纯碱下游用户相对较近。因此，在产、需均较集中的地区，纯碱价格区域性相对不明显，而在远距离运输或纯碱供需结构不匹配的区域，纯碱价格的区域性则较为明显。

国内纯碱价格区域性体现最为明显的地区是广东地区。广东区域经济发达，浮法玻璃企业、洗涤用品企业、无机盐企业等以纯碱为原料的行业较为集中，该地区年度纯碱消耗量为250万吨左右，占全国总消费的10%以上。但广东省内仅有南方碱业一家年产能60万吨的纯碱生产企业，其余需求缺口都需要外省调入来弥补。据统计，广东地区每年需要从外地调入约200万吨的纯碱，而常年的供不应求格局也导致广东地区的纯碱价格长年高于其他地区。

其次是东北地区，该地区仅有一家位于辽宁大连的大化60万吨的纯碱产能，年产量不足60万吨，且目前该装置已进入长期停车状态。东北地区年度纯碱消耗量仅100万吨左右，因此，实际供需缺口幅度有限。除此之外，渤海湾地区有唐山三友、山东海化、山东海天等大型纯碱生产企业，距离东北地区运距较近，产品能够很快运达。因此，东北地区纯碱价格虽略高于内地，但实际差异并不大。

西北地区的青海、甘肃、宁夏等地集中了全国近17%的纯碱产能，2020年该地区纯碱产量超过450万吨。与之产量庞大不匹配的是西北多个省市自治区2020年度纯碱消耗量仅有150万吨，因此，大部分纯碱货源需要运送到其他地区。而常年供大于求的格局导致该地区纯碱价格处于国内低点。除此之外，西北地区距离国内终端消费距离较远，运费较高，因此当地纯碱报价方式无论轻碱还是重碱均以出厂价为准，在一定程度上导致了西北地区与其他地区送到价报价制度产生较大价差。

华东地区的纯碱生产企业主要集中在山东和江苏两省，华中地区的纯碱生产企业集中在河南和湖北两省，而华北地区纯碱生产企业主要集中在河北省。在这三个地区的省份中，山东、河北、安徽、湖北、江苏、福建、浙江等都是纯碱消耗大省，这些省份2020年纯碱消耗量占据国内纯碱总消费的半壁江山。而以上各地区纯碱价格基本保持一致，彼此之间价差很小，纯碱的价格区域性特征在华北、华中和华东地区相对不明显。

西南地区的四川、重庆、云南三地的纯碱产能共285万吨，产量近260万吨，而年度纯碱消耗量超过270万吨，当地的纯碱产量不能完全满足当地需求，不足的部分主要由青海地区货源进行补充。因此，当地纯碱格局既不属于严重供大于求，也不属于供不应求，价格区域性特征相对较弱，价格水平和华中、华北等地基本保持一致。

综合全国各地区纯碱价格区域性特点来看，纯碱价格区域性主要体现在西北、东北、华南等供需结构不匹配、运距较远等地区，而在纯碱产需都较为集中的华中、华北和华东地区，彼此之间价格差异相对较小。

（二）国内纯碱地区间价格差异

经过上述分析可以得知，由于国内各地区纯碱生产采用不同工艺，企业生产成本差异较大，再加上各区域之间产需结构和供求关系不同，导致地区之间纯碱价格存在一定差异。

华北地区浮法玻璃产能集中，重碱需求量大，下游行业议价能力较强，是国内重碱的价格洼地。其中，河北地区纯碱价格走势对全国其他地区纯碱价格的影响较为显著，是纯碱现货市场的风向标，故本部分的价差分析以华北地区纯碱价格为参照指标。

1. 西北—华北纯碱价差分析

西北地区纯碱企业靠近原料产地，纯碱生产成本处于全国最低水平，当地纯碱价格多以出厂价计算。大部分时间里，华北地区轻碱价格平均比西北地区轻碱价格高，当然，极个别时候，两者也出现过倒挂现象。2009—2021年西北—华北轻碱市场价差情况见图4－2、图4－3。

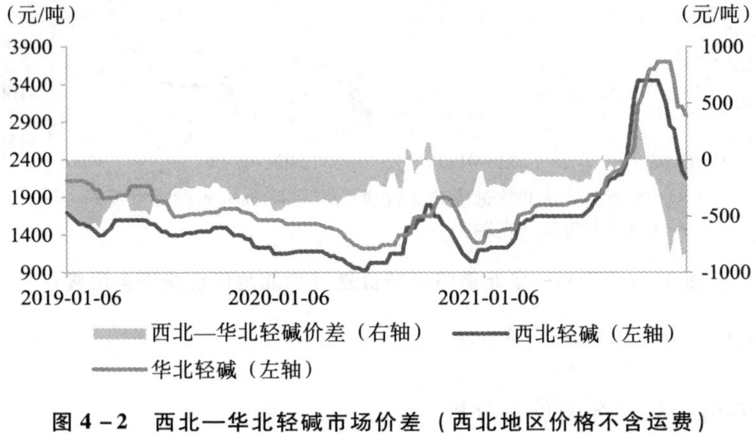

图4－2 西北—华北轻碱市场价差（西北地区价格不含运费）

资料来源：Wind、光大期货研究所。

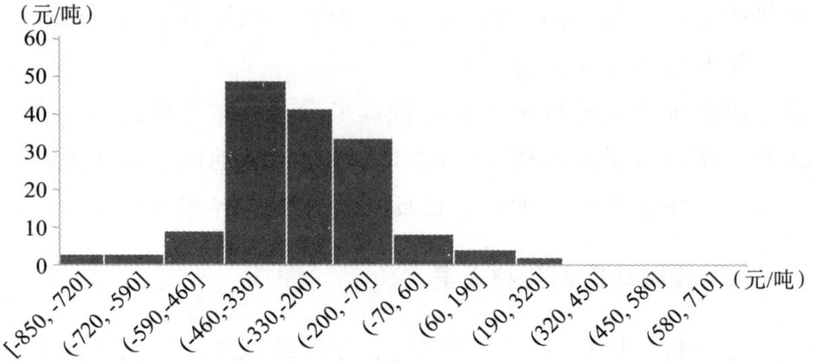

图 4-3 西北—华北轻碱价差分布直方图（西北地区价格不含运费）

资料来源：Wind、光大期货研究所。

西北地区和华北地区重碱价差走势与轻碱较为类似，华北地区重碱价格平均比西北地区重碱价格高 260～320 元/吨（见图 4-4、图 4-5）。在重碱的实际销售中，西北地区生产的重碱因远离消费区，所以产生了较多运输成本，抵消了其成本优势。但由于西北和华北地区纯碱消费群体相互重叠度较高，两地的纯碱价格相关系数达到 0.9467。

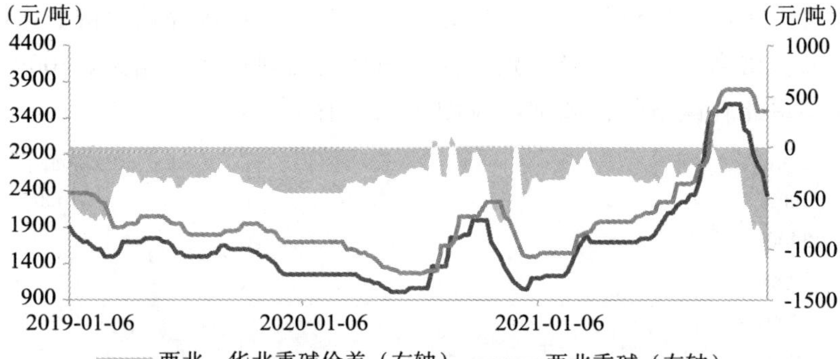

图 4-4 西北—华北重碱市场价差（西北地区价格不含运费）

资料来源：Wind、光大期货研究所。

2. 西南—华北纯碱价差分析

西南与华北地区的纯碱市场结构差异较小，两个区域纯碱的供需结构均

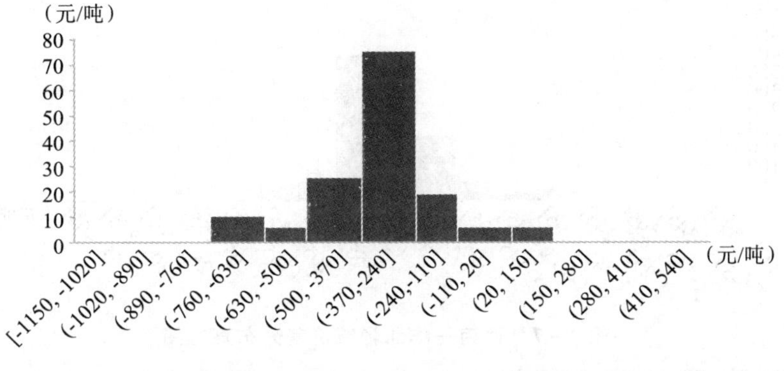

图 4-5　西北—华北重碱价差分布直方图（西北地区价格不含运费）

资料来源：Wind、光大期货研究所。

有少量缺口，因此，外部纯碱货源议价能力较弱，多依照本地主流价格执行。两地轻碱价格通常也比较相近（见图 4-6），西南地区轻碱出厂价格平均比华北地区的价格高 10～50 元/吨，但两地贸易、物流运费等因素均使市场价格波动幅度加大。据统计，西南地区轻碱市场价格与华北地区轻碱市场价格价差波动范围在［-450 元/吨，400 元/吨］的区间内（见图 4-7），二者相关系数为 0.9724。

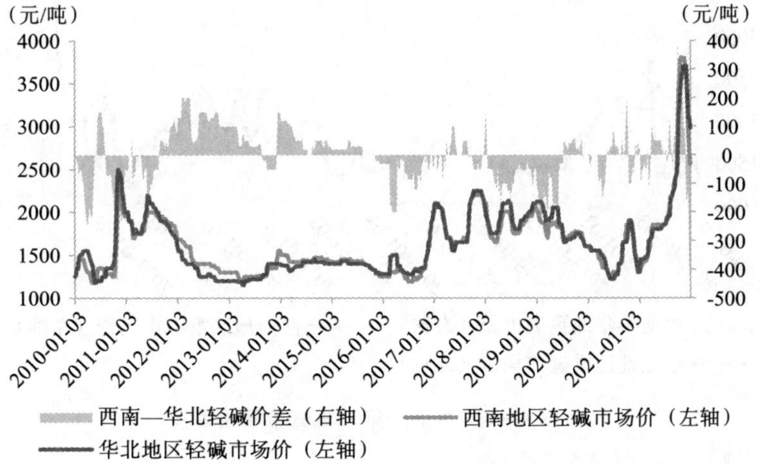

图 4-6　西南—华北轻碱市场价差

资料来源：Wind、光大期货研究所。

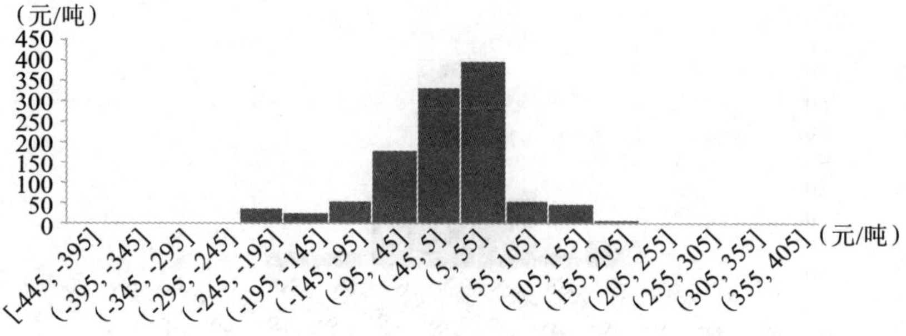

图4－7　西南—华北轻碱价差分布直方图

资料来源：Wind、光大期货研究所。

西南和华北两地重碱价格差异整体偏小，两地重碱价格持平的概率较大（见图4－8），走势相关系数达到0.9651，因为这两个区域均为纯碱主要消费地，其到货价格差异较小。以市场价格测算，两地重碱市场价格价差波动范围在［－460元/吨，300元/吨］区间（见图4－9）。

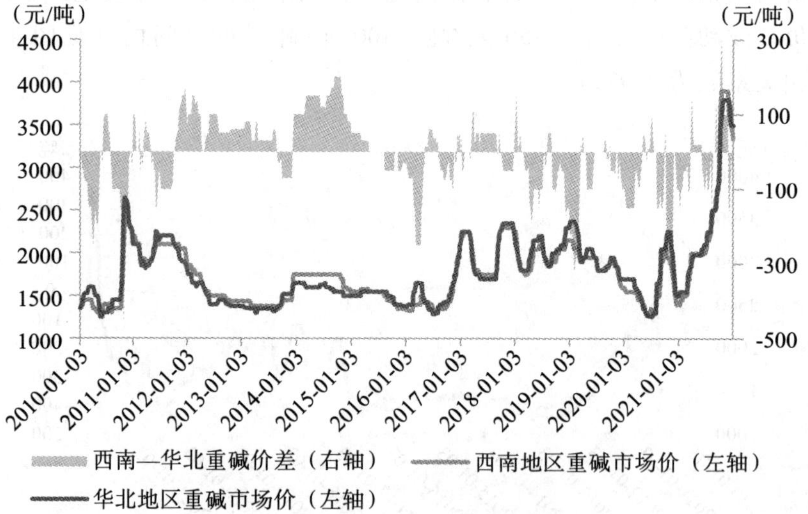

图4－8　西南—华北重碱市场价差

资料来源：Wind、光大期货研究所。

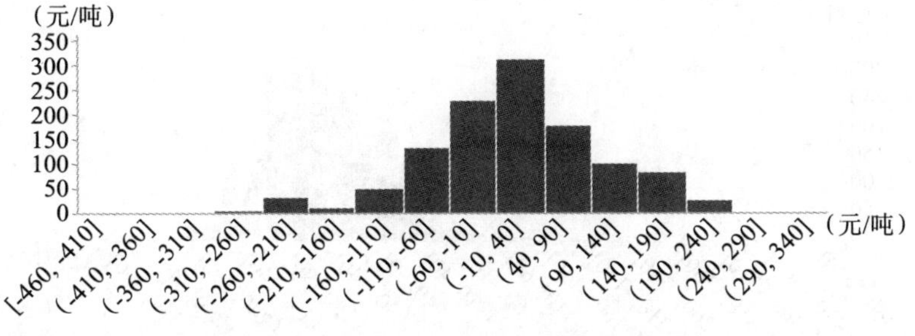

图4-9　西南—华北重碱价差分布直方图

资料来源：Wind、光大期货研究所。

3. 华南—华北纯碱价差分析

由于华南地区纯碱常年供不应求，缺口需要外埠纯碱弥补供应，因此华南和华北地区轻碱存在较大价差。华南地区轻碱价格平均比华北地区轻碱价格高100~200元/吨（见图4-10、图4-11），相关系数为0.9731，而华南区域重碱价格长期比华北地区重碱价格高80~130元/吨（见图4-12、图4-13），相关系数为0.9780。

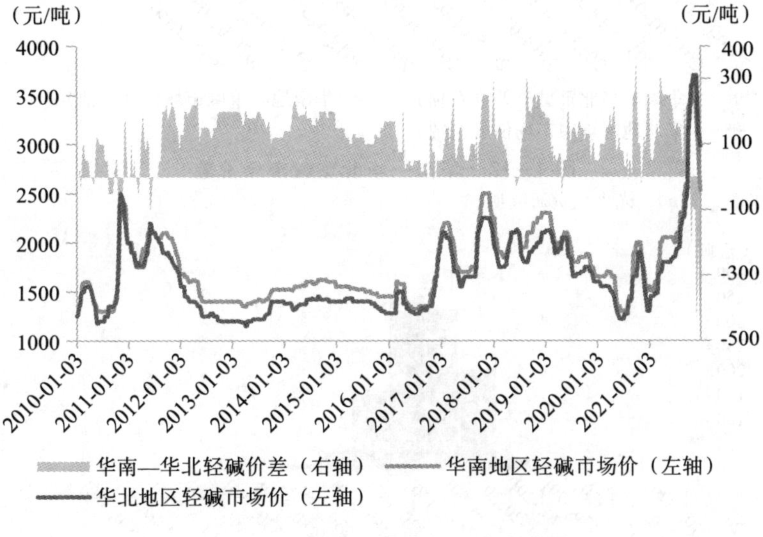

图4-10　华南—华北轻碱市场价差

资料来源：Wind、光大期货研究所。

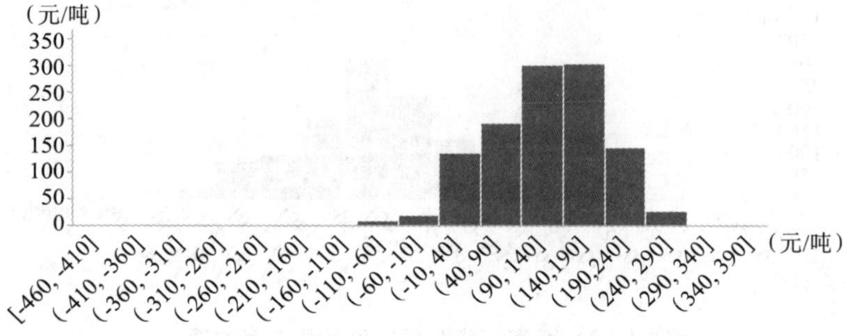

图 4－11　华南—华北轻碱价差分布直方图

资料来源：Wind、光大期货研究所。

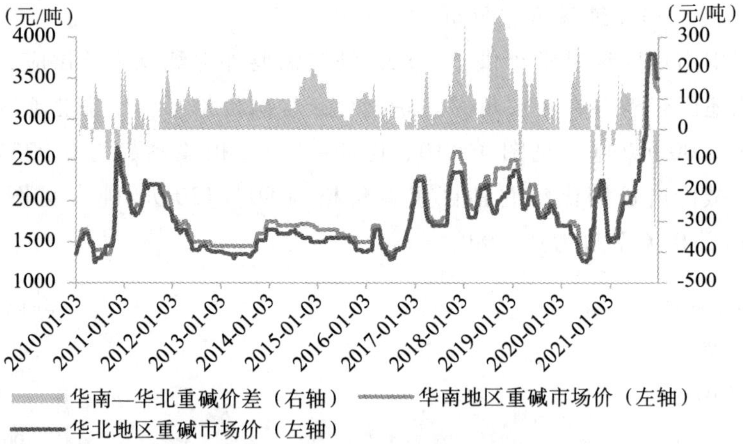

图 4－12　华南—华北重碱市场价差

资料来源：Wind、光大期货研究所。

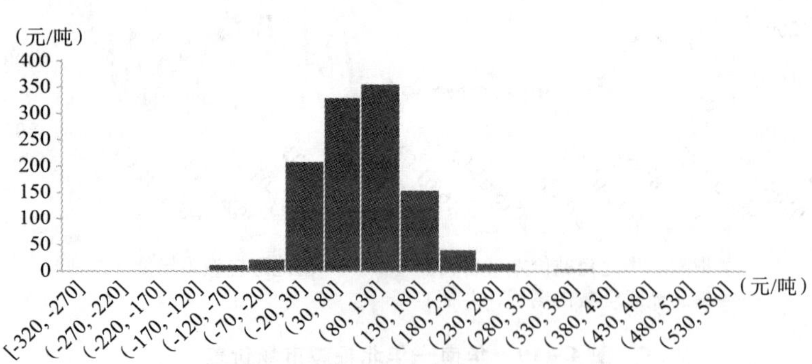

图 4－13　华南—华北重碱价差分布直方图

资料来源：Wind、光大期货研究所。

4. 华中—华北纯碱价差分析

华中地区的纯碱主要来自河南，但省内对纯碱的需求有限，过剩产量多向河北和湖北地区分流，需要以较低的价格来保证其产品在消费地的竞争力。因此，华中地区轻碱价格普遍比华北地区轻碱价格低 20～120 元/吨（见图 4－14）。但近几年随着市场波动幅度加大，两地轻质纯碱价差波动幅度也扩大至［－620 元/吨，300 元/吨］的区间内（见图 4－15）。近 10 年，两地轻碱市场价格相关系数为 0.9737。

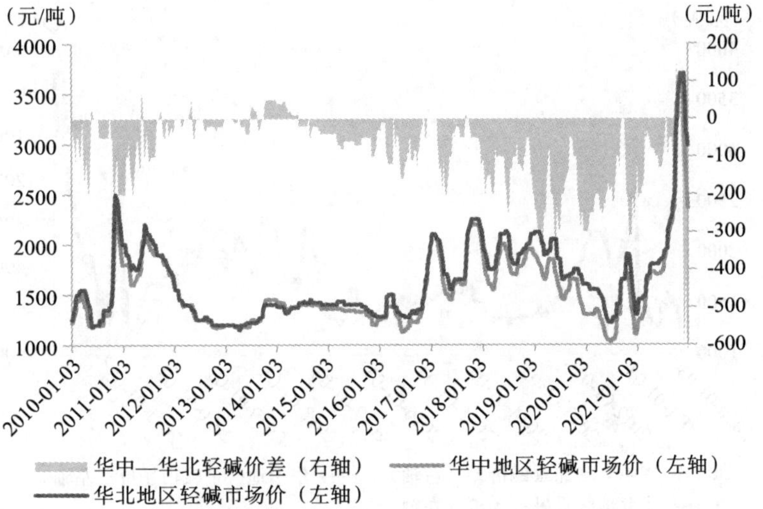

图 4－14　华中—华北轻碱市场价差

资料来源：Wind、光大期货研究所。

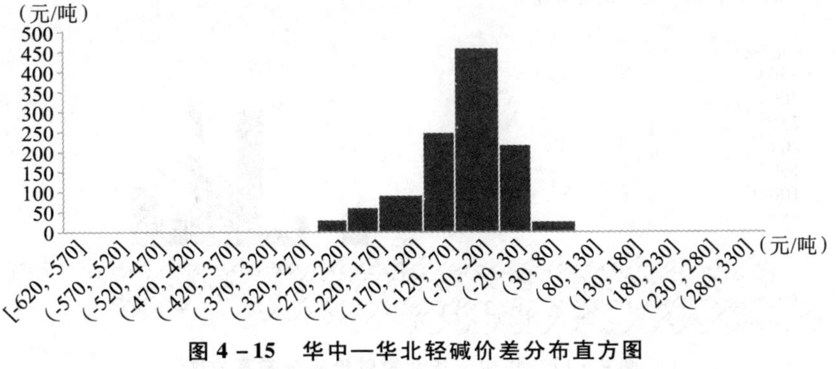

图 4－15　华中—华北轻碱价差分布直方图

资料来源：Wind、光大期货研究所。

重质纯碱价差上，华中地区价格通常比华北地区价格低 25 ~ 75 元/吨（见图 4 – 16），两地区之间重碱价格相关系数为 0. 9796。由于华北地区玻璃企业集中，对重碱的需求较大且用量稳定，而对供过于求的华中地区，华北是其消化过剩产量的不二选择，故华中区域多以略低的价格来保证其在华北的市场份额。近几年，两地重碱价差波动幅度大多在［–300 元/吨，100 元/吨］的区间内（见图 4 – 17），个别极端情况下，华中地区重碱价格较华北地区重碱价格的贴水能达到 500 元/吨。

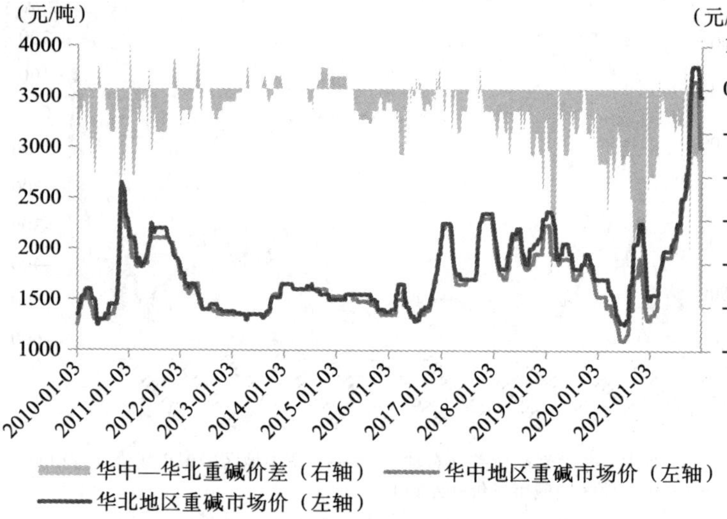

图 4 – 16 华中—华北重碱市场价差

资料来源：Wind、光大期货研究所。

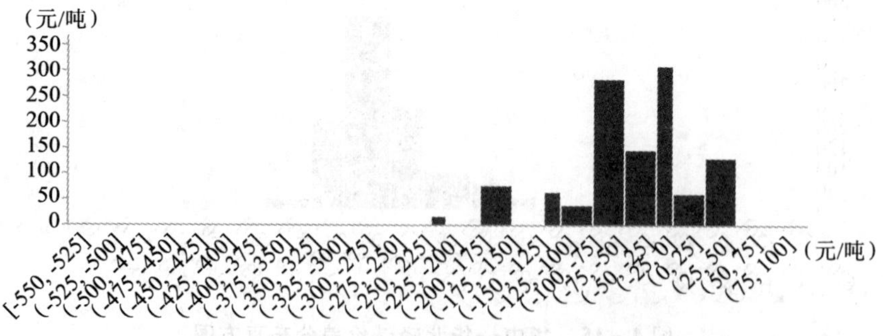

图 4 – 17 华中—华北重碱价差分布直方图

资料来源：Wind、光大期货研究所。

5. 华东—华北纯碱价差分析

华东地区作为国内纯碱供需双强的区域，面对华北地区轻碱稳定流入的外部竞争，华东地区纯碱销售价格多与华北区域的轻碱到货价看齐（见图4－18），以此来保证自身的市场份额，两地轻碱价格相关系数为0.9719，绝对价差大多在－100～100元/吨（见图4－19）。

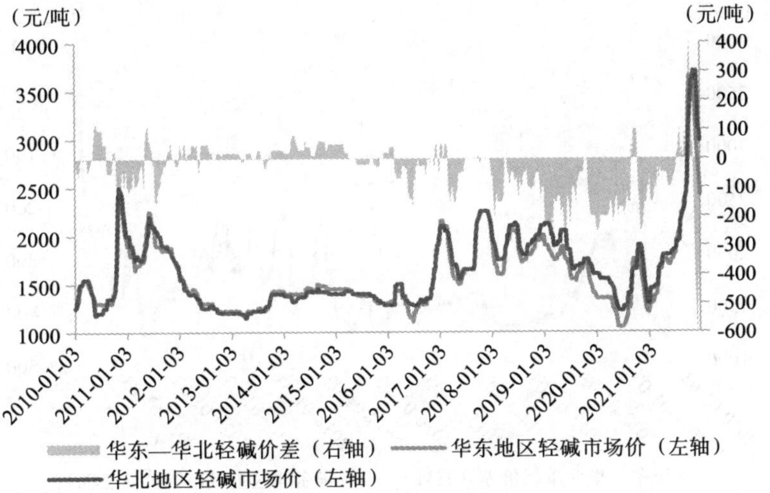

图4－18　华东—华北轻碱市场价差

资料来源：Wind、光大期货研究所。

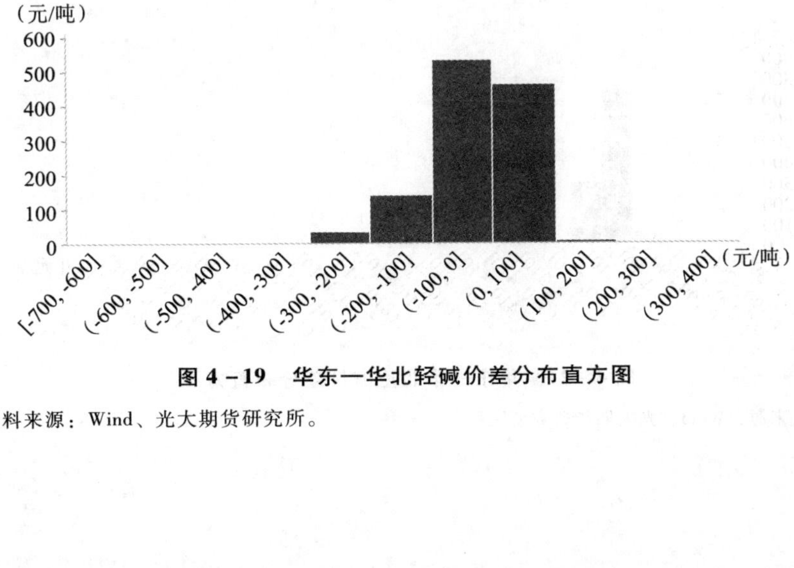

图4－19　华东—华北轻碱价差分布直方图

资料来源：Wind、光大期货研究所。

华东和华北地区都是我国重碱的主要消费区域，彼此之间竞争激烈。与轻碱类似，华东地区重碱价格也需略低于华北区域才能保障自身的市场竞争力，华东地区重碱价格通常比华北地区低 0～100 元/吨（见图 4－20、图 4－21），偶尔也会出现两地价格倒挂现象。两地重碱市场价格变化趋势高度一致，相关系数高达 0.9886。

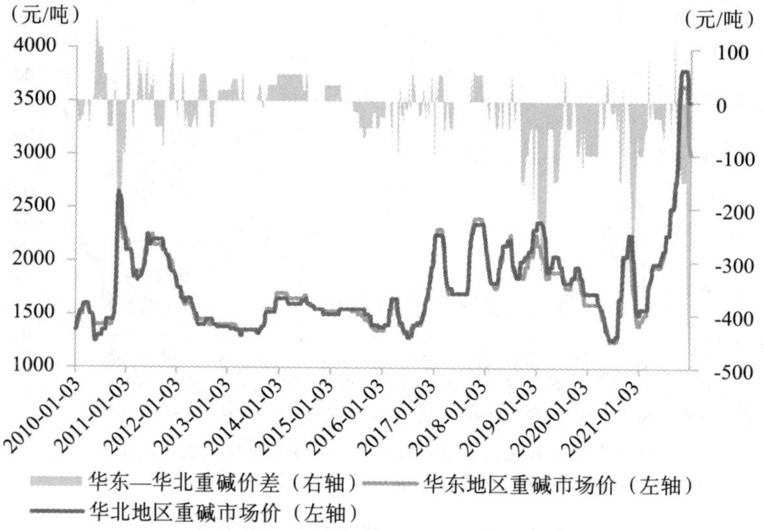

图 4－20　华东—华北重碱市场价差

资料来源：Wind、光大期货研究所。

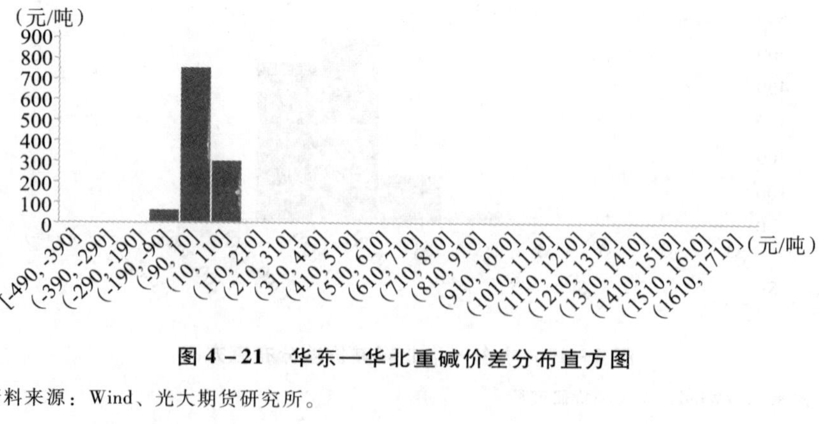

图 4－21　华东—华北重碱价差分布直方图

资料来源：Wind、光大期货研究所。

五、轻、重碱价格波动情况是怎样的？二者价差情况如何？

（一）轻、重碱价格及价差波动

通过对2006—2021年轻、重碱市场价格的测算，轻碱和重碱价格走势的相关系数高达99%，走势基本一致。纯碱的价格波动往往从轻碱开始，再通过轻碱价格涨跌之后传导到重碱。这主要是由于轻碱下游客户群体以中小客户为主，轻碱经销占比更高，市场反应更为灵敏，因而纯碱厂家价格调整也更为灵活。轻碱价格出现变化之后，纯碱生产企业通常会根据轻、重碱的价格调整生产比例。随着企业生产比例的调节，二者市场供需情况也会有所变化，进一步对重碱价格产生影响。

从历史数据来看，重碱和轻碱通常会存在一定价差。正常情况下，重碱价格高于轻碱价格，二者的价差主要包含三方面因素：一是成本差异，这主要是因为重碱是由轻碱经过水合反应、蒸汽加热干燥、脱去结晶水和游离水等工序制成，成本较轻碱有所增加，一般增加50～100元/吨；二是价格数据统计口径不同，全国各区域轻碱价格为出厂价，除西北地区外其他区域的重碱价格统计的是送到价，而西北重碱价格与轻碱统计的都是出厂价，因此，除了西北以外其他区域的轻、重碱价格中还包含运费因素；三是轻、重碱供求格局不同，由于轻碱和重碱的下游行业比较固定，不会轻易改变其使用的纯碱类型，轻、重碱的不同供需格局会影响二者的价差，极端情况下也会出现轻、重碱价格倒挂（即轻碱价格高于重碱价格）现象。

例如，在2006年5月至2007年11月、2008年2月至5月、2009年2月至3月、2010年1月至3月及7月至12月、2011年4月至6月、2019年9月及2021年10月都出现了轻、重碱价格倒挂现象。这种现象往往出现在行情快速上涨阶段，主要原因在于轻碱下游用户以中小客户为主，议价能力偏弱，纯碱厂家相对强势，尤其是对于轻碱小包用户来讲，在货源紧张的情况下基本没有议价能力。重碱下游用户以大型玻璃厂为主，议价能力强。

以全国市场价测算，轻、重碱价差在 -120 ~ 400 元/吨的区间波动，极端时，二者价差最高甚至超过 400 元/吨（见图 4-22）。事实上，在 2021 年之前，轻、重碱价差波动范围处于 -120 ~ 270 元/吨区间。2021 年国内外大宗商品价格都出现了比较大的波动幅度，轻、重碱的价差波动也超出了此前波动范围。

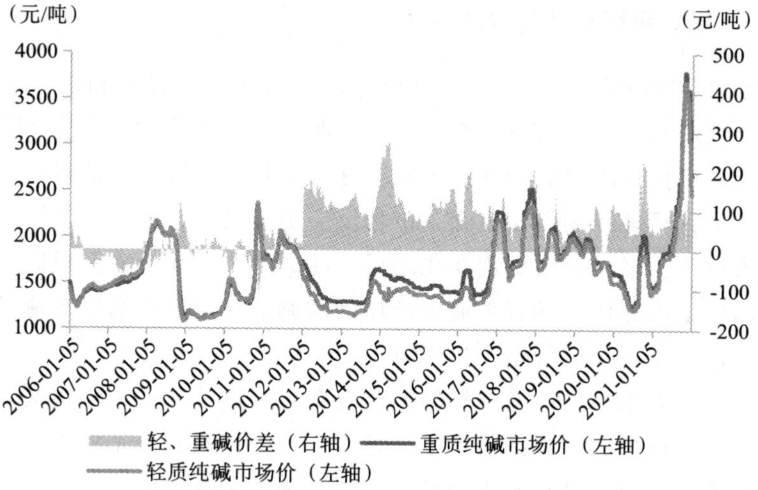

图 4-22　国内轻、重碱价差走势

资料来源：Wind、光大期货研究所。

（二）国内不同地区轻、重碱价差

国内各地区轻、重碱因地理位置不同、生产工艺不同，彼此之间也会因为成本及运费等因素而存在较大差异。另外，各地区轻、重碱的产需结构不同，时而出现区域性价格波动或轻、重碱价差波动领先或延迟于其他地区的现象。

1. 华北地区轻、重碱价格走势及价差对比

经测算，华北地区轻、重碱市场价格走势相关系数为 98%，二者走势基本一致。2010—2020 年的 10 年里，二者价差波动幅度在 0 ~ 400 元/吨的区间内（见图 4-23）。同样，由于 2021 年国内外大宗商品波动幅度较大，

且重碱在期货市场上的成交量不断提升，二者价差在2021年最高达到560元/吨。华北地区的纯碱生产企业中采用氨碱法的企业数量占比超过一半，氨碱企业生产成本偏高，因此轻碱价格是国内的价格高地，而重碱除了远离主产区的东北、华南、西南等地区之外，国内其他地区玻璃企业重碱采购价格差异不大。再加上，华北地区各企业之间的协同性更好，因此，该地区轻、重碱价差小于国内其他地区。

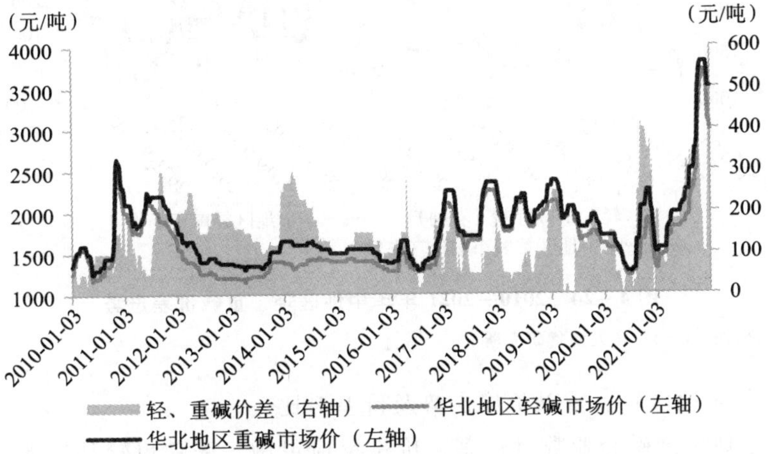

图4-23　2010—2021年华北地区轻、重碱价差走势

资料来源：Wind、光大期货研究所。

2. 华中地区轻、重碱价格走势及价差对比

华中地区与华北地区类似，也是我国浮法玻璃产能集中、重碱需求量大、下游行业议价能力较强的地区之一。华中地区轻、重碱价格的相关系数也达到98%。2010年至2021年的时间里，华中地区轻、重碱价差波动范围位于-100～670元/吨（见图4-24）。若剔除2021年价格的异常波动，则2010～2020年华中地区轻、重碱价差波动范围缩小至0～400元/吨。华中地区纯碱企业以联碱法和天然碱法生产为主，生产成本较氨碱法低，因此当地轻碱具有一定的价格优势，是全国轻碱的低价区且价格反应灵敏。但当地浮法玻璃、光伏玻璃对重碱采购基本按月结算，部分厂家执行月底定价，故当地轻、重碱价格的相关系数在国内属于偏低水平，且轻、重碱价差多数时

间高于其他区域。

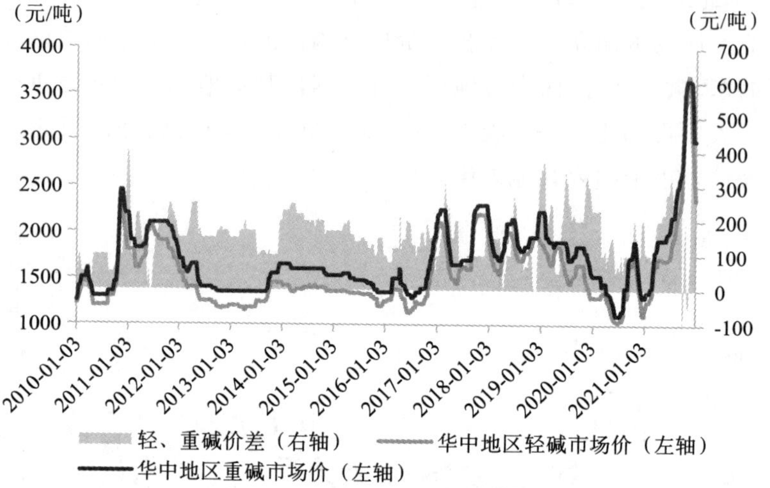

图 4-24　2010—2021 年华中地区轻、重碱价差走势

资料来源：Wind、光大期货研究所。

3. 华东地区轻、重碱价格走势及价差对比

华东地区纯碱企业数量较多，价格反应灵敏，涨跌也较其他地区更快。该地区 2010—2021 年轻、重碱价差波动范围位于 -175 ~ 670 元/吨区间内，2021 年之前价差波动范围为 0 ~ 420 元/吨（见图 4-25）。由于华东地区纯碱企业多以联碱法工艺为主，在成本上有优势。该地区轻质纯碱价格反应速度较快，重质纯碱下游的浮法玻璃、光伏玻璃的采购采用月度定价模式，因此华东当地轻、重碱价格相关系数与华北地区持平，同样为 98%，但轻、重碱价差高于华北地区。

4. 华南地区轻、重碱价格走势及价差对比

华南地区轻、重碱价格的相关系数高于国内其他地区，为 99%，主要由于该地区纯碱产能较少而玻璃产能集中，产需缺口需要从国内其他地区调入才能弥补。过去 10 年该地区轻、重碱价差波动范围为 -60 ~ 810 元/吨，剔除 2021 年巨幅波动后，二者价差波动区间为 -50 ~ 350 元/吨。从历史数据来看，华南地区轻、重碱价差波动范围正常情况下小于国内其他地区（见图 4-26）。

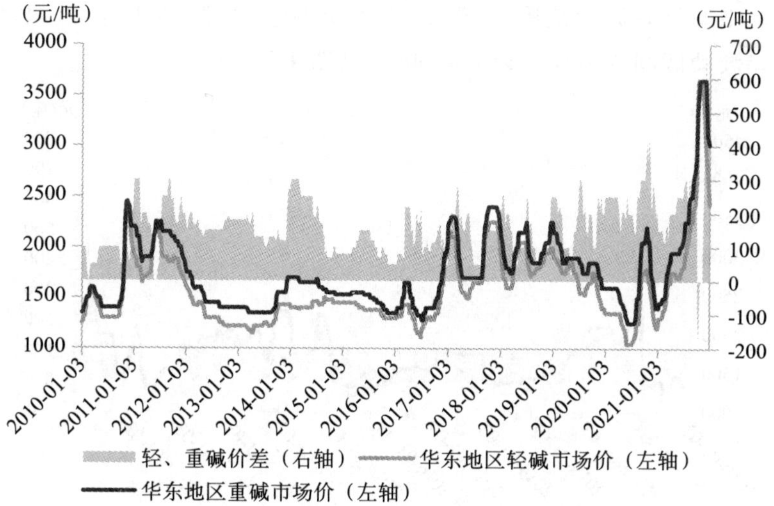

图 4－25　2010—2021 年华东地区轻、重碱价差走势

资料来源：Wind、光大期货研究所。

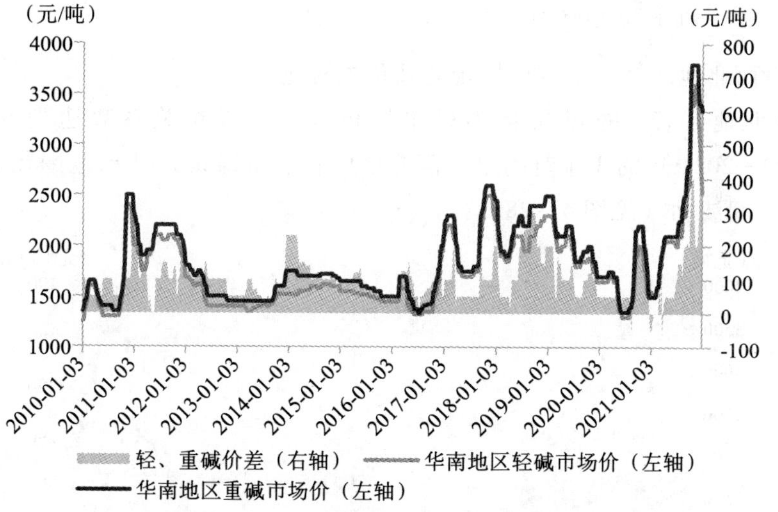

图 4－26　2010—2021 年华南地区轻、重碱价差走势

资料来源：Wind、光大期货研究所。

5. 西南地区轻、重碱价格走势及价差对比

西南地区轻、重碱价格走势相关系数低于国内其他地区，为 97%。该

地区轻、重碱价差波动范围为 -10 ~780 元/吨，剔除 2021 年巨幅波动后，二者价差波动区间为 -10 ~330 元/吨（见图 4 -27）。

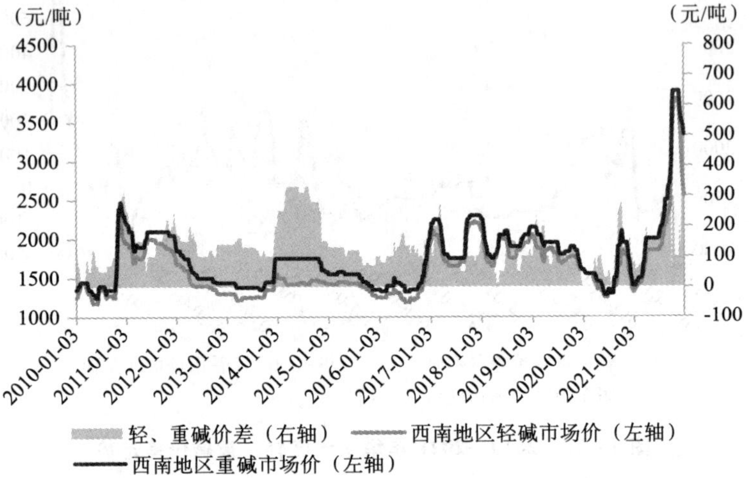

图 4 -27　2010—2021 年西南地区轻、重碱价差走势

资料来源：Wind、光大期货研究所。

6. 西北地区轻、重碱价格走势及价差对比

西北地区轻、重碱价格多以出厂价计，二者相关系数达到 99.2%。在 2019—2021 年的 3 年时间里，西北地区轻、重碱价差波动范围在 0 ~460 元/吨区间波动（见图 4 -28）。

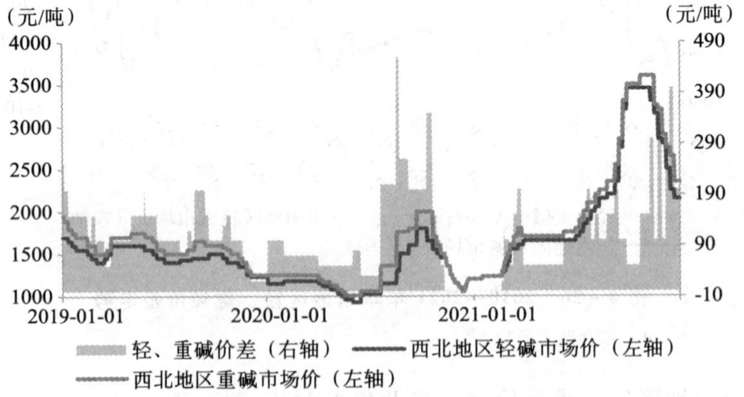

图 4 -28　2019—2021 年西北地区轻、重碱价差走势

资料来源：Wind、光大期货研究所。

六、影响纯碱现货价格的主要因素有哪些?

影响纯碱价格变化的因素较多，但决定性因素仍是其自身的供需格局。除此之外，宏观经济、国家政策、行业上下游产品价格及市场情况、市场主体心理变化等，都直接或间接地作用于纯碱行业的供需变化，进一步影响纯碱价格。

(一) 宏观经济周期

任何商品的价格波动都离不开经济运行周期的影响。通常来说，大宗商品价格的周期性波动常与宏观经济周期呈现一定的相关性，尤其是对经济波动敏感的品种，其与宏观经济的关系更为密切。在宏观经济运行良好的条件下，随着投资和消费的增加，社会总需求增加，商品价格会呈现不断攀升的趋势；反之，在宏观经济走弱的背景下，投资和消费减少，社会总需求下降，商品价格往往呈现出下滑态势。

纯碱作为化工原料之母，其价格对经济周期反映比较明显。通常来说，宏观经济决定商品的价格趋势，只要把握住经济周期运行阶段，大致就可以理解纯碱价格所处的位置，也能够进一步判断纯碱价格的波动周期。从过去15 年纯碱现货价格变化周期来看，每次经历一轮完整涨跌需要 3 ~5 年时间，2006 年以来已经历了 5 轮价格涨跌周期，分别为：

(1) 2006—2008 年底：三年周期，两年上涨、一年下跌；

(2) 2009—2012 年底：四年周期，两年上涨、两年下跌；

(3) 2013—2015 年底：三年底部震荡行情；

(4) 2016—2020 年年中：四年半周期，两年上涨、两年半下跌；

(5) 2020 年年中—2021 年底：上涨周期中。

2006—2021 年纯碱现货价格周期情况见图 4 -29。

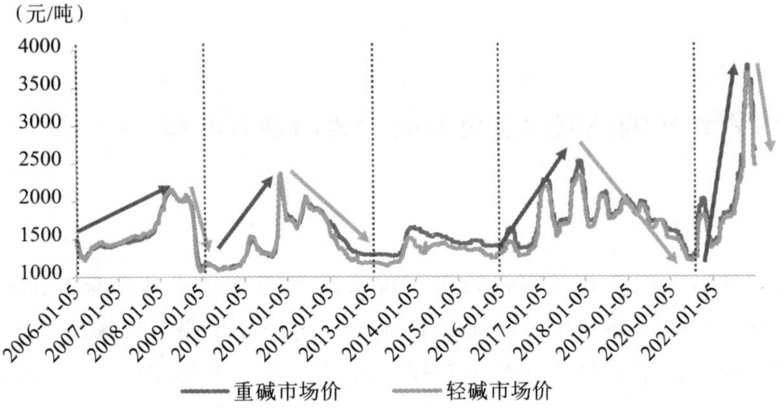

图 4－29　纯碱现货价格周期情况

资料来源：Wind、光大期货研究所。

除了经济本身的增长和衰退运行周期外，一些突发性的黑天鹅事件对纯碱价格也有较大的影响。2008 年金融危机导致纯碱的市场价格在短期内迅速下跌，即在短短四个月内，价格从 2000 元/吨以上跌至 1100 元/吨附近。类似的情形还有，2011 年欧债危机导致纯碱市场价格再次从 2000 元/吨以上跌至 1300 元/吨（重质纯碱）及 1200 元/吨附近（轻质纯碱）。除此之外，2018 年中美贸易摩擦及 2020 年公共卫生事件、国际地缘冲突等突发事件也都给国内大宗商品市场带来巨大冲击，纯碱价格也受到不同程度的影响。

另外，CPI 指数、PPI 指数、国家货币政策和财政政策、社融数据等也会对纯碱期货所处的金融市场环境产生较大影响，从而影响纯碱期货价格的市场心态和对未来的预期。

（二）政策调控

相关政策因素主要包括国家及行业相关的政策和法律法规，如税收政策、货币政策、财政政策、利率政策、汇率政策等。在其他条件不变的情况下，国家在某一阶段可能会执行宽松的货币政策，增加货币的投放，实行低利率政策；或实行积极的财政政策，减少税收，鼓励消费，增加市场需求等。这都可能引发商品价格上涨，所以纯碱价格也可能随之上涨。反之，国家减少货币的投放，增加税收，实行高利率政策等也可能引起价格的下降。此外，税收政策、汇率政策在一定程度上也会引起国内商品价格水平的变动。

此外，国家相关政策中，电价政策、运输政策等也会对纯碱价格产生影响。例如，2015 年国家全面推行工商业用电同价，致使国内纯碱企业生产成本大幅增加。2016 年 9 月 21 日起《超限运输车辆行驶公路管理规定》施行后，纯碱的汽运成本就相应增加了。2017 年，部分铁路局运输线路优惠政策取消，铁路运输成本上浮明显，改变了青海纯碱向国内其他区域调货的轨迹，华北、西南等多地受到西北货源的冲击，国内纯碱供需格局发生变化，进而导致纯碱市场价格的变化。

1. 纯碱产业政策梳理——产能及环保类（见表 4－2）

表 4－2　　纯碱产业政策梳理（一）

序号	政策名称	发布日期	内容摘要
1	纯碱工业污染物排放标准	2005 年 3 月发布征求意见稿	对大气污染物排放指标、水污染物排放指标、颗粒物排放指标等要求严格，排放标准和现在执行的标准有很大差别
2	“发改委三条建议”	2005 年 10 月	加强宏观调控，控制纯碱产业发展速度，实行准入制度，执行严格的环保和能耗标准，有效控制产业规模；鼓励纯碱企业重组联合，包括同行业联合，与上下游企业联合等形式
3	促进产业结构调整暂行规定	2005 年 12 月	规定 100 万吨/年以下氨碱装置属于限制发展类；规定 30 万吨/年以下联碱装置属于限制发展类
4	关于加强纯碱工业建设管理促进行业健康发展的通知	2006 年 1 月	要求严格控制纯碱新增产能，对不能实现与原盐自给的扩建和新建项目停止审核；对东部和中部地区不能实现碱渣综合利用的新建氨碱项目停止审核；对没有全面达到国家相关标准和设计指标的企业的扩建、新建项目不予审核
5	“十一五”规划	2006 年	2007 年以后不支持新建项目和单纯以增加产量为主要目的扩建项目；限制 60 万吨/年以下的纯碱项目的建设，严控新增产能

续表 1

序号	政策名称	发布日期	内容摘要
6	石化产业调整和振兴规划细则	2009 年 5 月	严格控制甲醇、烧碱、纯碱等产能过剩行业项目建设和炼油乙烯项目新布点。对于没有完成小炼油等落后生产装置关停并转任务的地区，禁止建设新增产能的项目
7	清洁生产标准 纯碱行业（HJ 474—2009）	2009 年 10 月 1 日实施	规定了在达到国家和地方污染物排放标准的基础上，根据当前的行业技术、装备水平和管理水平，提出了纯碱生产企业清洁生产的一般要求
8	纯碱行业清洁生产推行方案	2010 年 2 月	1. 到 2012 年，力争 50% 氨碱企业采用“氨碱厂白泥用于锅炉烟气湿法脱硫技术”，并实现与行业外企业合作。“联碱不冷碳化技术”应用产能提高到 100 万吨。20% 的天然气造气联碱企业采用“回收锅炉烟道气 CO_2 生产纯碱技术”。“干法蒸馏技术”应用产能提高到 160 万吨。“外冷变换气制碱清洗工艺”应用产能提高到 100 万吨 2. 到 2012 年，争取氨碱生产的蒸氨废渣的综合利用水平提高到 10% 左右，氨耗降到 3 ~ 4 公斤/吨；联碱废水平均排放量减少到 2 立方米/吨以下，氨耗降到 340 ~ 350 公斤/吨。减排废渣 16 万吨，减少氨消耗 9.56 万吨，减少废水排放 1734 万立方米
9	纯碱行业准入条件（工业和信息化部公告工产业〔2010〕第 99 号）	2010 年 5 月	对产业布局、规模与技术装备、节能降耗、环境保护提出新的要求。主要内容有： 1. 产业布局 （1）新建和扩建纯碱生产企业，厂址应靠近工业盐、石灰石、能源、天然碱资源所在地。 （2）中东部地区、西南地区不再审批新建、扩建氨碱项目，不再审批不靠近能源产地、没有能保证原盐全部自给的自备盐场，也不再审批不靠近纯碱和氯化铵市场或交通运输不便的新建、扩建联碱项目。 （3）西北地区不再审批新建、扩建联碱项目，也不再审批不靠近能源、原料、水源，没有渣场基底防渗、防漏，没有全面实现碱渣综合利用的新建、扩建氨碱项目

续表 2

序号	政策名称	发布日期	内容摘要
9	纯碱行业准入条件（工业和信息化部公告工产业〔2010〕第99号）	2010年5月	2. 规模与技术装备 新建、扩建纯碱项目应符合下列规模要求：氨碱厂设计能力不得小于120万吨/年，其中重质纯碱设计能力不得小于80%。联碱厂设计能力不得小于60万吨/年，其中，重质纯碱设计能力不得小于60%，必须全部生产干氯化铵。天然碱厂设计能力不得小于40万吨/年，其中重质纯碱设计能力不得小于80%。 3. 节能降耗 新建、扩建纯碱项目应达到以下能耗、消耗要求： （1）氨碱法：轻质纯碱综合能耗小于等于370千克标准煤/吨碱，氨耗小于等于3.5千克/吨碱，盐耗小于等于1500千克/吨碱（不含海水化盐）。 （2）联碱法：双吨综合能耗小于等于245千克标准煤，氨耗小于等于340千克/吨碱，盐耗小于等于1150千克/吨碱。 （3）天然碱法：综合能耗小于等于550千克标准煤/吨碱。现有的纯碱生产企业应在2015年底以前达到上述要求。 4. 环境保护 （1）新建、扩建的纯碱项目，应同步建设完善的环保设施，废渣排放达到GB 18599—2001的要求，废液排放达到GB 8978—1996的要求、废气排放达到GB 16297—1996的要求。新建、扩建氨碱法纯碱生产企业的碱渣综合利用率应达到20%以上。 （2）新建、扩建的纯碱项目，应达到国家发展改革委公布的《纯碱行业清洁生产评价指标体系》中的“清洁生产先进企业”水平以及《清洁生产标准　纯碱行业》（HJ 474—2009）的要求。 （3）新建、扩建的纯碱项目，水循环利用率应达到95%以上。 （4）新建、扩建的纯碱项目，凡有自备电厂的，应有完善的脱硫装置，并达到国家标准（GB 13223—2003）的要求。现有纯碱生产企业应在2015年底以前达到上述要求

续表 3

序号	政策名称	发布日期	内容摘要
10	纯碱行业“十二五”专项规划	2011 年 7 月	1. 发展的重点方向 (1) 坚持总量控制，严格新上项目。 (2) 鼓励自主创新，推广应用“节能减排”新技术。 (3) 提高纯碱产品质量，增加重质纯碱和干铵比例。“十二五”期间，通过产品结构调整，争取重质纯碱产能和干燥氯化铵产能分别达到总能力的 50% 以上 2. 主要任务 (1) 控制纯碱产品总量，保持纯碱供需基本平衡。到 2015 年，控制纯碱生产能力在 3000 万吨以内，氯化铵生产能力在 1500 万吨以内。 (2) 控制氨碱、联碱产能按合理比例发展。进一步降低能耗，减少废液废渣排放 (3) 增加出口。到 2015 年力争纯碱出口达到 250 万吨 (4) 鼓励氯化铵直接施肥，研究开发氯化铵造粒技术，研制大型氯化铵造粒设备。努力扩大氯化铵出口，同时开展对氯化铵分解、改性、深加工的研究 (5) 进一步降低消耗，降低成本，提高纯碱的市场竞争力。规划到 2015 年用氨碱法时：轻质纯碱综合能耗不高于 400 千克标准煤/吨碱，氨耗不高于 4.5 千克/吨碱，盐耗不高于 1500 千克/吨碱（不包括海水含盐），淡水循环利用率达到 95% 以上。2015 年用联碱法时：轻质纯碱综合能耗不高于 245 千克标准煤/吨碱，氨耗不高于 345 千克/吨碱，盐耗不高于 1200 千克/吨碱，水循环利用率达到 95% 以上。2015 年用天然碱法时：轻质纯碱综合能耗不高于 550 千克标准煤/吨碱，水循环利用率达到 95% 以上
11	纯碱单位产品能源消耗限额	2012 年 12 月 31 日发布 2013 年 10 月 1 日实施	规定了现有纯碱装置和新建纯碱装置纯碱单位产品能源消耗限额

续表 4

序号	政策名称	发布日期	内容摘要
12	纯碱行业“十三五”发展规划（草案）	2016 年	重点任务： 1. 纯碱总产能回落到 2800 万吨以内。西部地区不宜再建的纯碱装置，沿海、沿江距离出口市场近的企业通过多种途径扩大出口量，保持国内市场稳定 2. 现有纯碱企业有关消耗应达到以下指标： （1）氨碱法生产企业。轻质纯碱综合能耗不高于 370 千克标准煤/吨，氨耗不高于 3.5 千克/吨，盐耗不高于 1490 千克/吨（折百，不包括海水含盐），工业用水重复利用率达到 95% 以上 （2）联碱法生产企业。轻质纯碱综合能耗不高于 200 千克标准煤/吨，氨耗不高于 335 千克/吨，盐耗不高于 1140 千克/吨（折百），工业用水重复利用率达到 95% 以上 （3）天然碱法生产企业。轻质纯碱综合能耗不高于 540 千克标准煤/吨，工业用水重复利用率达到 95% 以上 （4）氨碱工业废弃物综合利用率达到 20% 以上，锅炉大气污染物严格执行 GB 13271—2014 排放标准，全行业达到纯碱行业清洁生产标准（HJ 474—2009）中的一级标准 3. 通过资源整合，淘汰落后产能，提高行业集中度，力争前 10 家纯碱企业集团的产量占总产量的比例达到 75% 以上，形成以大企业为主导的行业格局 4. 力争纯碱出口量保持在 200 万吨/年以上，农用氯化铵的出口量达到 100 万吨/年以上，工业氯化铵的出口量达到 15 万吨/年以上
13	关于石化产业调结构促转型增效益的指导意见	2016 年 8 月	努力化解过剩产能。严格控制尿素、磷铵、电石、烧碱、聚氯乙烯、纯碱、黄磷等过剩行业新增产能，相关部门和机构不得违规办理土地（海域）供应、能评、环评和新增授信等业务，对符合政策要求的先进工艺改造提升项目应实行等量或减量置换。未纳入《石化产业规划布局方案》的新建炼化项目一律不得建设

续表 5

序号	政策名称	发布日期	内容摘要
14	产业结构调整指导目录（2019年版本）	2019 年 11 月	新建纯碱（井下循环制碱、天然碱法除外）、烧碱（废盐综合利用的离子膜烧碱装置除外）、30 万吨/年以下硫磺制酸（单项金属离子≤100ppb 的电子级硫酸除外）、20 万吨/年以下硫铁矿制酸、常压法及综合法硝酸、电石（以大型先进工艺设备进行等量替换的除外）、单线产能 5 万吨/年以下的氢氧化钾生产装置
15	中华人民共和国工业和信息化部公告 2020 年第 27 号	2020 年 6 月	1. 自本公告发布之日起，《纯碱行业准入条件》（工业和信息化部公告工产业〔2010〕第 99 号）予以废止 2. 鼓励相关行业组织充分发挥作用，加强行业自律，维护市场公平秩序，引导监督企业规范发展
16	“十四五”节能减排综合工作方案	2022 年 1 月	1. 到 2025 年，全国单位国内生产总值能源消耗比 2020 年下降 13.5%，能源消费总量得到合理控制，化学需氧量、氨氮、氮氧化物、挥发性有机物排放总量比 2020 年分别下降 8%、8%、10% 以上、10% 以上 2. 实施节能减排重点工程 在重点行业绿色升级工程中，以钢铁、有色金属、建材、石化化工等行业为重点，推进节能改造和污染物深度治理。“十四五”时期，规模以上工业单位增加值能耗下降 13.5%，万元工业增加值用水量下降 16%。到 2025 年，通过实施节能降碳行动，钢铁、电解铝、水泥、平板玻璃、炼油、乙烯、合成氨、电石等重点行业产能和数据中心达到能效标杆水平的比例超过 30%
17	高耗能行业重点领域节能降碳改造升级实施指南（2022年版）	2022 年 2 月	工作目标：到 2025 年，纯碱领域能效标杆水平以上产能比例达到 50%，基准水平以下产能基本清零，行业节能降碳效果显著，绿色低碳发展能力大幅增强
18	“碳达峰、碳中和”政策	2020 年 9 月首次提出	2030 年实现“碳达峰”，2060 年实现“碳中和”

综合以上纯碱行业历年政策来看，大多涉及环保及其对产能方面的影响，是通过调节供给端的产能水平及能耗指标、优化纯碱行业产能结构、调

整行业产能利用率等方式来对纯碱供需格局产生的，进而达到提升价格或抑制价格的效果。

2. 纯碱产业政策梳理——税收及进出口类

（1）增值税政策

中国纯碱行业增值税政策在 2007—2017 年内无变动，增值税率为 17%，处于一般化工商品正常税率范围内。根据财政部和国家税务总局的通知，从 2018 年 5 月 1 日起，纳税人发生增值税应税销售行为或者进口货物，原适用税率为 17% 的，调整为 16%。2019 年 4 月 1 日起，纳税人发生增值税应税销售行为或者进口货物，原适用 16% 税率的调整为 13%。

增值税是价外税，不计入企业的成本计算过程，所以对企业的盈利水平没有影响，但是企业的销项税会因此降低，实际缴纳的税金会减少，税负率会降低，对于企业的现金净流量有一定的好处。

（2）出口退税政策

2009 年 3 月 27 日，财政部和国家税务总局发布《关于提高轻纺电子信息等商品出口退税率的通知》，明确从 2009 年 4 月 1 日起，将纯碱的出口退税率由 0 调整到 9%。2018 年 10 月 22 日，发布《关于调整部分产品出口退税率的通知》，其中，纯碱的出口退税率由 9% 调整到 10%。我国财政部、税务总局 2020 年 3 月 17 日发布消息，自 2020 年 3 月 20 日起，将碳酸钠（纯碱）产品出口退税率提高至 13%。

按照国内纯碱出口主流 FOB 价格在 195 ~ 210 美元/吨区间的计算，出口退税率每提升 1%，相当于给企业补贴约 2 美元/吨。出口退税率的提升可帮助纯碱企业降低成本，提升国内纯碱国际市场竞争力。

3. 纯碱产业政策梳理——平板玻璃及新能源类（见表 4 – 3）

表 4 – 3　　纯碱产业政策梳理（二）

序号	政策名称	发布/实施日期	内容摘要
1	关于促进平板玻璃工业结构调整的若干意见	2006 年 11 月	平板玻璃总产能应控制在 5.5 亿重量箱，其中，浮法玻璃比重达到 90% 以上，优质浮法与特殊品种比例达到 40%，玻璃深加工率达 40% 以上，综合能耗下降 20%，前 10 位玻璃企业集中度提高到 70%

续表1

序号	政策名称	发布/实施日期	内容摘要
2	关于调低部分商品出口退税率的通知	2007年6月	玻璃及其制品的出口退税率由13%下调至5%
3	平板玻璃行业准入条件	2007年9月10日起实施	严格限制东部沿海和中部地区新上平板玻璃项目，新建浮法线应主要依托现有国家重点支持的大型企业集团，新建或改建平板玻璃生产线熔窑规模应在500T/D以上（超薄线除外）
4	节能减排统计监测及考核实施方案和办法	2007年11月	将能耗降低和污染减排完成情况纳入社会发展综合评价体系，作为政府领导干部综合考核评价和企业负责人业绩考核的重要内容
5	关于抑制部分行业产能过剩和重复建设引导产业健康发展的若干意见	2009年9月	重点提到平板玻璃行业存在的重复建设和产能过剩问题，明确下一步产业政策导向，提出了坚决抑制产能过剩和重复建设的9条对策措施。2010年将对在建的平板玻璃项目和未开工项目进行认真清理
6	平板玻璃行业准入公告管理暂行办法	自2010年1月10日起实施	对尚未达到平板玻璃行业准入条件的原有企业或生产线，应制订达标规划，并通过大修、技改逐步完善、提高，以促进企业转型和升级。对《平板玻璃行业准入条件》实施后新建投产和在建项目，必须达到准入条件，逾期不达标的，新建项目不得投产，已投产的应当停产整改。各省市工业主管部门会同省级相关部门，对达标企业每年进行一次检查。未达标企业不得参与政府采购和招投标，银行不再给予新的信贷支持

续表2

序号	政策名称	发布/实施日期	内容摘要
7	绿色建筑行动方案	2013年1月	《绿色建材产品目录》编制工作也随《绿色建筑行动方案》全面启动。该方案引导绿色建材产业发展，促进建材工业结构调整，该目录对引导建材行业循环发展、绿色发展、低碳发展方向有重要的意义
8	部分产能严重过剩行业产能置换实施办法的通知（工信部产业〔2015〕127号）	2015年4月（2017年12月31日过期）	严禁钢铁、水泥、电解铝、平板玻璃行业新增产能。新（改、扩）建项目产能置换指标，须为2013年及以后列入工业和信息化部公告或省级人民政府完成任务公告的企业淘汰产能（不含各地列入明确压减范围的钢铁产能）。已超过国家明令淘汰期限的落后产能，不得用于产能置换
9	京津冀及周边地区2017—2018年秋冬季大气污染综合治理攻坚行动方案	2017年11月（此后每年冬季均出台相关行动方案）	2017年10月至2018年3月，京津冀大气污染传输通道“2+26”城市PM2.5平均浓度同比下降15%，重污染天数同比下降15%以上。同时，钢铁有色水泥行业全面限产停产，采暖季时唐山等城市钢铁限产50%，电解铝和氧化铝企业限产30%以上，水泥建材全部停产
10	钢铁水泥玻璃行业产能置换实施办法的通知（工信部原〔2017〕337号）	2017年12月发布，2018年1月1日起施行	1. 严禁备案和新建扩大产能的水泥熟料、平板玻璃项目。确有必要新建的，必须实施减量或等量置换，制定产能置换方案。依托现有装置实施治污减排、节能降耗等技术改造项目，在不新增产能的情况下可不制定产能置换方案。新建工业用平板玻璃项目，熔窑能力不超过150吨/天的，可不制定产能置换方案 2. 位于国家规定的环境敏感区的平板玻璃建设项目，需置换淘汰的产能数量按不低于建设项目的1.25倍予以核定，其他地区实施等量置换

续表 3

序号	政策名称	发布/实施日期	内容摘要
11	水泥玻璃行业产能置换实施办法的通知（工信部原〔2021〕80 号）	2021 年 7 月发布，自 2021 年 8 月 1 日起施行。《水泥玻璃行业产能置换实施办法》（工信部原〔2017〕337 号）同时废止	1. 严禁备案和新建扩大产能的水泥熟料、平板玻璃项目。确有必要新建的，必须制定产能置换方案，实施产能置换 2. 下列情形可不制定产能置换方案： （1）依托现有水泥窑和玻璃熔窑实施治污减排、节能降耗、协同处置、提升装备水平等不扩大产能的技术改造项目 （2）熔窑能力不超过 150 吨/天的新建工业用平板玻璃项目 （3）光伏压延玻璃项目可不制定产能置换方案，但要建立产能风险预警机制，规定新建项目由省级工业和信息化主管部门委托全国性的行业组织或中介机构召开听证会，论证项目建设的必要性、技术先进性、能耗水平、环保水平等，并公告项目信息，项目建成投产后企业履行承诺不生产建筑玻璃。 3. 存在下列情形之一的，不能用于产能置换： （1）已超过国家明令淘汰期限的落后产能，已享受产能退出补贴的生产线 （2）2013 年以来，连续停产两年及以上的水泥熟料、平板玻璃生产线产能 4. 产能置换比例：位于国家规定的大气污染防治重点区域实施产能置换的水泥熟料和平板玻璃建设项目，产能置换比例分别不低于 2:1 和 1.25:1；位于非大气污染防治重点区域的水泥熟料和平板玻璃建设项目，产能置换比例分别不低于 1.5:1 和 1:1
12	促进光伏产业健康发展的若干意见（国发〔2013〕24 号）	2013 年 7 月	发展目标：2013—2015 年，年均新增光伏发电装机容量 1000 万千瓦左右，到 2015 年总装机容量达到 3500 万千瓦以上

续表 4

序号	政策名称	发布/实施日期	内容摘要
13	光伏制造行业规范条件（2021 年本）	2021 年 3 月 11 日发布，2021 年 3 月 15 日起实施	新建和改扩建多晶硅制造项目，最低资本金比例为 30%，其他新建和改扩建光伏制造项目，最低资本金比例为 20% 光伏制造企业应具备：每年用于研发及工艺改进的费用不低于总销售额的 3%，且不少于 1000 万元人民币，鼓励企业取得省级以上独立研发机构、技术中心或高新技术企业资质；申报符合规范名单时上一年实际产量不低于上一年实际产能的 50%
14	推进多式联运发展优化调整运输结构工作方案（2021—2025 年）	2022 年 1 月	到 2025 年，多式联运发展水平明显提升，基本形成大宗货物及集装箱中长距离运输以铁路和水路为主的发展格局，京津冀及周边地区、长三角地区、粤港澳大湾区等沿海主要港口利用疏港铁路、水路、封闭式皮带廊道、新能源汽车运输大宗货物的比例力争达到 80%
15	国家发展改革委等部门关于《进一步提升电动汽车充电基础设施服务保障能力的实施意见》	2022 年 1 月	新建社区：确保固定车位 100% 建设充电设施或预留安装条件 既有居住社区：充电设施建设改造，居住社区要配建一定比例的公共充电车位 实现电动汽车充电站“县县全覆盖”、充电桩“乡乡全覆盖”。到“十四五”末期，满足超过 2000 万辆电动汽车充电需求
16	绿色交通“十四五”发展规划	2022 年 1 月	加快推进城市公交、出租、物流配送等领域新能源汽车推广应用，国家生态文明试验区、大气污染防治重点区域新增或更新的公交、出租、物流配送等车辆中新能源汽车比例不低于 80%。鼓励开展氢燃料电池汽车试点应用
17	“十四五”节能减排综合工作方案	2022 年 1 月	到 2025 年，新能源汽车新车销售量达到汽车新车销售总量的 20% 左右

2015 年以来，国家对平板玻璃行业的政策变化在一定程度上限制了过去几年纯碱消费端的增长幅度。同时，近两年，国家对光伏及新能源板块的

政策支持又导致光伏玻璃、碳酸锂、新能源车等行业迎来重大利好，使光伏玻璃及新能源板块成为纯碱需求端的最大增量市场，不但促进了纯碱消费端的快速增长，还使纯碱行业供需格局转向紧平衡甚至阶段性的供不应求。

（三）环保因素

2015 年以来，环保政策越来越严格，对纯碱行业供求两端均产生了广泛影响。在供给方面，受环保因素影响，纯碱企业停车检修、改造升级等情况逐渐增多，供应出现紧张局面。在需求方面，平板玻璃、洗涤剂、日用玻璃等行业的环保监察力度趋严，去产能速度加快，其他纯碱下游行业开工也受到影响，致使纯碱需求端有所收缩。由于纯碱及其各个下游行业面临的环保政策的力度不同，对供求两端产生的影响力度也有所差异，可能造成纯碱价格在短期内出现较大幅度的波动。

例如，2016 年以来的供给侧结构性改革、2019—2020 年山东省两家纯碱生产企业均存在碳排放指标受限问题，导致纯碱产量降低；2021 年能耗“双控”、限电等涉及江苏等多个纯碱主产地区，市场供应短期大幅萎缩，同时期的纯碱价格也持续创出历史新高；同年年底，连云港碱业因缺乏碳排放指标而退出市场。所有这些都是环保政策给供给端带来的明显变化，都是影响纯碱价格波动的实例。

除此之外，我国氨碱法纯碱生产中也存在较大的环保矛盾，主要涉及废液和废渣的排放。氨碱法每生产 1 吨纯碱约排放 10 立方米废液和 300～350 千克的固体废渣。因此，氨碱法的生产工艺也受到国家环保部门的高度重视，如何在生产过程中减少废渣和废液的生成，对减轻我国环保压力意义重大。而对氨碱法生产工艺进行相应的政策限制，势必会影响纯碱的产量。

当然，需求端同样会受到环保因素的制约。例如，2016 年供给侧结构性改革以来，部分技术落后、能耗大、规模小的日用玻璃企业无法负担环保、能耗等整改要求的成本而逐步被淘汰；2017—2018 年受环保因素影响，轻碱下游“两钠”行业产能释放受限、生产水平下降、部分装置停产搬迁等都对轻碱下游产生较大影响。2017 年环保政策不断加强，脱硫脱硝、水处理等化工行业对轻碱下游产品小苏打用量稳步增加，促使此后三年行业产能产量快速扩张，提振轻碱用量。另外，味精行业 2018 年同样因大气环保核查导致重点厂区出现较长时间的停产或限产，导致轻碱需求快速萎缩。

重碱下游平板玻璃除了受到供给侧结构性改革约束之外，还经历了2017年开始的对京津冀大气污染传输通道的“2+26”城市反复督察，致使我国北方，尤其是河北沙河地区玻璃生产线数量在此后几年时间锐减50%以上，我国纯碱下游需求的增长速度也大受影响。

（四）供需格局

纯碱的实际供给和需求主要由纯碱及其下游行业的在产产能和开工率决定。对纯碱来说，年度产能变化频率相对较低，因此，对纯碱实际供应量影响的关键因素之一是行业生产水平，即开工率。我国纯碱行业产能利用率整体较高，企业开工率也普遍较高，通常波动范围处于70%~90%，极端时向上接近95%，向下接近60%（见图4-30）。

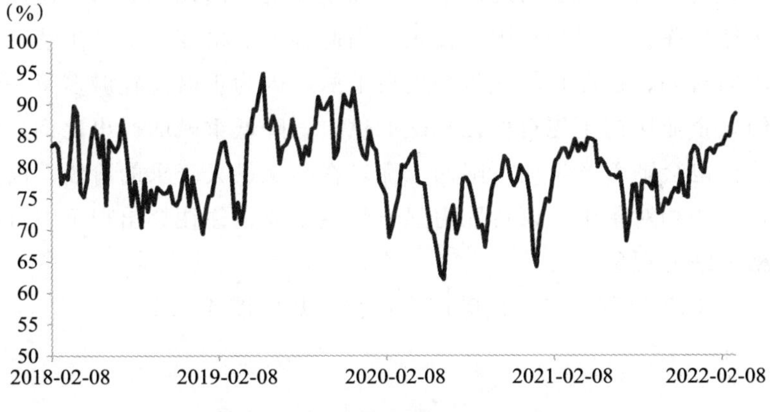

图4-30　中国纯碱行业开工率

资料来源：Wind、光大期货研究所。

除此之外，纯碱生产端的季节性也会导致供给水平在短时间内出现明显变化。纯碱生产属于放热反应，检修一般安排在夏季或是下游停工较多、需求不旺的春节期间。因此，在第二季度末、第三季度气温较高之时，有利于纯碱企业进行检修。此阶段纯碱行业开工率也会出现明显下滑，从而引起供给量明显下降，阶段性的供需失衡也会带动纯碱价格上涨。

2010—2021年中国纯碱月度产量情况见图4-31。

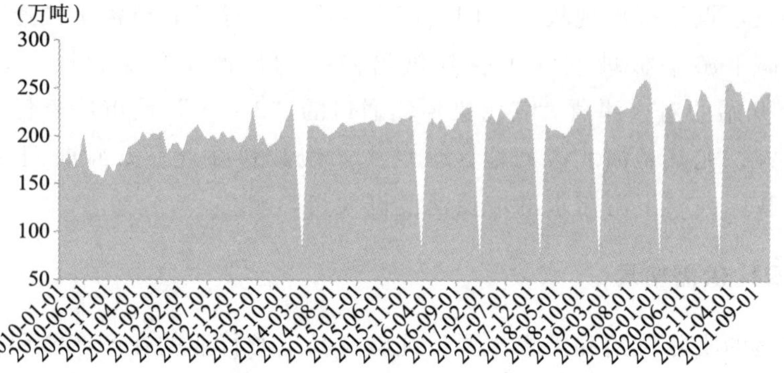

图 4-31　中国纯碱月度产量

资料来源：国家统计局、光大期货研究。

轻、重碱的生产比例调整阶段性也会影响二者的供需变化。由于二者下游各不相同，并且很少出现混用，在重质化率范围内，纯碱生产企业可以根据轻、重碱的价格和需求情况调节轻碱和重碱的产出比例。由于使用轻碱的企业很少储备库存，采购期限又较短，因此轻碱价格变化更为迅速。在纯碱供不应求的时期，往往是轻碱价格先行上涨。因为重碱比轻碱多了一道生产工序，纯碱企业倾向于先行保证轻碱的供应，降低重碱的产出比例，所以之后重碱价格也会随着产出的下降而上涨。在纯碱供大于求的阶段，由于平板玻璃企业产能相对集中，议价能力强于纯碱企业，往往会出现重碱价格先于轻碱价格下跌的现象。

2018—2022 年我国轻、重碱产量占比走势见图 4-32。

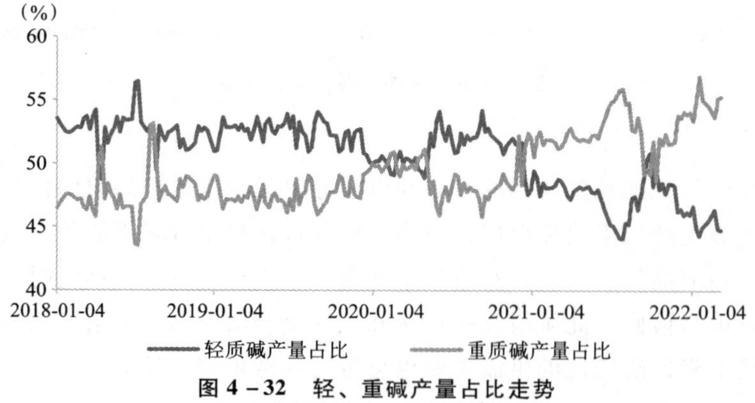

图 4-32　轻、重碱产量占比走势

资料来源：国家统计局、光大期货研究。

在长期供需格局中，行业产能的变化、企业开工率的波动、需求端的产能变化都将引起纯碱基本面出现明显波动。在2020年以前，纯碱绝大多数时间处于供应过剩局面中。2021年作为“十四五”规划的元年，国家开始大力发展新能源板块，并促进新、老基建行业并行发展，以老基建托底、新基建发力的政策导向为发展目标，纯碱需求端也出现了明显增长。而供给端经过国家供给侧结构性改革、能耗“双控”及环保督察、产能优化升级和出清，2021年以来行业产能开始出现负增长。近两年行业的供需格局变化使原本供大于求的格局逐步转向供需紧平衡乃至供不应求的局面，因此，纯碱价格也从2020年底开始出现中枢不断上移、价格不断创历史新高的局面。

未来5年至10年，纯碱行业已知的大型新增产能为内蒙古博源控股集团有限公司的天然碱项目，年产能为780万吨纯碱和80万吨小苏打。该项目一期工程为500万吨纯碱、40万吨小苏打；二期工程为280万吨纯碱、40万吨小苏打项目，预计2025年底建成。项目全部建成投产后，主要产品年产能包含重质纯碱702万吨、轻质纯碱78万吨、小苏打80万吨。

纯碱需求端占比较大的平板玻璃和光伏玻璃，其在产产能和产能利用率也主要取决于地产、汽车、光伏等行业的运行周期和国家政策。

平板玻璃需求的75%左右来自房地产，主要包含玻璃门窗、玻璃幕墙、室内装潢玻璃等。玻璃的安装主要处于房屋建造的收尾阶段，因此地产对玻璃需求的拉动主要体现在房地产竣工端。受地产行业周期性影响，2018年地产新开工面积同比增速17.29%，是过往几年新开工景气度的最高点，而房地产开工周期往往需要3年左右的时间，传导到竣工周期，则2021年竣工面积对应2018年地产新开工项目。在终端地产竣工面积大幅提升的拉动下，玻璃需求持续爆发，带动行业生产水平一路走高，带动玻璃行业对纯碱实际消耗量大幅提升。而地产新开工面积的下降，会在大约三年后对纯碱价格产生负反馈作用。

2014—2021年平板玻璃行业年度在产产能见图4－33。

除了传统平板玻璃行业，近几年新能源板块的大规模发展也促进纯碱需求提升，并通过改善纯碱供需格局而影响纯碱价格。光伏行业的发展刺激光伏玻璃的规模化投产，从而进一步抬高纯碱行业的长期增速。受国家对光伏板块大力支持的影响，国内光伏装机量在2020年重回高速增长期，全年新

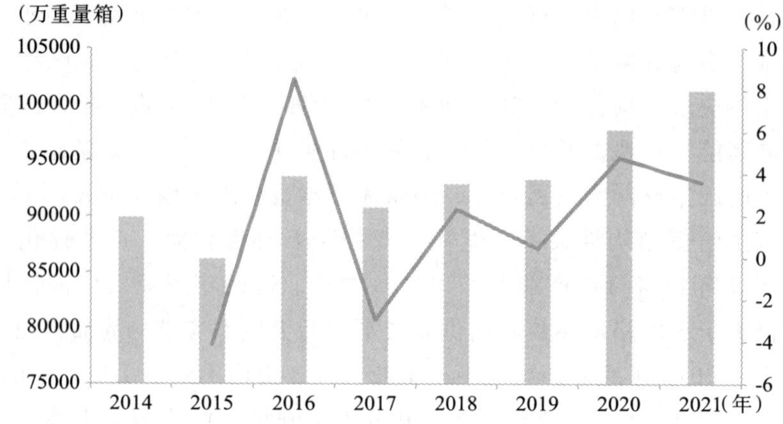

图 4－33　平板玻璃行业年度在产产能

资料来源：Wind、光大期货研究所。

增装机 48.2GW，同比增速回到 59.49%。而 2021 年全国光伏新增装机 54.88GW，为历年投产最多的一年。

从全球光伏产业链视角看，海外光伏市场在 2019 年就进入加速增长期，装机量达到 84.6GW，同比增长 44%。而我国已经牢牢占据全球光伏产业链龙头地位，在硅料、硅片、电池片和光伏玻璃的产量上占全球总产量分别达 67%、98%、83% 和 90%，国内产业链是主要的供应增量来源，头部企业将充分受益于光伏的长期发展。

2021 年光伏玻璃行业新增产能 1.37 万吨，以头部企业信义、福莱特、南玻等大型集团和企业增量较为明显。若按此推算，未来 1～2 年光伏玻璃的年度产能增长可达 40% 左右。单吨玻璃对纯碱的消费量平均在 0.2 吨，意味着光伏玻璃每年的增量将拉动 80 万～100 万吨的新增纯碱需求。但光伏玻璃行业目前规模尚不足以对纯碱供需格局产生颠覆性的影响，因此其对纯碱价格的影响也更多地停留在未来趋势和预期上。

轻质纯碱下游板块虽然对纯碱需求量不如重碱集中和稳定，但也会通过其自身行业周期性、政策、价格波动等对其行业生产水平产生影响。另外，由于轻碱下游客户群体以中小客户为主，轻碱经销占比更高，市场反应更为灵敏，因而纯碱厂家价格调整也更为灵活。轻碱价格出现变化之后，纯碱生产企业通常会根据轻、重碱的价格调整生产比例，随着企业生产比例的调节，二者市场供需情况也会有所变化，进一步对重碱价格产生影响。

（五）企业生产成本

商品的成本是决定商品价格的主要内容之一，通常包括生产成本、销售成本、存储成本、人工成本等。正常情况下，企业一般会通过增加产量来实现规模化经济，从而降低商品成本，进一步降低商品价格，而不断上涨的成本也会导致企业上调产品的销售价格。

在纯碱企业的生产成本中原燃料成本占比达到70%以上，因此，纯碱的主要生产成本取决于原料（原盐、石灰石、合成氨等）和燃料（煤炭、天然气）的价格。

原盐在纯碱成本中占比达到10%～25%。我国原盐供给相对充裕，市场价格长期保持低位和稳定，因此原盐价格变动对纯碱生产供应造成的影响有限。

石灰石是国家重点保护的矿产资源，在纯碱成本中占比达到10%～15%，由于石灰石应用范围颇为广泛，市场需求潜力较大，若石灰石价格抬升，将提升纯碱企业采购及生产成本，从而进一步影响纯碱价格。

煤炭在纯碱生产成本中占比为30%～40%，煤炭价格的上涨将提高纯碱企业生产成本，进而推高纯碱价格。天然气价格一方面与民用取暖季周期息息相关，另一方面与国家政策以及国际市场能源及天然气价格波动有强烈的联动性。

2020年以来，受全球公共卫生事件、地缘政治因素、国内环保趋严等影响，国内外原油、煤炭及天然气等能源价格的波动幅度扩大，从而影响纯碱企业的生产成本，进一步影响纯碱价格。除此之外，2011年、2016年和2017年都曾出现过因原材料价格大幅上涨，下游需求快速增长导致纯碱供应不足，价格大幅大涨的现象。

另外，人工、车辆及物流运输、销售及运营、水电，甚至是包装材料等资源，都构成了纯碱产品成本的一部分。在特殊时期，劳动力、车辆和司机的紧缺，使原材料的采购难度提升，物流运输受阻，这些都可能导致企业成本的提升，纯碱企业产品的综合成本提升也将增加成品的溢价幅度。

2016—2021年国内氨碱企业、联碱企业成本走势情况见图4－34。

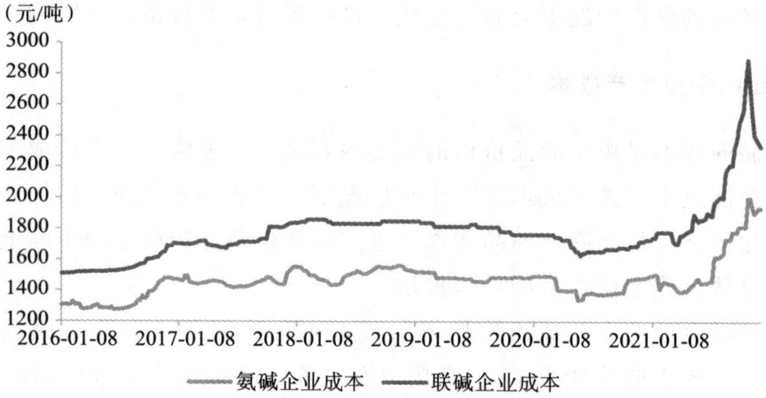

图 4-34 国内氨碱企业、联碱企业成本走势

资料来源：Wind、光大期货研究。

（六）企业利润

对于几乎所有大宗商品来说，利润都是商品价格的构成要素，在其他条件不变的情况下，利润的多少与商品价格的高低变化趋势是一致的，对于纯碱来说也不例外。从数据分析中可以得出结论：纯碱企业利润和现货价格的趋势基本一致，二者走势的相关性基本在90%以上。因此，在价格、成本、利润三者关系中，企业利润的变动主要受到纯碱价格波动影响，而受到成本波动影响则较小。

表 4-4 2019—2021 年企业利润和现货价格相关性分析结果

类别	氨碱利润	联碱利润
华北重质纯碱市场价	90.19%	88.93%
华中重质纯碱市场价	91.84%	91.36%

资料来源：Wind、光大期货研究所。

当纯碱企业利润过高之时，一方面会引起市场做空企业利润的意愿，另一方面则会引发中下游的抵触心态加强，从而引发产业链上下游利润的重新分配，进一步对纯碱价格施压。2021 年 9 月，玻璃价格率先下跌之时，纯碱价格仍处于高位坚挺状态，产业链利润逐步向纯碱生产企业集中，而玻璃企业利润则受到大幅挤压，此时便出现下游抵触、市场做空的纯碱利润意愿不断加强，11 月之后纯碱价格也进入了长达两个月的下跌之路。

（七）库存因素

库存往往是研究商品价格变化的一项重要参考指标，可以看作宏观供需格局变化的一项微观层面、短期、高频的变化指标。库存的变化不仅反映了终端需求的真实状况，还能够反映贸易端的交易心态，同时又对生产端的生产节奏起到一定程度的影响，因此纯碱库存对于判断未来纯碱价格走势具有关键性作用。

纯碱库存可以分为企业库存、社会库存、下游库存等，在研究库存与价格的关系时，要综合上、中、下游各个环节的综合库存来判断其对纯碱价格的影响。但由于社会库存和下游各企业原料库存统计较为复杂，行业数据分析多以企业库存为研究对象。

从纯碱库存与价格的关系来看，二者呈现明显的负相关。企业库存和纯碱现货价格走势负相关指数高达 70%～80%，这说明当企业库存累积时，纯碱现货价格有 70%～80% 的可能性会下调，而当企业库存下降时，同样有 70%～80% 的可能性价格会上调。企业 20%～30% 的不相关性则受行业开工率、实际产量、下游需求、宏观等其他因素影响。

纯碱库存与价格相关性分析见表 4－5 和图 4－35。

表 4－5　　2019—2021 年纯碱库存和价格关系一览表

类别	华中重质纯碱价格	沙河重质纯碱价格
企业库存	－79.84%	－67.64%
重碱库存	－74.63%	－69.10%

资料来源：Wind、光大期货研究所。

除了企业库存，纯碱产业链其他环节的库存综合变化，也会对价格的涨跌形成至关重要的影响。当企业库存和社会环节库存双双增加时，纯碱产业链总库存积压严重，但不同环节的库存变化幅度不同可能导致价格变动存在不同趋势。若贸易端库存增速大于生产端库存增幅，则说明贸易群体向终端出货不佳、需求疲弱，进一步导致纯碱价格承压。但库存之所以在贸易端积

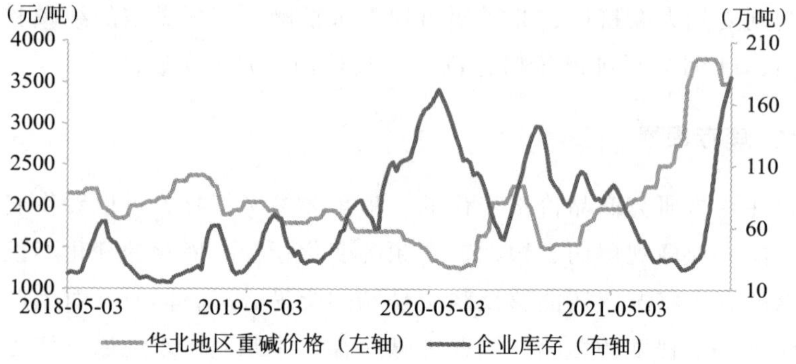

图 4-35 纯碱企业库存与华北地区重碱价格关系

资料来源：Wind、光大期货研究所。

压较多，可能是市场出现阶段性投机或套利机会，导致贸易群体主动囤货，市场价格也因此可能被推高，此类情况多数出现于春节、国庆等长假之前。2022 年春节之前纯碱价格的大幅上涨，便是贸易商囤货所为。但若贸易商环节库存累积幅度不及生产端库存累积程度，则说明生产端发货节奏放缓或者贸易商及中下游采购节奏放缓，市场压力多集中于生产企业，但贸易群体可能同样会出现出货不畅现象，侧面同样反映出需求疲弱，纯碱价格存下行风险。2020 年初行业企业库存不断创新高，货运发车不畅，中下游需求及采购不断萎缩，于是纯碱价格走出非常流畅的下跌行情。

当企业库存和社会库存变化趋势出现背离时，会衍生出更多价格变化的可能性。一方面，当纯碱价格持续走强，生产企业往往较为积极，而生产量一旦超过贸易群体的囤货量，则会导致生产企业库存大幅累积，且累积幅度很可能超过了贸易环节的库存消化量。此时，下游需求实质上已经开始出现萎缩，后期极有可能出现供大于求的格局，而纯碱价格也可能出现下行。此种情况通常体现为价格下跌的起点。

另一方面，当纯碱价格持续走弱时，若出现生产企业库存大幅累积、贸易环节库存出现缩减现象，则说明终端需求已经开始好转。此时需求端仍处于低迷状态，且企业可能采取降价去库等方式进行销售，从而导致生产企业库存向贸易环节转移，既拉低了纯碱的出厂价格，又使贸易环节库存在短期出现骤增，进一步导致纯碱的市场价格继续下行。此时，纯碱价格的继续下行则成为前期价格持续走弱后的延续。

以上情况的另一种可能性是，当纯碱价格持续走弱，并且出现生产企业库存大幅累积、贸易环节库存出现缩减现象，但厂家此时采取被迫检修、降负荷生产等方式，通过减少产出来进行降库，则可能导致后期供给端缩减幅度较大，出现阶段性供不应求，使纯碱价格触底回升，甚至上涨。此种情况通常是下跌行情的结束、上涨行情的起点，而后续价格走势的关键仍是供给端收缩的力度。2020 年第二季度纯碱价格便是此种情况，当时企业经历了库存持续累积并不断创新高，平板玻璃生产线集中放水冷修导致重碱需求持续萎缩等多方限制，纯碱价格也一度跌至 10 年来的新低。在经历大幅亏损之后，全行业于 2020 年 4 月中下旬被迫进入集中检修期，生产水平持续下降并于 6 月中旬达到近 60% 的绝对低位，同时，下游平板玻璃行业进入密集点火期，纯碱企业也进入稳步去库通道，价格于 7 月之后迎来拐点。

除此之外，重碱下游平板玻璃企业纯碱原料库存的高低，也决定着玻璃企业向纯碱企业或贸易商采购节奏的快慢，同样会对纯碱市场价格产生正向或负向反馈。

（八）进出口因素

进出口数量会影响阶段性纯碱供需格局，从而影响纯碱价格，而进出口价格也对国内纯碱价格具有一定的参考意义。

中国纯碱进口量占总需求的比重极小，出口量虽然在纯碱国际贸易中名列前茅，但年度出口占国内产能产量的比重也并不高。我国纯碱在国际贸易中缺乏定价权，多采用价格跟随策略。因此，国际纯碱价格的涨跌对于国内市场价格影响较小，但会在一定程度上影响纯碱上下游行业的心理预期。

（九）市场主体心理因素

生产企业、流通渠道和中下游企业在受到行业内部、宏观情况和政策等各个方面的影响后，可能会产生心理状态的改变，导致市场情绪波动，也可能会出现判断失误，从而做出抢购或者抛售行为。

市场心理因素对纯碱价格的影响通常处于快速、短期、不可持续的状态，例如：我国生态环境部召开纯碱企业环保问题座谈会，引发市场对纯碱供给端收缩的担忧，从而导致纯碱价格上涨；能耗“双控”引起市场对纯碱主产区供应的下降，从而产生担忧，导致价格上涨；工信部等召开玻璃行业运行座谈会，导致玻璃价格带动纯碱价格的大幅波动。这些都会对阶段性的纯碱价格产生较大影响。

（十）企业自身因素

通常来说，商品流通企业的经营活动必须建立在自身的资源禀赋上，所谓资源，是指商品流通企业所控制或拥有的有效要素的总和。商品流通企业的资源按其是否容易被辨识和评估来划分，可分为有形资源和无形资源。有形资源是指可见的，能量化的资产，如资金、设备等，包括财务资源、实物资源、组织资源、人力资源等。无形资源是指根植于商品流通企业的历史，长期积累下来的，不易被辨识和量化的资产，如企业的品牌、技术创新能力、信誉、商业机密等。而最重要的当属企业的核心竞争力，企业的核心竞争力是商品流通企业在可持续性的竞争优势中，将具有战略价值的资源进行整合、升华而形成的竞争力，包括人力资源、技术体系、管理体系、信息系统、企业价值观等。

七、影响纯碱期货价格的主要因素有哪些？

纯碱期货价格的波动同样受到以上各种影响现货价格波动因素的影响，但期货价格和现货价格对同一影响因素的反应通常存在时间差异。除此之外，纯碱期货价格还会受市场情绪、相关期货品种、成交量和持仓量、期现价差、远近合约价差等因素的影响。

（一）市场情绪

期货市场的资金和情绪，通常指的就是投机者的心理，一般来说，追涨杀跌是投机者普遍的心理。因此，当期货价格持续上涨时，赚钱效应会促使更多人买进，并且有些人还会进行实物投机，即买进货物后囤积起来。尽管这些购买者并非货物的真实需求者，但短期的囤货提升了阶段性的市场采购需求，可能加剧供不应求的局面。当期货价格下跌时，又会发生相反情况，甚至连纯碱真正的中下游用户也会降低采购和储备数量，从而加剧了供大于求的局面，图 4－36 就反映了这一情况。

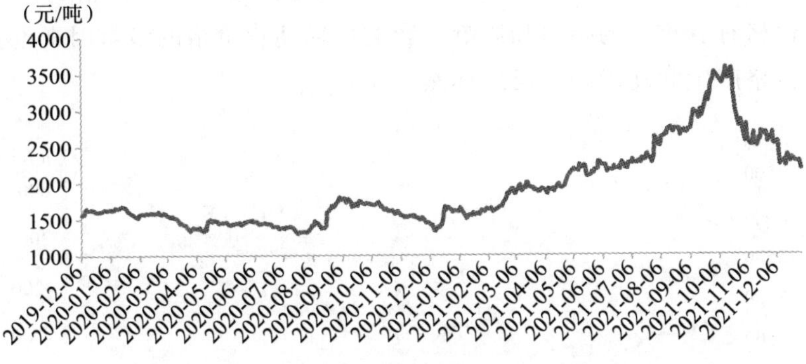

图 4－36　2019—2021 年纯碱期货主力合约价格走势

资料来源：Wind、光大期货研究所。

在商品牛市中，通常，一点点的利好也能刺激投机者买进，大量资金买入从而导致期货价格上涨；而在熊市中，人心思空，一些原本微不足道的利空也能引发资金做空，从而导致新一轮的下跌。

判断市场情绪的方法较多，除了单纯地看商品市场涨跌幅度以外，还可以参考一些宏观指标，例如美元指数、恐慌指数（VIX）等。以美元指数为例，通常，美元具有避险功能，当美元指数大幅上涨时，以美元计价的大宗商品价格往往会下跌；当美元指数下跌时，以美元计价的大宗商品价格表现则相对强势。除此之外，美元指数也能够反映美国经济状态，当美国经济快速增长时，以美元计价的大宗商品通常会出现同步涨跌的情况。除此之外，原油价格、黄金价格、商品指数等也都可以作为判断市场情绪的主要因素。

（二）相关期货品种

在期货市场上，与纯碱期货价格走势关联度最高的品种便是玻璃期货，而玻璃期货价格同样受宏观情况、政策、地产周期、其自身产业链供需存、资金情绪等影响，以上任何一种因素对玻璃期货价格的影响，都会大概率地对纯碱产生正向或者负向反馈。自 2019 年 12 月 6 日上市以来，纯碱期货价格与玻璃期货价格走势的相关度非常高。以纯碱期货和玻璃期货主力合约结算价计算，2019 年 12 月 9 日至 2021 年 12 月 31 日期间，二者相关系数达 66% 左右（见图 4－37），而在 2021 年上半年以前，纯碱期货和玻璃期货主力合约结算价的相关系数甚至高达 88%。因此，玻璃期货价格的走势对纯碱期货价格有着重要的指引和影响，影响玻璃期货价格的多数因素也会对纯碱期货价格产生联动影响；反之亦然。

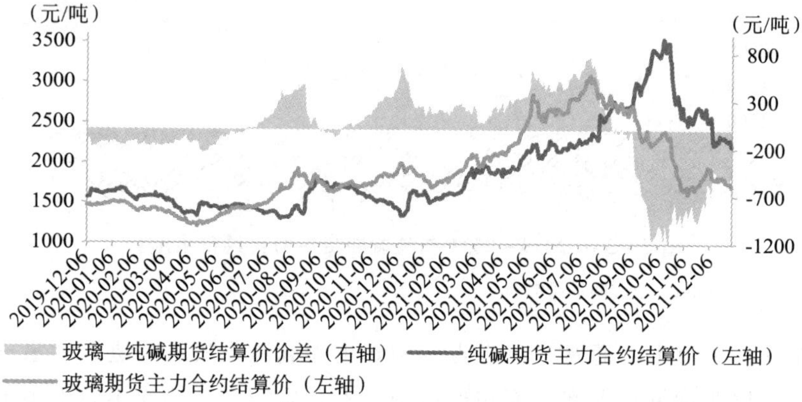

图 4－37　2019—2021 年纯碱、玻璃期货主力合约收盘价及价差走势

资料来源：Wind、光大期货研究所。

郑州商品交易所于 2020 年 5 月 8 日夜盘起推出玻璃期货、纯碱期货跨品种套利指令。套利指令推出后，纯碱期货市场活跃度大幅提升，成交量和持仓量都出现明显增加，纯碱和玻璃期货市场的资金沉淀也出现了质的提升。

除了玻璃期货品种以外，近两年国内期货市场受宏观经济、政策因素、国际市场等众多因素影响较大，因此，纯碱和其他品种，如原油、动力煤、螺纹钢等走势的关联度也进一步提升。数据显示，纯碱期货主力合约自上市以来，与原油期货主力合约走势的相关性达 78%，与螺纹钢期货主力合约走势的相关性达 77%，与动力煤期货主力合约走势的相关性达 86%。具体见图 4－38 ~ 图 4－40。

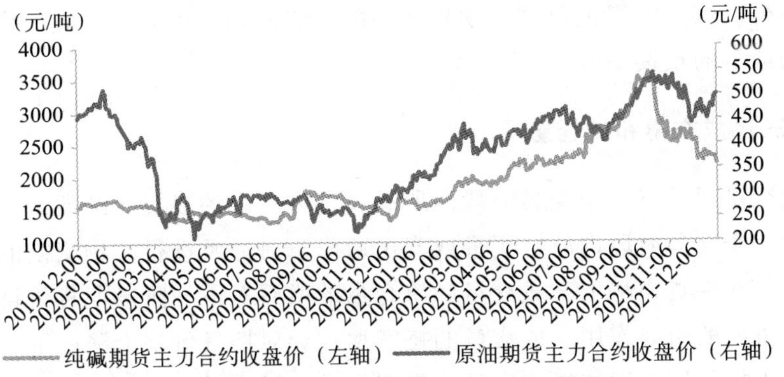

图 4-38　2019—2021 年纯碱期货和原油期货价格走势

资料来源：Wind、光大期货研究所。

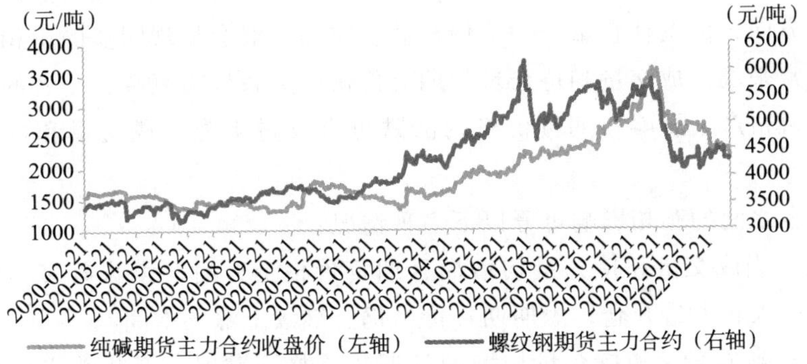

图 4-39　2019—2021 年纯碱期货和螺纹钢期货价格走势

资料来源：Wind、光大期货研究所。

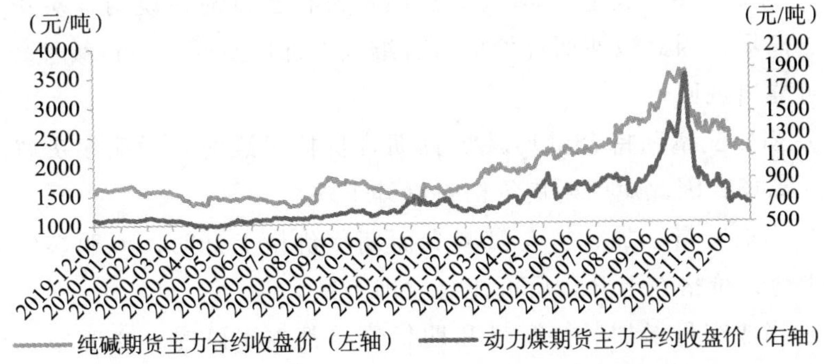

图 4-40　2019—2021 年纯碱期货和动力煤期货价格走势

资料来源：Wind、光大期货研究所。

另外，煤炭、黑色建材类期货品种的走势波动，也会对纯碱期货价格产生正向或负向反馈。

（三）成交量和持仓量

成交量通常指一个交易时段内所有买进或卖出的成交合约数量，持仓量则表示一个交易时段内所有买进或卖出后尚未对冲及进行实物交割的期货合约数量。在期货市场上，成交量和持仓量的增减对下一阶段期货价格的走势有至关重要的引导作用。成交量的持续增加会对期货价格上涨或下跌有资金方面的支撑作用，而如果持仓量也出现上升，说明投资市场对纯碱或某商品期货价格的后期上行或下行趋势存在较强信心。同时，成交量和持仓量也表明多空双方的外围资金注入或流出的走向，虽然它们不能直接指明市场价格的变化方向，但是持仓量与期货价格波动幅度一般会呈现明显的正相关。

通常来说，成交量和持仓量与期货价格的关系较为复杂，二者的变化会对期货价格产生影响，期货价格的涨跌也会反过来影响成交量和持仓量的变化。

三者之间的互相影响可分以下多种情况：

（1）当成交量和持仓量均增加且期货价格上升时，意味着多头资金正在持续流入和大量开仓，短期期货价格仍有继续上涨的空间。

（2）当成交量和持仓量均增加且期货价格下跌时，意味着空头资金正在持续流入和大量开仓，短期期货价格仍有继续下跌的动能。

（3）当成交量和持仓量均减少且期货价格上升时，说明空头资金在大量平仓、离场，因此短期期货价格虽有继续上涨的空间，但持续性较差，不久之后可能出现回落。

（4）当成交量和持仓量均减少且期货价格下跌时，说明多头资金在大量平仓、离场，因此短期期货价格将继续下跌。

（5）当成交量增加、持仓量减少而期货价格上升时，说明多空双方都在大量平仓，价格在上升之后可能会立即下跌。

（6）当成交量增加、持仓量和期货价格都在下跌时，说明空头资金正在利用多头平仓导致的价格下跌之时也进行平仓获利，期货价格可能转为反弹和回升；反之亦然。

自纯碱期货于 2019 年 12 月 6 日上市以来，成交量和持仓量在短期内都呈现快速增长的趋势，截至 2021 年底，纯碱期货主力合约日均成交量 45.48 万手（见图 4－41），日均持仓量 20.37 万手（见图 4－42），属于近两年期货市场上市的新品种中市场活跃度最高的品种之一。

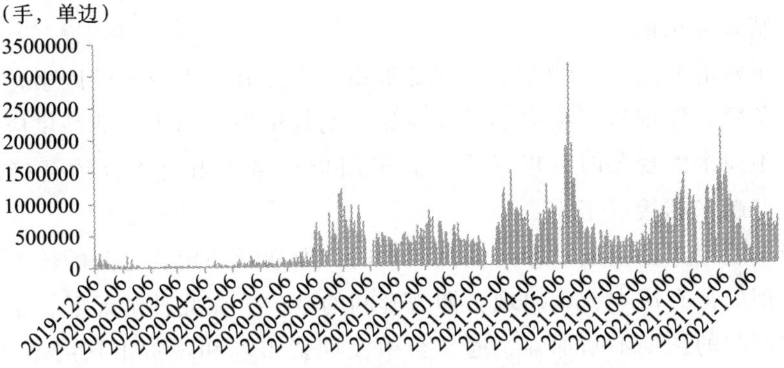

图 4－41　2019—2021 年纯碱期货主力合约成交量

资料来源：Wind、光大期货研究所。

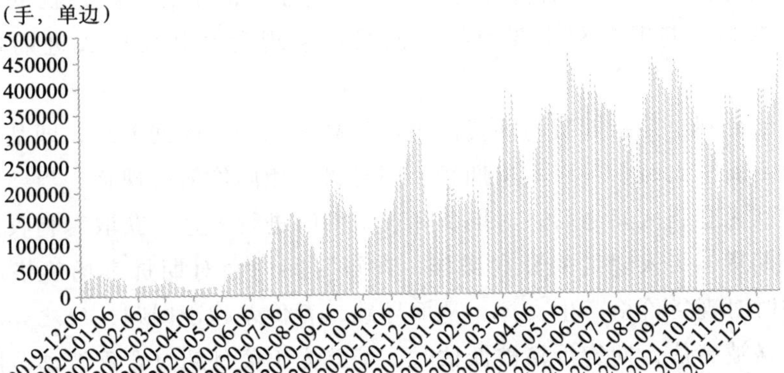

图 4－42　2019—2021 年纯碱期货主力合约持仓量

资料来源：Wind、光大期货研究所。

（四）期现价差

通常来说，基差是现货价格与期货价格的价格差。具体来说，基差是某一特定商品于某一特定的时间和地点的现货价格与期货价格之差。理论上，期货价格是商品未来的价格，现货价格是商品当下的价格，按照经济学上的同一价格理论，两者间的差距，即基差（基差 = 现货价格 - 期货价格）应该等于该商品的持有成本，如运输成本、质检成本、仓储成本、开具发票所增加的成本等。若现货价格低于期货价格，基差为负值；现货价格高于期货价格，基差为正值。

在正常的商品供求情况下，期货价格包含持有成本及风险因素，基差一般应为负数，即现货价格应小于该商品的期货价格。当市场商品供应出现短缺、供不应求的现象时，现货价格高于期货价格。当期货合约越接近交割期，基差越来越接近于零。

当基差偏离正常波动区间幅度较大时，即期货和现货之间的价差超过了商品合理的持有成本，就出现了期现套利的基础。在此种情况下，市场对未来基差回归的预期不断加强，通常会引发期货市场和现货市场的套利行为，即期现套利。期现套利，通常指根据期货和现货之间存在的价差进行的套利。因为期货合约本身的性质，最迟在合约到期的当天，它的价格必然会和现货价格趋同，所以当期货合约和现货之间存在价差的时候，就可以进行无风险套利。期现套利主要包括正向买进期现套利和反向买进期现套利两种。

正向套利，是指期货与现货的价格差高于无套利区间上限，即基差为负且负值不断扩大时，可以卖出期货，同时买入相同价值的现货；当期现价格差回落到无套利区间之后，对期货和现货同时进行平仓，获取套利收益。通过卖出期货、买入现货的套利操作，在短时间内会对期货市场价格产生压制，同时对现货价格产生支撑，从而导致二者价差趋于回归；反之亦然，当现货价格被高估，期货价格被低估时，基差为正值且超过合理波动范围，则可以买入期货合约，同时卖出相同价值的现货，建立套利头寸。当基差趋于正常时，同时平仓获利了结，这便是反向基差套利。在反向套利中，通常会因为期货市场买入量增加而对期货盘面价格产生支撑，同时对现货价格产生压制，最终依旧导致现货回落、期货回升，二者价差趋于回归。

纯碱期货自上市以来，70%的时间处于期货升水现货的格局（见图 4 - 43），因此，当期货升水幅度扩大至无风险套利窗口打开后，期现贸易商买入现货、卖出期货的数量便趋于增加，从而对盘面产生压制。而2021年9月之后，国内能耗“双控”政策不断加码，造成纯碱现货市场供给短期出现大幅缩减，现货供需格局短期紧缺局面不断加深，从而导致现货价格上涨幅度超过期货价格上涨幅度，盘面转为贴水现货格局（见图4-44、图4-45）。

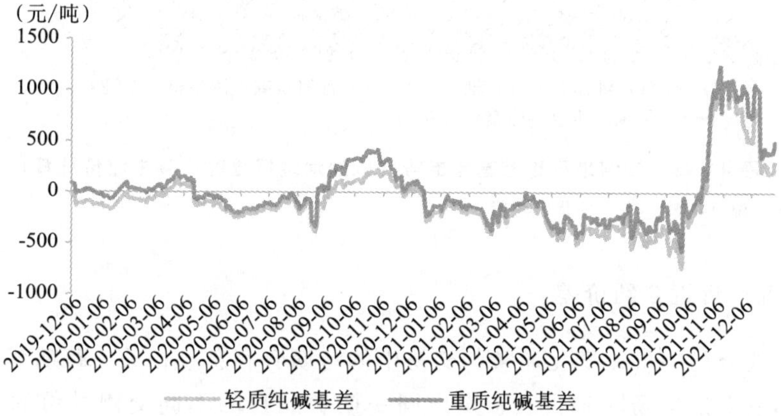

图4-43 纯碱基差走势（以纯碱市场均价计算）

资料来源：Wind、光大期货研究所。

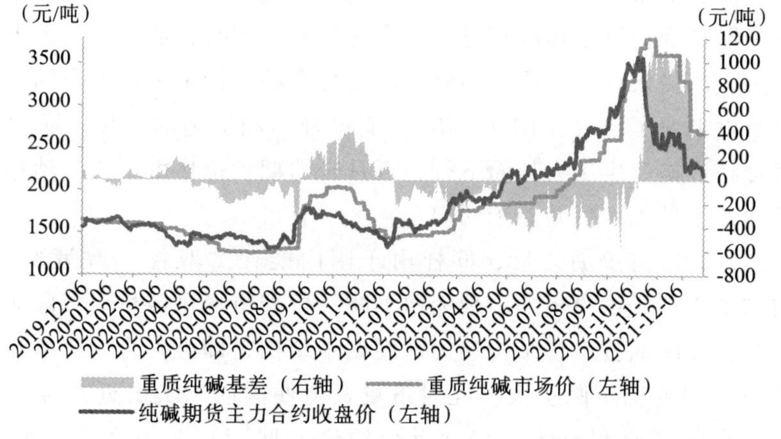

图4-44 重质纯碱基差走势（以纯碱市场均价计算）

资料来源：Wind、光大期货研究所。

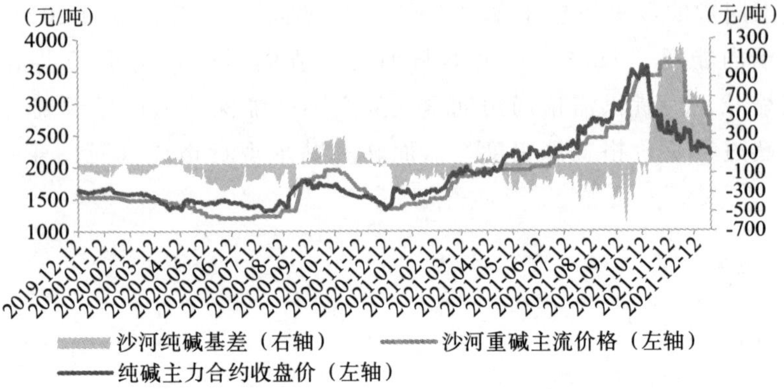

图 4－45　沙河地区重碱基差走势（以沙河地区重碱市场主流价计算）

资料来源：Wind、光大期货研究所。

（五）远近合约价差

远近合约的价差变化通常与交易中的跨期套利息息相关。跨期套利，是指在同一交易市场同时买入、卖出同一期货品种的不同交割月份的期货合约，以待在有利时机同时将这些期货合约对冲平仓获利。跨期套利与现货市场价格无关，只与期货不同合约之间可能发生的升水和贴水有关。

纯碱期货上市以来，大部分时间都处于远月合约升水、近月合约的结构，而当远月合约升水幅度超过正常合约价差范围时，通常会引起市场跨期套利行为，即买入近月合约，同时卖出远月合约，待未来远近合约价差回归正常时予以平仓了结（见图 4－46）。而这种套利资金的入场，通常也会导致远月合约价格产生压力从而下行，近月合约期货价格由于买入动作而获得向上驱动，于是二者价差趋于回归。

反之，2021 年 9 月之后，同样由于国内能耗“双控”政策不断加码，造成纯碱现货市场供给短期出现大幅缩减，短期市场供需格局偏紧而远期将回归正常。纯碱期货市场结构转为深度贴水结构，即近月合约价格超过远月合约价格且幅度仍不断扩大，此时市场资金便倾向于卖出近月合约，同时买入远月合约的套利行为，待远近合约价差回归正常波动区间时平仓了结。此种套利行为通常会对近月合约价格产生压制，同时对远月合约产生支撑。

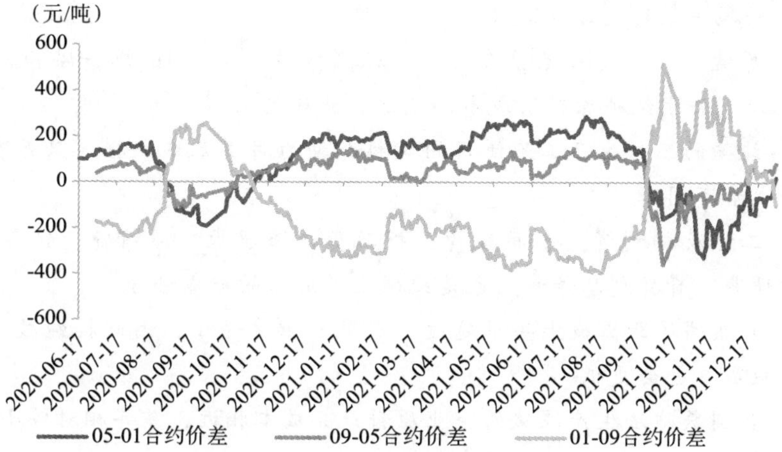

图4-46　纯碱期货主力连续合约价差走势

资料来源：Wind、光大期货研究所。

（六）其他因素

影响纯碱期货价格走势的因素多且复杂，除了以上各种因素以外，交易所的保证金、手续费及限仓制度也能间接影响市场投机氛围及情绪，国家对大宗商品的相关政策、行业现货价格调整等因素，也能对纯碱期货价格产生指引效应。

自测题

一、不定项选择题

1. 纯碱的生产成本包含以下（　　）。

A. 原料及主要材料费用　　B. 燃料及动力费用

C. 联、副产品扣除费　　D. 工资及福利费

2. 氨碱法原料不包含以下（　　）。

A. 原盐　　B. 焦炭　　C. 石灰石　　D. 天然碱矿

3. 联碱法原料包含以下（　　）。

A. 原盐　　B. 合成氨　　C. 氯化铵　　D. 燃料煤和蒸汽

4. 以下关于纯碱原料及成本的说法，正确的有（　　）。

A. 纯碱的三种生产工艺使用的燃料及动力种类基本一样，只是在用量和类别上略不同

B. 工资及福利费、车间经费、折旧费、修理费、摊销费、销售费用、企业管理费、贷款利息等费用也是纯碱生产成本的组成部分

C. 天然碱矿距离截止年限越近，则采矿难度越小，因此提纯技术的投入和相应成本也会更低

D. 我国氨碱法生产纯碱的企业原料产品成本相近，差异相对较小

5. 以下关于纯碱价格的说法，正确的有（　　）。

A. 纯碱的价格构成包括原材料价格、燃料及动力价格、工厂管理费用、融资成本、销售费用、运输成本及仓储费用等

B. 我国纯碱行业市场化程度较高，企业之间为了避免价格竞争带来的损失，大多数都采用“随行就市”的定价策略

C. 我国纯碱行业的定价方式通常需要参考生产工艺、消费市场、市场话语权、纯碱类别及其对标下游的贸易商方式等多方面因素来制定

D. 我国纯碱定价策略通常较为单一，缺乏灵活性和多样化

6. 以下关于纯碱价格历史波动情况的说法，正确的有（　　）。

A. 我国纯碱现货价格较为稳定，波动小且不频繁

B. 我国纯碱价格通常不受国际市场、全球金融危机、政策等宏观因素影响

C. 我国纯碱价格具有较强的周期性

D. 引发纯碱价格变化的因素只有其自身供需结构

7. 国内纯碱价格区域性体现相对明显的地区有（　　）。

A. 广东地区　　B. 东北地区　　C. 华东地区　　D. 华北地区

8. 以下地区纯碱价格水平相当的有（　　）。

A. 华中地区　　B. 华北地区　　C. 西南地区　　D. 西北地区

9. 以下关于国内纯碱价格地域差的说法，错误的有（　　）。

A. 我国各区域纯碱产需结构和供求关系不同，因此不同地区纯碱价格

存在较大差异

B. 河北地区纯碱价格走势对其他地区纯碱价格的影响较为显著，是纯碱现货市场的风向标

C. 各地区纯碱价格与华北地区纯碱价格相关性均能达到90%以上

D. 我国不同地区纯碱价格差异长期维持稳定的波动区间，不会出现区域价格倒挂现象

10. 以下关于轻碱、重碱价差的说法，正确的有（　　）。

A. 纯碱的价格波动往往从重碱开始，通过重碱价格涨跌之后传导到轻碱

B. 轻碱下游客户群体以中小客户为主、轻碱经销占比更高、市场反映更为灵敏，因而纯碱厂家价格调整也更为灵活

C. 正常情况下，重碱价格低于轻碱价格

D. 由于轻、重碱供求格局不同，且各自下游行业比较固定，因此轻、重碱价差也不会出现倒挂

二、判断题

1. 在计算纯碱生产成本时通常只需涵盖原料及主要材料费用、燃料及动力费用，其他费用如人力成本、车间及设备折旧等都计入企业运行管理费用，不直接分摊至纯碱的生产成本。（　　）

2. 联碱法的生产原料主要有原盐、石灰石、焦炭、液氨，其他还有辅助原材料助沉剂、硫化钠、产品包装袋等。（　　）

3. 联碱法计算成本时，通常先算出联碱法“双吨”总成本，再按比例扣除氯化铵应负担的费用，计算出纯碱的成本。（　　）

4. 我国对天然碱矿产资源补偿费费率取值范围标准在0.5%~4%，国内整体矿产平均值为1.18%，每吨纯碱具体补偿费率存在一定的地域差异。（　　）

5. 在氨碱法生产过程中，青海当地原料供应成本低廉，山东及河北成本处于中等范围，江苏、广东、江西等地的纯碱生产成本相对偏高。（　　）

6. 我国西南区域纯碱企业燃料为天然气，因此纯碱生产成本比华中、

华东区域略低。 ( )

7. 送到价模式主要是由纯碱生产企业承担产品的运输费用，开票价格中还包含了产品的运输费用以及各项杂费。 ( )

8. 招标定价是由下游用户对较大规模的纯碱用量进行公开招标，多个纯碱企业参与招标后，以低价竞选的淘汰制方式进行纯碱采购的一种纯碱定价方式。 ( )

9. 国家出台“限产保价”、能耗“双控”等政策，只会对纯碱自身的供需、价格变化产生较大影响，对纯碱上下游产业链的价格及供需影响较小。 ( )

10. 库存是研究商品价格变化的一项重要参考指标，可以看作宏观供需格局变化的一项微观层面、短期、高频的变化指标。 ( )

11. 纯碱期货市场的价格影响因素只取决于品种供需，成交、持仓、资金、情绪等影响非常小，可以忽略不计。 ( )

12. 在正常的商品供求情况下，纯碱期货价格包含持有成本及风险因素，基差一般应为负数，即现货价格应小于纯碱的期货价格。 ( )

参考答案

一、不定项选择题

1. ABCD 2. D 3. ABD 4. AB 5. ABC 6. C 7. AB 8. ABC 9. D 10. B

二、判断题

1. 错 2. 错 3. 对 4. 对 5. 对 6. 错 7. 对 8. 对 9. 错 10. 对 11. 错 12. 对

第五章

了解纯碱期货

本章要点

本章主要介绍了纯碱期货上市的意义、纯碱期货合约设计、纯碱期货的仓单生成与注销、纯碱期货的交割标准、交割流程及费用等内容，同时也介绍了纯碱期货期转现、风控管理措施、套利等相关内容，为交易者进行纯碱期货交易、参与交割以及期转现等期货市场业务提供了充分的理论依据。

一、我国上市纯碱期货的意义是什么？

近年来，受供求变化、环保、“黑天鹅”事件等因素的影响，纯碱价格波动幅度较大。在纯碱期货上市以前，产业链因缺乏价格发现和风险管理工具，上下游企业只能被动承受纯碱价格的波动风险，不利于产业链平稳、健康发展。2019 年 12 月 6 日，纯碱期货在郑州商品交易所上市之后，对全行业乃至整个产业链上下游而言都具有重大意义。

（一）有助于纯碱行业提高价格发现效率，完善价格形成机制

纯碱期货上市后，通过交易可产生连续、公开、权威、透明的期货价格，大大提高了期货市场价格发现的效率。期货价格之所以被市场广泛接受，是因为期货市场是一个有组织、规范化的市场，期货价格可以把众多影响纯碱商品价格的供求因素反映到期货市场里，从而形成一个公开、自由竞争的市场，这对纯碱行业来说是价格形成机制的完善，为纯碱市场定价提供了有效参考。产业链上下游企业也可以参考期货价格来进行生产经营的安排，实现资源配置的优化升级。

（二）进一步丰富了建材产业链的期货品种，利于产业链对冲价格风险

玻璃期货已于 2012 年成功上市，纯碱是玻璃的重要原料之一。纯碱期货的上市进一步完善了纯碱—玻璃产业链的期货品种体系，拓展了期货市场服务建材产业的广度，也增加了服务建材产业的深度。以平板玻璃生产为例，重碱采购成本占到玻璃生产成本的 20% 以上，故玻璃企业对纯碱价格波动也非常敏感。但在纯碱期货上市之前，行业内由于缺少高效的避险工具，部分企业只能被迫采用囤货的方式来规避市场风险，不但占用大量资金，还要承担高额的仓储成本，不利于玻璃行业资金利用率的提升和健康发展。纯碱期货上市后，上下游企业可以通过期货市场进行风险管理，以保证金的形式参与期货市场，降低资金占用，还可以熨平原料价格波动风险，稳定企业的盈利水平，从而提升企业综合竞争力。

（三）促进行业转型升级

随着产业链上下游企业的不断参与，纯碱期货市场的规模不断扩大，产业客户在实践中也在不断探索和完善期现结合的新型业务模式，完善企业风险管理制度，培养期货人才，相关人员的专业性大大提升，纯碱产业链应对价格波动风险的能力也在不断加强，为行业转型升级提供了非常有利的条件。

（四）有助于提高我国纯碱价格在国际定价体系中的地位和影响力

中国纯碱产能、产量和消费量均为全球第一，每年出口贸易量占全球纯碱贸易量的15%左右。国内上市纯碱期货为市场提供了公平、公正、透明的价格信号，有利于提升我国纯碱价格在国际市场定价体系中的话语权和影响力。

二、你了解纯碱期货合约吗？

纯碱期货交易采用的是合约交易形式。期货合约是由期货交易所统一制定的、规定在将来某一特定的时间和地点交割一定数量和质量标的物的标准化合约。

纯碱期货上市前，郑州商品交易所对纯碱产业进行了深入研究，并认真分析了纯碱生产、消费、贸易、仓储和运输等特点，在广泛征求行业协会、产业企业、会员单位及交易者等多方面意见和建议的基础上，完成了纯碱期货的合约设计。

在纯碱期货合约设计过程中，郑州商品交易所始终坚持贴近现货市场的实际情况、遵循期货市场的运行规律、严控市场风险等原则，得到了现货企业及期货市场的认可。纯碱期货合约具体参见表5-1。

表5-1　郑州商品交易所纯碱期货合约（业务规则优化后版本）

项目	合约内容
交易品种	纯碱
交易单位	20吨/手
报价单位	元（人民币）/吨
最小变动价位	1元/吨

续表

项目	合约内容
每日价格波动限制	上一交易日结算价 ±4% 及《郑州商品交易所期货交易风险控制管理办法》相关规定
最低交易保证金	合约价值的 5%
合约交割月份	1—12 月
交易时间	每周一至周五（北京时间法定节假日除外） 上午 9：00—11：30，下午 1：30—3：00 及交易所规定的其他交易时间
最后交易日	合约交割月份的第 10 个交易日
最后交割日	合约交割月份的第 13 个交易日
交割品级	见《郑州商品交易所纯碱期货业务细则》
交割地点	交易所指定交割地点
交割方式	实物交割
交易代码	SA
上市交易所	郑州商品交易所

注：2022 年 7 月 29 日郑州商品交易所第七届理事会第二十五次会议审议通过，2022 年 8 月 31 日〔2022〕74 号公告发布，自 2022 年 12 月 1 日开始施行。纯碱期货于 2019 年 12 月 6 日上市交易，夜盘交易时间为 21：00 至 23：00。

资料来源：郑州商品交易所。

（一）交易单位

纯碱期货的交易半径为 20 吨/手。以每吨纯碱 2500 元为例计算，1 手纯碱期货合约价值约为 5 万元（2500 元/吨 ×20 手），与目前已上市的品种（如玻璃、PTA、甲醇、白糖）的合约价值相当，且与玻璃交易单位保持一致，利于二者的跨品种套利。

（二）每日价格波动限制与最低交易保证金：±4%与 5%的组合

仍以每吨纯碱 2500 元为例，±4% 的每日价格波动限制意味着纯碱期货每日价格波动幅度在 ±100 元/吨以内。数据显示，2016 年至 2019 年河北、湖北地区纯碱价格波动率超过 4% 的天数占比为 1.9%，以 ±4% 作为每日价格波动限制能够覆盖98%以上的现货市场价格波动。

将纯碱期货的最低交易保证金比率设定为5%，高于每日价格波动限制。在实际运行中，期货公司通常还要在交易所保证金比率的基础上加收2%~3%，以便更好地防范市场波动风险。

（三）合约交割月份

纯碱作为工业品，有连续生产的特点，其下游玻璃企业窑炉生产也具有不可间断的连续性，上下游企业在全年各个月份均有套期保值需求，因此，将交割月份设置为1~12月符合现货产业链的供需特点，满足了上下游企业的套保需求，且与其他工业品设计保持一致，符合交易习惯，满足了交易者跨品种套利的需求。

（四）最后交易日与交割日

纯碱期货的最后交易日和交割日为合约交割月份的第10个交易日和第13个交易日。这样的设置与郑州商品交易所大多数品种的规定一致，方便交易者记忆和参与。

三、什么是期货交割？参与期货交易必须要交割吗？

期货交割，是指期货合约到期时，按照交易所的规则和规定的程序，交易双方通过该期货合约标的物所有权的转移，将到期未平仓的合约进行了结的过程。商品期货通常采用实物交割的方式。

一般情况下，普通交易者参与商品期货交易的目的是赚取价差，而不是买卖现货，是不能进入商品期货的交割环节的。现货企业参与期货市场是为了实现套期保值，企业大多也都通过平仓的方式了结合约。交割是了结未平仓合约的一种方式，并不是参与期货市场的必经环节。通常，在成熟的商品期货市场中，真正进行实物交割的量并不多，但正是这少量的实物交割才将期货市场与现货市场联系起来，使期货价格和现货价格最终趋于一致，成为期货市场价格发现功能得以发挥的重要前提。

四、纯碱期货采用怎样的交割方式？交割标准是怎样设置的？

交易所在设置纯碱基准交割品时，参考了现行《纯碱国标》质量标准，并对其中个别指标进行了调整，确保交割品符合现货市场习惯。

（一）基准交割品

符合《中华人民共和国国家标准 工业碳酸钠及其实验方法 第1部分：工业碳酸钠》（GB/T 210.1—2004，以下简称《纯碱国标》）Ⅱ类优等品的重质纯碱，且氯化钠含量（以干基的NaCl的质量分数计）小于等于0.6%。

包装要求：纯碱交割品的包装应符合《纯碱国标》的规定。纯碱单包净重为1吨以及交易所公告的其他规格。

纯碱期货交割品与《纯碱国标》质量指标见表5－2。

表5－2　　纯碱期货交割品与《纯碱国标》质量指标对比

指标项目	一类	二类			基准
	优等品	优等品	一等品	合格品	交割品
总碱量（以干基的 $NaCO_3$ 的质量分数计）%≥	99.4	99.2	98.8	98	99.2
总碱量（以湿基的 $NaCO_3$ 的质量分数计）%≥	98.1	97.9	97.5	96.7	97.9
氯化钠（以干基的NaCl的质量分数计）%≤	0.30	0.70	0.90	1.20	0.60
铁（Fe）的质量分数（干基计）%≤	0.003	0.0035	0.006	0.010	0.0035
硫酸盐（以干基的 SO_4 的质量分数计）%≤	0.03	0.03			0.03
水不溶物的质量分数%≤	0.02	0.03	0.1	0.15	0.03
堆积密度 c/（g/mL）≥	0.85	0.9	0.9	0.9	0.9

续表

指标项目		一类	二类			基准
		优等品	优等品	一等品	合格品	交割品
粒度 C	180um≥	75.0	70.0	65.0	60.0	70.0
筛子物/%	1.18mm≤	2.0				

资料来源：国家标准全文公开系统、郑州商品交易所。

小贴士

《纯碱国标》中氯化钠（以干基的 NaCl 的质量分数计）的含量为小于等于0.7%，而纯碱期货基准交割品中的氯化钠（以干基的 NaCl 的质量分数计）含量为小于等于0.6%。在纯碱期货基准交割品中调低氯化钠含量，主要是为了减少其对玻璃窑炉的腐蚀性。通常，纯碱里的氯化钠含量越低，对玻璃窑炉的腐蚀性越小。在现货市场中，纯碱生产企业也普遍将氯化钠含量控制在0.6%以下。纯碱期货基准交割品中氯化钠含量的设置，符合现货市场的贸易习惯，可以更好地满足纯碱及其下游玻璃企业对货品的实际需求。

（二）交割单位

纯碱期货的交割单位是20吨，其设置与期货合约中的交易单位一致，一方面便于交易者理解和记忆；另一方面与现货贸易规模灵活匹配。重质纯碱现货贸易中，贸易商和下游消费企业单次采购规模少则几百吨，多则上千吨。选择较小的交割单位，有利于买方根据自身采购规模和运输能力自行组合最佳的交割数量。

（三）交割基准价

纯碱基准交割地为河北。河北沙河地区的玻璃企业产能集中，纯碱采购规模大，采购区域可覆盖河南、青海、河北、山东等纯碱主产区，该区域的市场价格能较直观地反映国内供求状况，具有较强的风向标作用。其他交割区域为湖北、河南安阳、安徽，交割区域之间没有升贴水。

重质纯碱现货贸易通常采用送到制，运输方式有汽运、铁路、水运等，其中汽运较多。在纯碱期货规则设计中，为了与现货市场贸易惯例保持一致，交割规则规定，在交割时，纯碱运达仓库指定货位前的一切费用和货物装到汽车板的出库费用由标准仓单注册人承担，货物出库装到汽车板后的一切费用由提货人承担，包装物价格包含在相应期货合约价格中，不另行计价。因此，纯碱期货交割基准价为基准交割品在基准交割地出库时汽车板交货的含税价格（含包装）。

（四）交割方式

纯碱期货适用期货转现货（以下简称“期转现”）、仓库标准仓单交割和厂库标准仓单交割，并设有免检品牌。

1. 期转现

期转现是指持有同一交割月份合约的交易双方协商一致并向交易所提出申请，获得交易所批准后，分别将各自期货持仓按照双方达成的平仓价格由交易所代为平仓，同时按照双方达成的现货买卖协议进行与期货合约标的物种类相同、数量相当的现货交换。其中，现货的买方在期货市场应当持有多头部位，现货的卖方在期货市场应当持有空头部位。

2. 仓库交割

仓库交割是指卖方通过将指定仓库开具的相关商品仓库仓单转移给买方，以完成实物交割的交割方式。为方便多种经营主体参与期货市场，满足多元化的交割需求，纯碱期货合约规则设计保留传统的仓库交割方式。

3. 厂库交割

厂库交割是指卖方通过将指定厂库开具的相关商品标准仓单转移给买方，以完成实物交割的交割方式。

小贴士

纯碱厂库交割的优点

根据纯碱现货储存及贸易惯例，厂库交割具有以下诸多优点：

第一，降低储存风险。由于纯碱仓储时间过长可能会出现板结现象，采用厂库仓单，省去了仓库存储这一环节，消除了货物在储存期间的质量变化风险。

第二，减少入库环节，降低交割成本。在纯碱厂库交割中，由厂库将货物送至提货人在厂库配送范围内选择的交割仓库或者其他指定交货地点，减少了中间搬倒和装卸等环节，节省了相关环节的费用。

第三，充当期货交割安全阀。当市场因时间、地域等错配出现仓单不足时，厂库可迅速生成仓单，有效地防范和化解交割风险。

第四，满足实物交割的多样性。下游企业可与厂库协商，提货时灵活方便，满足买方的个性化需求。

纯碱期货不同交割方式的对比见表 5－3。

表 5－3　　纯碱期货不同交割方式对比

仓单项目	仓库	厂库
性质	第三方存储机构	生产企业、贸易商、期现子公司
仓单类型	实物仓单	信用仓单
可注册仓单的货源	符合交割标准的现货	符合交割标准的现货
注册仓单成本	“现货担保＋入库”、仓储成本	资金占用成本（银行保函 120%，现金 100%）
交割流程	“集中＋滚动”交割法	“集中＋滚动”交割法
提货地点	交割仓库（见交易所官网）	厂库公布的指定交货地点或提货点（见交易所官网）
期货交割业务管理	受交易所管理	受交易所管理

资料来源：郑州商品交易所、光大期货研究所整理。

4. 免检品牌

在现货市场中，纯碱标准化程度高，故现货贸易中一般不进行质量检验。郑州商品交易所引入免检品牌制度，将产品质量较好、市场认可度高的纯碱品牌确定为交割免检品牌，降低了交割成本。免检品牌与非免检品牌在质检环节等方面是存在差异的（见表5-4）。

表5-4 免检品牌与非免检品牌对照

项目	免检品牌	非免检品牌
质检环节	无须检验，厂家提供承诺书	入库检验，符合标准方能注册仓单
出库环节	出库时客户有权利提出复检	出库时客户有权利提出复检
纠纷处置	由厂家承担质量责任	入库符合指标的，由仓库承担质量责任
注册仓单成本	入库质检费用为0	每500吨一个样品。纯碱总量小于500吨，单个样品质检费2000元，两个样品及以上，1500元/样

资料来源：郑州商品交易所、光大期货研究所整理。

免检品牌生产厂家直接申请入库的，入库纯碱质量可以免检；标准仓单注册人向交易所和仓库提交免检品牌生产厂家出具的符合交易所要求的产品质量责任承诺书及相关材料的，入库纯碱质量可以免检。纯碱交割仓库、厂库明细见表5-5、表5-6。免检品牌的仓单注销后，重新注册的货物若无质量责任承诺书，需要进行商检才能重新注册仓单。纯碱期货免检交割品牌见表5-7。

表5-5 纯碱交割仓库明细

仓库编号	名称	仓库简称	仓库地址	联系人	联系电话	升贴水（元/吨）	最低保障库容（万吨）
2101	河北中储物流有限公司	河北中储	河北省石家庄市鹿泉经济开发区石获北路30号	王涛	13754517598	0	2
2102	上海中远海运物流国际储运有限公司	中远海运	中国（上海）自由贸易试验区业盛路188号A-516	吴建平	13393319789	0	2
2103	国家粮食和物资储备局河北局一三四处	河北一三四处	河北省邯郸市武安市南环东路1366号	李彦超	16631068899	0	2

续表

仓库编号	名称	仓库简称	仓库地址	联系人	联系电话	升贴水（元/吨）	最低保障库容（万吨）
0317	国家粮食和物资储备局湖北局三三八处	湖北三三八处	湖北省孝感市孝昌县卫店镇	饶胜辉	13733496388	0	2
2104	国家粮食和物资储备局湖北局七三六处	湖北七三六处	湖北省宜昌市当阳市庙前镇桐树垭村烟远路特1号	陈永刚	13545832288	0	2
2111	国家粮食和物资储备局河北局一三三处	河北一三三处	河北省石家庄市鹿泉区龙泉路56号	李媛	13831103380	0	5
2112	国家粮食和物资储备局湖北局三三七处	湖北三三七处	湖北省武汉市江夏区星光大道16号	叶超雄	15377578786	0	4
0103	河北永安国家粮食储备库有限公司	藁城永安	河北省石家庄市藁城区永安路18号	李军	13473782071	0	2
1509	河南万庄安阳物流园有限公司	河南万庄	河南省安阳市汤阴县产业集聚区阳光大道与汤伏路交叉口	靳进宝	13783570172	0	5
2114	武汉新港汉江集装箱股份有限公司	武汉新港	湖北省仙桃市彭场镇仙彭公路东侧	梁源	15926094411	0	4
2115	国家粮食和物资储备局湖北局五三八处	湖北五三八处	湖北省襄阳市襄州区钻石大道232号	尚悦海	13797564275	0	2

资料来源：郑州商品交易所。

表 5-6 纯碱交割厂库明细

厂库编号	地区	名称	厂库简称	联系人	联系电话	公司地址	仓单额度（万吨）	日最低发货量（吨/天）	升贴水（元/吨）	提货点
2106	河南	河南金大地化工有限责任公司	河南金大地	姚龙	15515805055	河南省漯河市舞阳县南环路中段	3	1500	0	河北、湖北省内指定交割仓库及河北省沙河地区、湖北省交割厂库。双方另有约定的除外
2107	河北	唐山三友化工股份有限公司	唐山三友	王飞	18831538882	河北省唐山市曹妃甸区发展道 407 号	3	1500	0	河北省内指定交割仓库及河北省沙河地区交割厂库。双方另有约定的除外
2108	河南	河南中源化学股份有限公司	中源化学	李东辉	13598221794	河南省桐柏县安棚镇	3	1500	0	河北、湖北省内指定交割仓库及河北省沙河地区、湖北省交割厂库。双方另有约定的除外
2109	山东	山东海天生物化工有限公司	山东海天	王绪希	15169592511	山东省潍坊市昌邑市下营镇金晶大道 1 号	3	1500	0	河北省内指定交割仓库及河北省沙河地区交割厂库。双方另有约定的除外

续表 1

厂库编号	地区	名称	厂库简称	联系人	联系电话	公司地址	仓单额度（万吨）	日最低发货量（吨/天）	升贴水（元/吨）	提货点
0923	河北	武汉众恒创景新型材料有限公司	武汉创景	王文悦	15902776856	武汉市汉阳区龙阳村汉阳人信汇 B 块 9 号楼单元 20 层 8 号房 - 1 室	2	2000	0	湖北省当阳市坝陵办事处何畈村二组仓库。双方另有约定的除外
2110	河北	沙玻玻璃物流沙河有限公司	沙玻物流	樊书军	13932952555	河北省邢台市沙河市经济开发区纬二路 61 号	1	1000	0	河北省邢台市沙河市经济开发区纬二路 61 号。双方另有约定的除外
2113	湖北	成都云图控股股份有限公司	云图控股	王锐	18018658798	四川省成都市新都区蜀龙大道中段 969 号 1 栋	5	4000	0	湖北省应城市四里棚工业园区应城市新都化工有限责任公司。双方另有约定的除外
0922	河北	浙江永安资本管理有限公司	永安资本	李鹤	18334305585	浙江省杭州市西湖区教工路 199 号 5 楼 511 室	2	2000	0	河北省邢台市沙河市纬三路南侧河北正玻玻璃科技园区 A0、C2 库房。双方另有约定的除外

续表 2

厂库编号	地区	名称	厂库简称	联系人	联系电话	公司地址	仓单额度（万吨）	日最低发货量（吨/天）	升贴水（元/吨）	提货点
0926	河北	浙江杭实善成实业有限公司	杭实善成	常程	15998229696	浙江省杭州上城区甘水巷15号	2	2000	0	河北省邢台市沙河市纬三路南侧河北正玻玻璃科技园区A1库房。双方另有约定的除外
0917	河北	河北正大玻璃有限公司	河北正大	韩培欣	15075975651	河北省邢台市沙河市赞南路西杜村	2	2000	0	河北省邢台市沙河市纬二路9号。双方另有约定的除外
1656	河南	豫新投资管理（上海）有限公司	豫新投资	毛润泽	18737190655	河南省郑州市金水区未来路未来大厦2009c	2	2000	0	河南省安阳市汤阴县产业集聚区阳光大道与汤伏路交叉口。双方另有约定的除外
2116	河北	浙江景诚实业有限公司	浙江景诚	王宝镭	13523717861	浙江省杭州市滨江区科技馆街626号寰宇商务中心B座1106室	2	1000	0	河北省沙河市经济开发区纬三路高铁桥东100米路南沙河市德盛玻璃科技有限公司院内A1车间。双方另有约定的除外

续表3

厂库编号	地区	名称	厂库简称	联系人	联系电话	公司地址	仓单额度（万吨）	日最低发货量（吨/天）	升贴水（元/吨）	提货点
1658	河北	银河德睿资本管理有限公司	银河德睿	张辞	13601996589	上海市虹口区东长治路359号一方大厦16楼	2	1000	0	河北省武安市东二环888号。双方另有约定的除外
2221	河北	东海资本管理有限公司	东海资本	蔡仁杰	13701883591	上海市浦东新区樱花路868号建工大唐国际广场A座1803室	2	1000	0	湖北省枝江市七星台镇董家湾村六组。双方另有约定的除外
2117		信义节能玻璃（芜湖）有限公司	信义玻璃	陈小飞	13811400158	安徽省芜湖市鸠江区凤鸣湖北路信义玻璃1号门	4	2000	0	安徽省芜湖市鸠江区凤鸣湖北路信义玻璃1号门。双方另有约定的除外

资料来源：郑州商品交易所。

表5-7　纯碱期货免检交割品牌

序号	企业名称	品牌名称
1	山东海化股份有限公司	鸢都牌
2	唐山三友化工股份有限公司	三友牌
3	河南金大地化工有限责任公司	金山牌
4	山东海天生物化工有限公司	金晶牌
5	中盐青海昆仑碱业有限公司	昆仑雪牌
6	河南中源化学股份有限公司	中天牌
7	连云港碱业有限公司	长江三角牌

续表

序号	企业名称	品牌名称
8	江苏苏盐井神股份有限公司	井神牌
9	青海发投碱业有限公司	羚路牌
10	重庆湘渝盐化有限责任公司	万湘牌

注：最新规则以郑州商品交易所官网最新为准。

资料来源：郑州商品交易所。

五、纯碱期货的交割流程是怎样的?

实物交割在交割月的连续三个交易日完成，分别称为第一交割日、第二交割日、第三交割日，可以适用的流程包括滚动交割和集中交割。

滚动交割，是指交割月第一个交易日至最后交易日的前一交易日，由卖方提出交割申请，并由交易所组织配对的双方在规定时间内完成的交割。例如，纯碱期货 2109 合约的交割月份是 2021 年 9 月，在该月第一个交易日，也就是 2021 年 9 月 1 日，卖方就可以向交易所提出交割申请，如有买方响应，在此后的三个交易日中即可完成滚动交割的流程。

集中交割，是指在合约最后交易日闭市后，交易所组织所有未平仓合约持有者进行的交割。例如，纯碱期货 2109 合约集中交割时，卖方需在最后交易日之后的一个交易日（即 2021 年 9 月 15 日）公布交割信息，并在此后的三个交易日内完成集中交割流程。

二者具体交割流程如下：

（一）滚动交割

1. 第一交割日（配对日）

自进入交割月第一个交易日起至最后交易日的前一交易日，同时持有交割月合约和相应品种标准仓单或者车（船）板交割货物的卖方会员，可以在每个交易日下午2：30之前，通过会员服务系统提出交割申请，并同时提交相应的标准仓单信息或者车（船）板拟交割货物信息。

买方会员在会员服务系统响应卖方会员的交割申请。买方会员响应交割申请的，视为确认，买卖双方均不得撤销。未得到买方会员响应的交割申请，卖方会员可以于申请当日下午2：30之前予以撤销。交割申请仅在申请当日有效。

当日闭市后，交易所按照以下方式进行交割配对：

（1）响应配对。对于得到买方会员响应的交割申请，交易所依据买卖双方相对应的持仓量、买卖双方确认申请量和卖方持有标准仓单量，取最小数进行配对。

（2）组织配对。对于未得到买方会员响应的交割申请，交易所可通过计算机系统，先按照“建仓时间最早的法人持仓优先”原则确定参与配对的买方持仓，再按照“先车（船）板、后标准仓单”原则予以配对。

纯碱期货滚动交割的配对方式为响应配对。

2. 第二交割日

买卖双方通过交易所会员服务系统收取交割通知单。

3. 第三交割日

交易所对买卖双方进行交割结算。

最后交易日闭市前，客户可以对其同一会员同一交易编码下的该交割月买卖持仓提出不自动平仓申请；未在规定时间内提出不自动平仓申请的，最后交易日闭市后，其相对应部分买卖持仓由计算机系统自动平仓，平仓价按当日结算价计算。其他未平仓合约，一律视为交割合约。

需要注意的是，最后交易日闭市前，卖方应当将拟进行集中交割的标准仓单数量提交至交易所，交易所按照卖方提交的拟集中交割标准仓单数量、卖方相应合约持仓量和卖方持有的可流通标准仓单数量取最小值，释放卖方保证金。卖方相应数量的标准仓单不得办理注销、转让、质押、折抵，作为保证金等业务。卖方未在规定时间内提交拟集中交割标准仓单数量的，不释放卖方保证金。

（二）集中交割

1. 第一交割日

最后交易日后的第一个交易日，卖方按照交易所相关规定公布交割信息。

2. 第二交割日（配对日）

买方挑选卖方公布的交割信息。当日闭市前，买方根据卖方或者交易所公布的标准仓单信息，或者卖方公布的车（船）板交割货物信息，进行自主选择并确认。买方挑选卖方标准仓单及车（船）板交割货物的总数量不超过卖方该合约的持仓量。卖方公布但未被买方选中的车（船）板交割货物，仍按照车（船）板交割方式进行配对。

当日结算时，交易所按照买卖双方确认结果进行配对，其他仍未配对的未平仓持仓，由计算机系统按照“先车（船）板、后标准仓单”及“数量取整、最少配对数”原则予以配对。

当日结算后，买卖双方通过交易所会员服务系统收取交割通知单。

3. 第三交割日

交易所对买卖双方进行交割结算（见表5－8）。

表5－8　　纯碱期货交割流程对比

日期	滚动交割	集中交割
第一交割日	1. 卖方提交交割申请 2. 买方于当日14：30前响应 3. 交易所进行交割配对	卖方公布交割信息
第二交割日	买卖双方收取交割通知单	1. 买方挑选卖方公布的交割信息 2. 交易所进行交割配对 3. 买卖双方收取交割通知单
第三交割日	交割结算	交割结算

资料来源：郑州商品交易所。

在买卖双方配对之后，进入到交割结算环节，纯碱期货标准仓单为通用标准仓单，其结算流程如下：

一是第三交割日上午9：00之前，买方会员应当将尚欠货款划入交易所账户，卖方会员应当提供可流通的标准仓单。交易所结算部门为买卖双方办理交割结算手续，买卖双方在交割通知单中注明的时间通过交易所会员服务系统查收交割结算结果。

二是交易所收取买方会员全额货款后，于第三交割日将全额货款的80%划转给卖方会员，同时将卖方会员的标准仓单交付买方会员。余款在买方会员确认收到增值税专用（普通）发票时结清。

需要注意的是，滚动交割的交割结算价为期货合约配对日（含该日）前10个交易日交易结算价的算术平均价。而在集中交割中，交割结算价则为期货合约最后交易日（含该日）前10个交易日交易结算价的算术平均价。交割流程见图5－1。

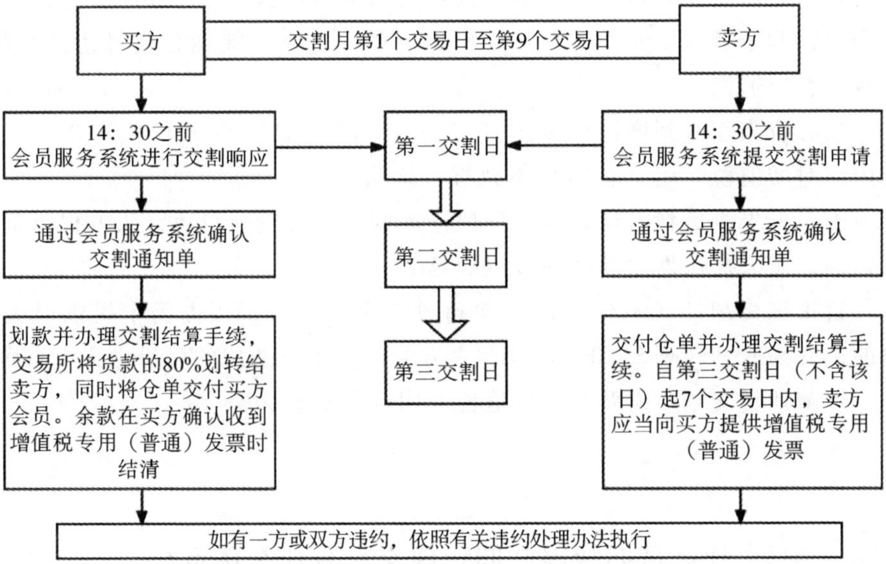

图5－1 交割流程

资料来源：郑州商品交易所、光大期货研究所制图。

六、期货交割发票如何开具呢？

实物交割中，由交割卖方向对应的买方开具增值税专用（普通）发票。增值税专用（普通）发票由双方会员协助客户直接联系，办理发票交收。

在配对日后的1个工作日内，买方应按照税务机关的规定将开具增值税专用（普通）发票所需的具体信息通知卖方。纯碱期货属于标准仓单交割，其发票开具流程为：自第三交割日（不含该日）起7个交易日内，卖方应当提交增值税专用（普通）发票。延迟1至10个日历日的，卖方会员应当每天支付货款金额的0.5‰的滞纳金；超过10个日历日仍未提供增值税专用（普通）发票的，视为拒绝提供增值税专用（普通）发票，卖方会员应当按照货款金额的规定比例支付违约金。各品种违约金比例按照国家税务部门公布的增值税税率执行。滞纳金或者违约金从货款余额中扣除，补偿给买方会员，剩余货款属于卖方会员。卖方会员先行支付滞纳金或者违约金的，有权向客户追偿。

买方应当在收到增值税专用（普通）发票之日（含该日）起2个工作日内，对增值税专用（普通）发票进行确认。

因买方提供资料有误，致使发票作废的，买方责任自负；买方提供资料延迟的，卖方提供发票的时间可以顺延。

自第三交割日（不含该日）起超过7个交易日，买方仍未提供有关资料的，交易所划转剩余20%货款至卖方会员，由此造成的后果由买方自负。

纯碱期货交割时需要开具增值税专用（普通）发票。

七、什么是期转现？期转现交易有什么优点？

期转现已在本章的“纯碱交割方式”部分进行过简单介绍，它是指持有同一交割月份合约的多空双方之间达成现货买卖协议后，变期货部位为现货部位的交易。在期转现过程中，买方和卖方不需要等到合约到期就能进入现货交易环节，对于需要提前买/卖货物的客户来说，期转现极为便利。

达成期转现协议的双方协商一致并向交易所提出申请，获得交易所批准后，可分别将各自期货持仓按照双方达成的平仓价格由交易所代为平仓，同时，按照双方达成的现货买卖协议进行与期货合约标的物种类相同、数量相当的现货交换。其中，现货的买方在期货市场应当持有多头部位，现货的卖方在期货市场应当持有空头部位。

（一）期转现交易的优点

1. 期转现具有较强的灵活性。买卖双方可以协商选择交货地点、交货时间和交割品级，这对贸易双方来说更具便捷性，可满足多样化的贸易需求。

2. 期转现可以提高资金利用率。如果买方到期集中交割，必须一次性拿出大量的资金，且集中交割增加了库存量。而期转现可以根据企业实际需求，分批、分期地购入原材料，减轻企业资金压力。

3. 降低买卖双方的仓储成本和资金占用成本。

4. 可以规避现货违约风险。

（二）期转现流程

1. 期货合约自上市之日起至该合约最后交易日期间，均可以进行期转现。

2. 买卖双方可以通过交易所会员服务系统发布期转现意向。持有同一交割月份合约的买卖双方达成协议后，可以在每个交易日下午2：30之前向交易所提交期转现申请。

3. 交易所批准期转现申请当日下午闭市之后，由交易所按照买卖双方达成的平仓价格对买卖双方持有的期货持仓进行平仓。买卖双方达成的平仓价格应当在审批日合约价格限制的范围内。

4. 用标准仓单进行期转现的，需注意以下事项：

（1）买方提交期转现申请前应当有20%以上的货款，货款不足的不予批准或者办理。

（2）期转现申请批准后的下一交易日，交易所为平仓成功的期转现的买卖双方办理标准仓单过户手续。

（3）买卖双方也可以委托交易所进行货款划转，卖方客户按照双方协商的交货价格向买方客户开具增值税专用（普通）发票，货款划转及发票流转参照交易所有关规定执行。

（4）买卖双方的相应持仓平仓后，交易所办理标准仓单过户手续时，卖方未能如数交付标准仓单，或者委托交易所进行货款划转的买方未能如数解付货款的，由交易所按照买卖双方达成的交货价格代扣违约方违约部分的20%作为违约金支付给守约方。

期转现流程见图5－2。

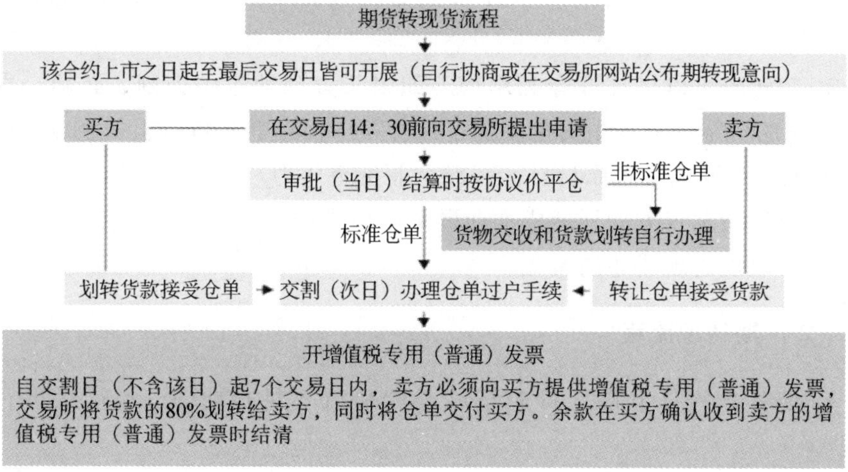

图5－2　期转现流程

资料来源：郑州商品交易所。

八、纯碱期货仓单是如何生成、如何注销的？

标准仓单，是指由仓库或者厂库按照交易所规定的程序提交仓单注册申请后，经交易所注册，可用于证明标准仓单持有人拥有实物或者可予提货的财产凭证。

仓单有多种方式。根据申请注册的主体不同，标准仓单分为仓库标准仓单和厂库标准仓单。根据流通性质的不同，标准仓单分为通用标准仓单和非通用标准仓单。根据期货商品完税状态的不同，标准仓单分为保税标准仓单和完税标准仓单。

小贴士

通用标准仓单

通用标准仓单，是指标准仓单持有人可以按照交易所的规定和程序到标准仓单载明品种所在的任一仓库或者厂库选择提货的财产凭证。目前，郑州商品交易所已上市的品种中，适用通用标准仓单的包括普麦、PTA、菜油、菜粕、早籼稻、晚籼稻、纯碱、短纤、花生。需要注意的是，完税标准仓单与保税标准仓单之间非通用。

通用标准仓单载明的内容包括会员号、会员名称、客户交易编码、品种、标准仓单数量、冻结数量、作为保证金的数量等。

标准仓单自交易所登记注册之日起生效。经交易所注册后，标准仓单可以用于交割、转让、作为保证金使用、提货以及交易所规定的其他用途。

（一）仓库标准仓单的注册流程

仓库标准仓单的生成包括交割预报、商品入库验收、质量检验、仓库申请注册以及交易所办理注册等环节，具体流程见图 5－3。

图 5－3　仓库标准仓单注册流程

资料来源：郑州商品交易所。

1. 交割预报

交割预报是注册标准仓单的一个必要环节。标准仓单注册人向仓库发货前，应当由会员办理交割预报。会员应当填写交割预报单，并以书面形式或者交易所认可的其他形式向仓库预报。

仓库应当在收到交割预报单之日起 2 个工作日内，以书面形式或者交易所认可的其他形式回复会员能够接收的商品数量。自接到仓库同意入库的回复之日起 2 个工作日内，会员应当向仓库缴纳交割预报定金，纯碱期货交割预报定金为 30 元/吨。仓库应当在收到交割预报定金的当日（如非工作日，顺延到下一个工作日），开具入库通知单。

对已经存放在仓库的商品申请注册标准仓单的，仍应当办理交割预报，但无须缴纳交割预报定金。

入库通知单自开具之日起生效。纯碱仓库开具的入库通知单的有效期为 15 个日历日。交易所可以根据市场情况对入库通知单的有效期进行调整。

入库通知单有效期内相对应数量的商品全部到库的，自商品入库完毕之日起 2 个工作日内，交割预报定金予以返还；商品部分到库的，按照实际到货量予以返还；未到库部分，交割预报定金不予返还。

标准仓单注册人应当按交易所有关规定，向仓库缴纳各项费用。

标准仓单注册人办理交割预报后，应当在发货前将运输方式、车（船）号、商品数量、到货时间等信息通知仓库。

2. 商品入库验收

入库验收，是指在交割货物正式入库前，仓库按照一定程序和手续对即将入库的货物进行数量、外观、质量等方面的检查，以验证货物是否符合交割标准的一项工作。

对纯碱来说，生产日期超过 90 天不得入库。如果出现破包、潮包、结块、严重污染等情况的，也不得入库。在重量验收方面，可采用过地磅同时抽包检斤或者单独抽包检斤的方式进行。

纯碱入库时，标准仓单注册人应当向仓库提交本批纯碱生产厂家出具的“产品质量证明书”，用以证明入库商品符合交割质量标准。“产品质量证明书”应当注明生产厂家、生产日期、适用的质量标准和该批产品的质量检验结果等信息。

对于不同生产厂家生产的纯碱，应当分开进行交割预报。

3. 质量检验

交割商品重量验收及入库采样时，标准仓单注册人应当到场监督。商品的重量、包装相关单证等的验收及扦（采）样由仓库或指定检验机构按照《郑州商品交易所期货交割管理办法》的规定实施。仓库和标准仓单注册人应当对验收结果签章确认，并共同对入库商品的真实性负责；入库商品未经仓库、标准仓单注册人签章确认的，不得用于期货交割。

纯碱入库质量检验由指定质检机构负责，检验费用由标准仓单注册人承担。纯碱质量检验按每 500 吨一个样品抽取；不足 500 吨的按 500 吨计。样品一式三份，仓库和标准仓单注册人共同封样后寄送指定质检机构两份。

指定质检机构应当自收到每批样品之日起 5 个工作日内出具检验结果并通知仓库。

标准仓单注册人或者仓库对入库质量检验结果有异议的，可以向交易所提出质量复检申请。具体流程按照《郑州商品交易所标准仓单管理办法》中“仓库商品入库复检”的有关规定办理。

除此之外，纯碱期货实行免检品牌制度。免检品牌生产厂家直接申请入库的，入库纯碱质量可以免检；标准仓单注册人向交易所和仓库提交免检品牌生产厂家出具符合交易所要求的产品质量责任承诺书及相关材料的，入库的纯碱质量可以免检。纯碱免检品牌由交易所另行公告（见本章第四个问题的相关内容）。

纯碱入库后，仓库应当对标准仓单注册人的名称、联系人及联系方式、商品数量、生产厂家、存放库房及垛位等事项登记造册，并由标准仓单注册人签字确认。

4. 仓库申请注册

入库商品质量检验结束后，检验单位将检验报告以数字认证方式上传至交易所仓单注册注销系统。由指定质检机构检验的，指定质检机构应当及时将检验报告寄送至仓库或由仓库领取。标准仓单注册人或者仓库业务急需的，指定质检机构可以先行告知检验结果。

仓库应当在出具或者接到指定质检机构的检验结果之日起 1 个工作日内，对检验结果进行确认并通知标准仓单注册人。对于质量符合交割规定的货物，标准仓单注册人无异议的，仓库应当自通知标准仓单注册人之日起 2 个工作日内向交易所申请注册仓库标准仓单。

5. 交易所办理注册

交易所可以在仓库提出标准仓单注册申请之日起 7 个工作日内予以注册。交易所规定的可予质量免检的商品用于期货交割的，最迟应当在合约最后交易日前一日申请注册标准仓单。

自交割月最后交易日下午 3 时起，交易所不再受理仓库提出的用于当月交割的标准仓单注册申请。该日下午 3 时以后的注册申请所形成的标准仓单可以参与后续月份的交割。

（二）厂库标准仓单的注册流程

厂库标准仓单的生成包括厂库申请注册、交易所办理注册等环节。注册流程见图 5－4。

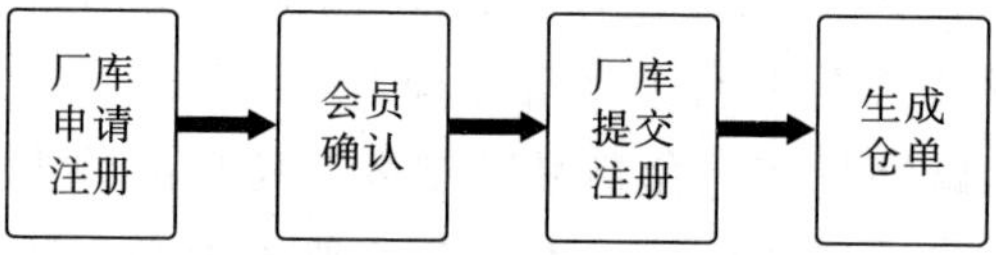

图 5－4　厂库标准仓单注册流程

资料来源：郑州商品交易所。

由于厂库仓单属于信用仓单，厂库申请标准仓单注册时，应当提供交易所认可的银行履约保函、银行承兑汇票、现金或者交易所认可的其他担保方式。厂库提交的保证金数额按照最近交割月合约前一交易日结算价计算。

但若遇到商品市值发生较大波动时，交易所可以根据市场变化情况要求厂库调整银行履约保函、银行承兑汇票、现金或者交易所认可的其他担保方式的数额。

厂库最迟应当在合约交割月最后交易日前 3 个交易日下午 3 时前提交标准仓单注册申请。厂库提供的担保方式符合规定的，交易所可以在厂库提出仓单注册申请之日起 3 个工作日内予以注册。

单个厂库允许注册标准仓单的最大数量由交易所确定，交易所可以根据市场情况予以调整。

（三）纯碱仓单有效期的相关规定

纯碱期货仓单的有效期为2个月，每逢单月需注销，即每年1月、3月、5月、7月、9月、11月第15个交易日之前（含该日）注册的纯碱期货标准仓单，应当在当年1月、3月、5月、7月、9月、11月的第15个交易日之前（含该日）全部注销。

（四）纯碱标准仓单的注销

标准仓单的注销，是指标准仓单持有人直接或者委托会员到交易所办理标准仓单提货手续的过程。客户注销标准仓单，应当通过会员向交易所提交标准仓单注销申请。

标准仓单持有人应当在标准仓单到期日前办理注销手续。逾期未办理的，交易所可以在到期日将其注销，由此造成的一切损失，由标准仓单持有人承担，交易所不保证全部交割商品质量符合规定标准。

交易所受理标准仓单注销申请后，注销相应的标准仓单，并开具提货通知单。

1. 纯碱仓库标准仓单注销

纯碱仓库标准仓单注销后，提货人应当在交易所开具提货通知单之日起10个工作日内，凭提货人身份证、提货人所在单位证明及提货通知单验证密码到仓库办理提货手续，确认商品质量、运输方式，并预交各项费用。

提货人提供运输工具的，自提货人凭提货通知单与仓库联系出库事宜、运输工具到达仓库之日起，仓库开始发货，并停止收取已装运货物的仓储费。

提货人委托仓库代办运输的，自提货人凭提货通知单与仓库联系确认出库事宜，指定运达地点并预交相关费用（包括铁路代办费、港杂费等）之日起，采用汽车、船舶运输的，仓库10个日历日内开始发货；采用火车运输的，仓库20个日历日内开始发货。仓库不能在规定时间内发货的，不得收取规定时间后产生的仓储费。由于提货人变更发货方式或者发货时间、提货手续不全、费用未按时缴纳、特殊要求等原因，致使商品装运推迟的，仓库发货时间不受前款规定限制。

已经注销的纯碱标准仓单，货物尚未出库但仍符合入库条件的，可重新申请注册仓单。

纯碱出库重量验收由仓库和提货人共同实施，具体办法参照入库重量验收规定。纯碱出库时数量发生损耗造成短少的，仓库应当及时补足；不能及时补足的，仓库按照提货通知单开具日之前（含该日）纯碱期货最近交割月最高交割结算价核算短少商品价款，赔偿提货人。

纯碱出库时，提货人对商品质量有异议的，可以向交易所申请一次复检，并预交复检费用。质量异议应当在提货通知单开具之日起 10 个工作日内提出。

纯碱出库时如出现破包、潮包、结块、严重污染等情况的，仓库需承担赔偿责任。

2. 纯碱厂库标准仓单注销

纯碱厂库标准仓单的交货地点为提货人在厂库配送范围内选择的仓库或者其他指定交货地点，厂库配送范围由交易所另行公告。厂库应当承担纯碱运至指定交货地点买方车板前的费用，包括仓库等收取的中转费用。指定交货地点存在升贴水的，提货人与厂库可按照交易所规定的升贴水标准自行结算。

提货人和厂库协商一致的，可以在其他地点进行交货，具体交收事宜及相关费用由双方协商确定。

纯碱厂库标准仓单注销后，提货人应当在交易所开具“提货通知单”之日起 10 个工作日内，凭提货人身份证、提货人所在单位证明及“提货通知单”验证密码到厂库办理发货手续，确认商品质量，确定运输方式，并预交各项费用。

自提货人与厂库联系发货之日起 3 个工作日内，双方应当就相关事项达成发货协议，包括交货地点、运输方式、发货速度、费用承担等。双方无法就发货速度协商一致的，厂库应当按照交易所批准的日发货速度发货。在仓库交货的，厂库、提货人应当及时与仓库联系，安排交收事宜。

厂库采用汽车运输的，应当在达成发货协议之日起 3 个日历日内发货；采用火车、轮船运输的，应当在达成发货协议之日起 15 个日历日内发货。发货后，厂库应当将相应单据及时交付提货人及拟交货的仓库。

提货人应当在每批货物运达交货仓库之日起（不含该日）3个日历日内完成货物验收、提货或者存储手续，逾期未提货产生的费用及质量责任由提货人自行承担。

纯碱交收时，重量验收实施及费用分担由厂库与提货人协商确定。协商不一致的，重量验收由仓库或者其他指定交货地点负责，费用由厂库承担。

纯碱交货数量发生短少的，厂库应当及时补足。不能补足的，厂库应当按照“提货通知单”开具日之前（含该日）纯碱期货最近交割月的最高交割结算价核算短少商品价款，赔偿提货人。

提货人在货物交收时应当到交收地点监发，未到场监发的，视为对货物重量没有异议。

在厂库交收时，厂库应当向提货人提供符合交割标准的“产品质量证明书”。需要注意的是，生产日期早于标准仓单注销日150天（含150天）的纯碱，提货人可以拒收。

厂库在进行纯碱交货时，不得出现破包、潮包、结块、严重污染等情况。

九、参与纯碱期货交易、交割会涉及哪些费用？

参与纯碱期货交易会产生交易手续费，如果进入交割等环节，还可能会涉及交割手续费、仓单转让手续费、期货转现货手续费等，具体收费标准可参考交易所最新公告及期货公司的收费标准。

在交割环节，纯碱运达仓库指定货位前的一切费用和货物装到汽车板的出库费用由卖方客户承担，货物出库装到汽车板后的一切费用由买方客户承担。整个交割环节可能涉及的费用如下：

（一）仓储费

指定纯碱交割仓（厂）库收取仓储费用标准为每天0.5元/吨（含保险

费用）。

（二）出入库费用

指定纯碱交割仓库收取出入库费用最高限价标准为汽车入库 25 元/吨，火车入库 30 元/吨，汽车出库 0 元/吨（见表 5 -9）。出入库费用含卸车、库内运输、倒垛、装汽车，火车出库的客户可与交割仓库协商解决。

表 5 -9　纯碱交割费用标准

<table>
<tr><th colspan="2">项目</th><th>费用标准</th><th>备注</th></tr>
<tr><td colspan="2">仓储费</td><td>0.5 元/吨·天</td><td rowspan="7">出入库费用含卸车、库内运输、倒垛、装汽车；厂库送货至买方车板上之前的费用由厂库承担</td></tr>
<tr><td colspan="2">交割手续费</td><td>0.5 元/吨</td></tr>
<tr><td colspan="2">仓单转让、期转现手续费</td><td>0.5 元/吨</td></tr>
<tr><td rowspan="2">入库费用</td><td>汽车入库（元/吨）</td><td>25</td></tr>
<tr><td>火车入库（元/吨）</td><td>30</td></tr>
<tr><td rowspan="2">出库费用</td><td>汽车出库（元/吨）</td><td>0</td></tr>
<tr><td>火车出库（元/吨）</td><td>协商解决</td></tr>
</table>

资料来源：郑州商品交易所。

注意事项：

1. 不委托交易所结算的仓单转让和期转现免收手续费；委托交易所结算的仓单转让和期转现按原标准收取手续费；同一客户编码的仓单转让和期转现免收手续费。

2. 仓储费收取节点：自标准仓单注册之日起至交易所开出提货通知单前一日止，交易所代交割仓库收取仓储费，交易所在每月第一个交易日按月计算划转上个月发生的仓储费；交易所代收之外的费用，交割仓库直接向货主收取。

（三）质检费

质检共 7 项指标，即总碱量、氯化钠、铁的质量分数、硫酸盐、水不溶物的质量分数、堆积密度、粒度。

质检收费标准：纯碱总量小于等于 500 吨，取一个样，质检费为 2000

元；两个样（对应1000吨纯碱）及以上，每样1500元（见表5－10）。取样方式采用拆包取样。

客户提出复检时，如对部分指标有异议的，可提交相应指标的复检申请。

表5－10 单项指标质检费用标准

检测项目	费用标准（元/样）
总碱量	400
氯化钠	400
铁的质量分数	300
硫酸盐	300
水不溶物的质量分数	300
堆积密度	100
粒度	200
合计	2000

资料来源：郑州商品交易所。

小贴士

交割纠纷的处理

在交割过程中，如果买方或卖方与交割仓库/厂库之间产生争议或纠纷，应首先由双方自行协商解决。如果双方协商无法达成一致意见，应在交易所规定的时间内以书面形式提请交易所调解，逾期交易所不再受理调解申请。若交易所仍调解不成的，争议双方可通过法律途径解决。

需要注意的是，对于已出库的交割商品（纯碱）的质量和数量的争议，交易所将不再受理。因此，当出现争议或纠纷时，货主最好在出库前按照相关规定参与监督。

十、纯碱期货的风险控制规则是怎样的?

期货交易风险管理措施包含保证金制度、涨跌停板制度、限仓制度、交易限额制度、大户报告制度、强行平仓制度、风险警示制度等。

(一) 保证金制度

纯碱期货合约最低交易保证金标准按照该期货合约上市交易的时间分期依次管理。通常,期货公司会在交易所收取的保证金的基础上加收一定比例的保证金(见表5-11)。例如,若交易所对纯碱一般月份合约收取5%的保证金,期货公司则会加收一定比例,通常按照8%~10%的比例收取。

表5-11 纯碱期货合约不同时间段保证金收取标准

交易时间段	交易保证金标准
自合约挂牌至交割月前一个月第15个日历日期间的交易日	合约价值的5%
自交割月前一个月第16个日历日至交割月前一个月最后一个日历日期间的交易日	合约价值的10%
交割月份	合约价值的20%

资料来源:郑州商品交易所。

(二) 涨跌停板制度

纯碱期货合约每日涨跌停板幅度为前一交易日结算价的±4%。若出现单边市情况,则按照行情程度进行不同等级的风险管理措施,具体见表5-12。

表5-12 纯碱期货合约出现同方向单边市涨跌停板及保证金收取标准

交易日	涨跌停板幅度	交易保证金	同方向单边市情况
D1交易日	±4%	5%	第1个单边市
D2交易日	±7%	9%	第2个单边市

续表

交易日	涨跌停板幅度	交易保证金	同方向单边市情况
D3 交易日	±10%	12%	第 3 个单边市
D4 交易日	D3 交易日该期货合约仍出现同方向单边市的（即连续 3 个交易日出现同方向单边市），交易所可根据市场情况决定并公告，对该合约实施下列三种措施中的任意一种。 措施一：D4 交易日继续交易，交易所可以采取调整交易保证金标准、调整涨跌停板幅度、暂停开仓、暂停平仓、限制出金、限期平仓及其他风险控制措施 措施二：D4 交易日暂停交易一天，交易所在 D5 交易日可以采取调整交易保证金标准、调整涨跌停板幅度、暂停开仓、暂停平仓、限制出金、限期平仓及其他风险控制措施 措施三：D4 交易日暂停交易一天，交易所在 D4 交易日强制减仓。强制减仓后，从下一交易日（含该日）开始，该期货合约交易保证金标准和涨跌停板幅度按照 D3 交易日的标准执行，直至该期货合约不再出现同方向单边市		

资料来源：郑州商品交易所。

说明：具体交易保证金收取标准以郑州商品交易所最新公告为准。

需要注意的是，若 D2 及以后交易日出现与前一交易日反方向涨跌停板单边市，则视作新一轮单边市的开始，该日即视为 D1 交易日，下一交易日涨跌停板幅度和交易保证金标准参照表 5－12 中的办法执行。

小贴士

单边市的含义

某期货合约在某一交易日收盘前 5 分钟内出现只有停板价位的买入（卖出）申报，没有停板价位的卖出（买入）申报，或者一有卖出（买入）申报就成交，但未打开停板价位的情况，称为涨（跌）停板单方无报价，即单边市。

延伸阅读

强制减仓

根据《郑州商品交易所期货交易风险控制管理办法》第十八条，强制减仓是指D4交易日结算时，交易所将D3交易日闭市时以涨跌停板价申报的未成交平仓报单，且该客户（包括非期货公司会员，下同）该期货合约单位持仓亏损大于或者等于D3交易日结算价一定比例（该期货合约规定的最低交易保证金标准）的所有持仓，以D3交易日涨跌停板价，与该期货合约盈利持仓按规定方式和方法自动撮合成交。

强制减仓前，同一客户在该期货合约的双向持仓首先自动对冲。强制减仓造成的经济损失由会员、境外经纪机构及客户承担。

（三）强制减仓的方法和程序

根据《郑州商品交易所期货交易风险控制管理办法》第十九条，强制减仓的方法和程序有以下几条。

1. 申报数量的确定

D3交易日收市后，已在计算机系统中以涨（跌）停板价申报但没有成交的，且该客户该期货合约的单位持仓亏损大于或者等于D3交易日结算价一定比例（该期货合约规定的最低交易保证金标准）的所有申报平仓数量的总和，因自动对冲客户双向持仓造成客户持仓少于平仓单所报数量时，系统自动将平仓数量进行调整。客户不愿意按上述方法平仓的，可在收市前撤单，不作为申报的平仓报单。

客户单位持仓盈亏的计算方法：

$$\text{客户该期货合约单位持仓盈亏} = \frac{\text{客户该期货合约持仓盈亏的总和（元）}}{\text{客户该期货合约的持仓量（手）}}$$

客户该期货合约持仓盈亏总和，是指客户该期货合约的持仓按其实际成交价与当日结算价之差计算的盈亏总和。

2. 持仓盈利客户平仓范围的确定

根据上述方法计算的客户单位持仓盈利的投机持仓（包括套利持仓）

以及客户单位持仓盈利大于或等于期货合约规定价幅 2 倍的保值持仓都列入平仓范围。

3. 平仓数量的分配原则及方法

（1）平仓数量的分配原则

①在平仓范围内按盈利的大小和投机与保值的不同分成四级，逐级进行分配。

首先分配给属平仓范围内单位持仓盈利大于或者等于期货合约规定价幅（以 D3 交易日结算价计算，下同）2 倍的投机持仓（以下简称“盈利 2 倍的投机持仓”）。

其次分配给单位持仓盈利大于或者等于期货合约规定价幅 1 倍的投机持仓（以下简称“盈利 1 倍的投机持仓”）。

再次分配给单位持仓盈利大于或者等于期货合约规定价幅 1 倍以下的投机持仓（以下简称“盈利 1 倍以下的投机持仓”）。

最后分配给单位持仓盈利大于或等于合约规定价幅 2 倍的保值持仓（以下简称“盈利 2 倍的保值持仓”）。

②以上各级分配比例均按申报平仓数量（剩余申报平仓数量）与各级可平仓的盈利持仓数量之比进行分配。

（2）平仓数量的分配方法及步骤

若盈利 2 倍的投机持仓数量大于或者等于申报平仓数量，根据申报平仓数量与盈利 2 倍的投机持仓数量的比例，将申报平仓数量向盈利 2 倍的投机客户等比例分配实际平仓数量。

盈利 2 倍的投机持仓数量小于申报平仓数量，则根据盈利 2 倍的投机持仓数量与申报平仓数量的比例，将盈利 2 倍的投机持仓数量向申报平仓客户分配实际平仓数量；再把剩余的申报平仓数量按上述的分配方法向盈利 1 倍的投机持仓分配；还有剩余的，再向盈利 1 倍以下的投机持仓分配；若还有剩余，再向盈利 2 倍的保值持仓分配；仍有剩余的，不再分配。具体方法与步骤见《郑州商品交易所期货交易风险控制管理办法》附件。

分配平仓数量以“手”为单位，不足 1 手的按如下方法计算：首先对每个交易编码所分配到的平仓数量的整数部分进行分配，然后按小数部分由大到小的顺序“进位取整”进行分配。

采取上述措施后该期货合约风险仍未释放的，交易所就宣布进入异常情况，并按有关规定采取风险控制措施。

新期货合约成交首日以前（含该日）出现单边市的，该期货合约的涨跌停板幅度和交易保证金标准不受《郑州商品交易所期货交易风险控制管理办法》第十六条限制。

某期货合约在交割月的最后交易日出现第三个连续同方向单边市的，则当日闭市后，交易所根据市场情况，决定对该期货合约先执行强制减仓之后配对交割或者直接配对交割。

（四）限仓制度

限仓是指交易所规定会员或者客户按单边计算的，可以持有某一期货合约投机持仓的最大数量。

交易所根据纯碱期货合约上市不同时段、期货合约持仓规模的不同，采取不同的限仓标准（见表5-13）。

表5-13　　非期货公司会员及客户最大单边持仓

<table>
<tr><th>交易时间段</th><th colspan="2">自合约挂牌至交割月前一个月第15个日历日期间的交易日</th><th>自交割月前一个月第16个日历日至交割月前一个月最后一个日历日期间的交易日</th><th>交割月份</th></tr>
<tr><td rowspan="2">非期货公司会员和客户的最大单边持仓量</td><td>期货合约单边持仓量<20万手</td><td>20000手</td><td rowspan="2">4000手</td><td rowspan="2">800手
（自然人客户最大单边持仓量为0）</td></tr>
<tr><td>期货合约单边持仓量≥20万手</td><td>期货合约单边持仓量×10%</td></tr>
</table>

资料来源：郑州商品交易所。

交割月前一个月的最后一个交易日收盘前，会员及客户应当将其期货合约持仓调整为最小交割单位的整倍数；自进入交割月起，会员及客户的持仓应当是最小交割单位的整倍数。

需要注意的是，同一客户在不同期货公司会员处开有多个交易编码，各交易编码上所有持仓的合计数，不得超出一个客户的限仓数额。

（五）交易限额制度

交易限额，是指交易所规定会员或者客户对某一合约在某一期限内开仓交易的最大数量，但套期保值交易和做市交易的开仓数量不受《郑州商品交易所期货交易风险控制管理办法》交易限额制度限制。同一客户在不同期货公司会员处开有多个交易编码，各交易编码上所有开仓交易数量的合计数，不得超过一个客户的交易限额。

（六）强行平仓制度

期货交易实行强行平仓制度。强行平仓制度，是指当会员、客户违反交易所相关业务规定时，交易所对其违规持有的相关期货合约持仓予以平仓的强制措施。

小贴士

什么情况下会被强行平仓

强行平仓常见的情况通常是因为交易保证金不足而又未在规定时间内补足。期货交易实行保证金制度，每一笔交易均须缴纳一定比例的保证金。当市场发生不利变化时，交易者需根据交易规则和合约的约定追加保证金，如交易者未能按时履行追加保证金的义务，交易所有权对会员，期货公司有权对客户所持有的仓位实施强行平仓。

另一种较为常见的情况是，因客户违反交易规则而被强行平仓。例如，持仓数量超过限仓规定，违反大户报告制度未进行报告或报告不实等。

延伸阅读

郑州商品交易所期货交易风险控制管理办法（节选）

第三十六条　会员或者客户有下列情形之一的，交易所有权进行强行平仓：

（一）结算准备金余额小于零并未能在规定时间内补足的；

（二）持仓量超出其限仓规定的；

（三）进入交割月份的自然人持仓；

（四）因违规受到交易所强行平仓处罚的；

（五）根据交易所的紧急措施应予强行平仓的；

（六）其他应予强行平仓的。

第三十七条　强行平仓的原则和程序：

强行平仓先由会员自行实施，除交易所特别规定的时限外，会员未在10时15分之前平仓完毕的，交易所强制执行。

由会员自行平仓的，属前条第（一）、（二）、（三）项情形的，由会员自行确定，平仓结果符合交易所规定即可；属前条第（四）、（五）、（六）项情形的，由交易所确定。

由交易所强行平仓的，按以下程序实施：

（一）交易所按照会员提供的平仓名单进行强行平仓。

（二）会员没有提供平仓名单，属前条第（一）项的，按照上一交易日闭市后期货合约总持仓量由大到小顺序，先选择持仓量大的期货合约作为强行平仓的期货合约，再按照该会员客户该期货合约的净持仓亏损由大到小确定。多个会员均需要强行平仓的，按追加保证金由大到小的顺序，先强平需要追加保证金大的会员。

（三）属前条第（二）项的，按照超仓量由大到小的顺序，对非期货公司会员或客户进行强行平仓。

（四）会员没有提供平仓名单，属前条第（三）项的，按照上一交易日闭市后自然人期货合约持仓由大到小顺序进行强行平仓。

（五）会员没有提供平仓名单，属前条第（四）、（五）、（六）项的，强行平仓头寸由交易所根据涉及的会员和客户的具体情况确定。

（六）会员同时满足属前条第（一）、（二）、（三）项情况，交易所先按第（二）、（三）项情况确定强行平仓头寸，再按第（一）项情况确定强行平仓头寸。

由于市场原因无法满足上述原则和程序的，交易所有权择机强行平仓。

第三十八条　交易所实施强行平仓，应当通知会员，会员应当通知客户。

属第三十六条第（一）、（二）、（三）项情况的，以交易所提供的结算结果为通知依据；属第三十六条第（四）、（五）、（六）项情况的，交易所向有关会员下达《强行平仓通知书》。

第三十九条　会员未在规定时间内自行平仓完毕的，剩余部分由交易所按第三十七条所确定的原则以市场价对会员直接执行强行平仓。

交易所强行平仓完毕后，应当将强行平仓结果随当日成交记录向会员发送，并将强行平仓记录予以存档。

强行平仓的价格通过市场交易形成。

第四十条　由于涨跌停板或者其他市场原因无法在当日完成全部强行平仓的，剩余持仓可以顺延至下一交易日继续执行强行平仓，直至平仓完毕。

第四十一条　由于涨跌停板或者其他市场原因有关持仓的强行平仓只能延时完成的，因此发生的亏损仍由会员或者客户承担；未能完成平仓的，该持仓持有者须继续对此承担持仓责任或者交割义务。

第四十二条　除第三十六条第（四）项外，强行平仓产生的盈利或者亏损均归持仓人。持仓人是客户的，强行平仓发生的亏损，客户所在会员先行承担后，自行向该客户追偿；持仓人是境外经纪机构客户的，境外经纪机构应辅助其委托交易结算的期货公司会员强行平仓，强行平仓后发生的亏损，由为该境外经纪机构交易结算的期货公司会员先行承担后，自行向该境外经纪机构追索；境外经纪机构承担损失后，自行向该客户追索。

本办法第三十六条第（四）项实施的强行平仓，亏损由持仓人承担，盈利按国家有关规定执行。

十一、如果套保需求超出了持仓限额怎么办?

如果某规模较大的企业有大量的套期保值需求，但保值数量超出持仓限额，则该企业可根据其经营规模申请套期保值持仓额度。具体流程是先由需要进行套期保值的企业客户向其所开户的期货公司会员进行申报，待期货公司进行审核后再向交易所提交申报手续。

按照套期保值持仓额度使用阶段，套期保值持仓额度分为一般月份套期保值持仓额度和临近交割月份套期保值持仓额度。

按合约方式申请一般月份套期保值持仓额度的，应当在套期保值期货合约挂牌至交割月前一个月的第5个日历日之间的交易日提出，逾期交易所不再受理该合约套期保值持仓额度的申请。非期货公司会员或者客户可以一次申请多个合约的一般月份套期保值持仓额度。

按品种方式申请一般月份套期保值持仓额度的，在全年的任一交易日均可提出，获批额度自获批之日至申请之日下一年度6月30日之间的交易日生效。获批一般月份套期保值持仓额度的非期货公司会员或者客户，在该品种已挂牌的所有合约获得数量相等的一般月份套期保值持仓额度。

交易所接到期货公司会员提交的申报手续后，通常会按客户的主体资格是否符合、现货经营状况、套期保值申请品种、持仓方向、持仓数量以及历史违规情况等因素来确定其一般月份套期保值持仓额度。交易所收到完整的套期保值申请材料后5个交易日内进行审核并予以答复。

案例5-1

2022年5月，纯碱期货主力合约2209持仓在54.46万手到68.85万手之间，那么根据限仓规则单边持仓量乘以10%的规定，同一客户在该合约（处于一般月份时）上的持仓限额可以达到5万手以上，对应100万吨纯碱现货规模，完全可以满足现货企业的套保需求。如企业有更大规模的保值需求，可根据企业经营规模申请套期保值持仓额度。

实施比例限仓与套保额度审批制度，既可防止单个客户持仓过于集中，防范市场风险，又能满足产业客户的套期保值需求。

十二、什么是玻璃、纯碱套利指令？有什么优点？

（一）套利指令的概念

郑州商品交易所于2020年5月8日（星期五）夜盘起推出玻璃、纯碱期货跨品种套利指令。

跨品种套利，是指非期货公司会员、客户在不同期货品种合约间进行数量相等、买卖方向相反的期货交易方式。套利交易的实质是做两个品种合约之间的价差，即品种A价格－品种B价格。两个不同品种或者同一品种不同到期时间的期货合约之间强弱关系变化引起价差的变化可给交易者带来交易机会。

玻璃、纯碱期货交易单位均为20吨/手，合约价值相近，在报价单位、最小变动价位、每日价格波动限制、最低交易保证金、合约交割月份、交易时间等均保持一致，便于设置两品种间的套利指令。

（二）套利指令的优点

1. 降低保证金占用

郑州商品交易所套利交易，按照套利持仓组合内交易保证金较高的合约单边收取。相比于原本两个合约分别收取保证金，资金占用更小。

例如，在玻璃、纯碱套利指令推出以前，按照2020年5月8日的主力合约结算价、交易所保证金比例5%测算，同时交易1手玻璃和1手纯碱期货要分开下单，分别需要占用保证金1334元/吨和1420元/吨，合计占用保证金2754元/吨。而在玻璃、纯碱套利指令推出以后，同样按以上价格和保证金比例测算，则只需要收取二者中较高的保证金，即纯碱的1420元/吨。通过玻璃－纯碱套利指令下单，大幅降低了保证金的占用（见表5－14），有效地提高了企业资金的利用率。

表5－14　玻璃－纯碱套利指令推出后交易保证金占用对比　（单位：元/吨）

按交易1手测算	5月8日前分开下单	5月8日夜盘起玻璃－纯碱套利指令
SA2009	1420	1420
FG2009	1334	1334
保证金占用	2754	1420
备注	纯碱期货、玻璃期货分别收取保证金	只收取单边合约较高的保证金

资料来源：光大期货研究所。

需要注意的是，在玻璃－纯碱套利指令推出以后，只有通过"套利指令"下单交易的套利单，才会实施仅收取保证金较大一边的优惠政策。如果是通过普通下单功能自行组合的套利单，交易所则不会自动认定套利组合，保证金也按照双边收取。这种情况下，需要客户在当日结算前通过期货公司会员在14：00之前申请套利保证金优惠。

2. 确保以指定价差成交

交易所在撮合套利指令时，可确保当且仅当"双腿"合约价差等于或优于客户指定的价差时才能成交，且"双腿"合约同时成交。这样就避免了只成交"一腿"（如只成交了玻璃但未成交纯碱或反之）的情况，从而影响交易者的交易计划。

纯碱、玻璃期货合约对比情况见表5－15。

表5－15　纯碱、玻璃期货合约对比

交易品种	平板玻璃（简称"玻璃"）	纯碱
交易单位	20吨/手	20吨/手
报价单位	元（人民币）/吨	元（人民币）/吨
最小变动价位	1元/吨	1元/吨
每日价格波动限制	上一交易日结算价±4%及《郑州商品交易所期货交易风险控制管理办法》相关规定	上一交易日结算价±4%及《郑州商品交易所期货交易风险控制管理办法》相关规定

续表

交易品种	平板玻璃（简称“玻璃”）	纯碱
最低交易保证金	合约价值的5%	合约价值的5%
合约交割月份	1—12月	1—12月
交易时间	每周一至周五（北京时间法定节假日除外） 上午9：00—11：30，下午1：30—3：00及交易所规定的其他交易时间	每周一至周五（北京时间法定节假日除外） 上午9：00—11：30，下午1：30—3：00及交易所规定的其他交易时间
最后交易日	合约交割月份的第10个交易日	合约交割月份的第10个交易日
最后交割日	合约交割月份的第13个交易日	合约交割月份的第13个交易日
交割品级	见《郑州商品交易所平板玻璃期货业务细则》	见《郑州商品交易所纯碱期货业务细则》
交割地点	交易所指定交割地点	交易所指定交割地点
交割方式	实物交割	实物交割
交易代码	FG	SA
上市交易所	郑州商品交易所	郑州商品交易所

资料来源：郑州商品交易所。

从事玻璃、纯碱期货套利交易需要注意的是，套利指令同样实行限仓制度。

具体规定是：

一般月份或交割月前一个月：投机持仓与套利持仓之和，不得超过同期期货合约投机持仓限仓标准的2倍，其中投机持仓不得超过相应投机持仓的限仓标准。

交割月份：投机持仓与套利持仓之和，不得超过交割月投机持仓限仓标准。

自测题

一、不定项选择题

1. 郑州商品交易所在对纯碱期货合约设计时，坚持了以下（　　）

原则。

A. 贴近现货市场实际　　B. 遵循期货市场规律

C. 严控市场风险　　D. 不考虑期现关联性

2. 以下（　　）方式可以了结纯碱期货市场持仓。

A. 对冲平仓　B. 实物交割　C. 背书转让　D. 现金交割

3. 以下关于纯碱期货基准交割品的说法，正确的有（　　）。

A. 符合《中华人民共和国国家标准 工业碳酸钠及其实验方法 第1部分：工业碳酸钠》（GB/T 210.1－2004）

B. 符合《纯碱国标》Ⅰ类优等品的轻质纯碱

C. 纯碱交割品级的包装规格为吨包

D. 氯化钠含量（以干基的NaCl的质量分数计）≤0.7%

4. 纯碱厂库交割具有以下（　　）优点。

A. 省去仓库存储这一环节，消除了纯碱在储存期间的板结及质量变化等风险

B. 货物直接由厂库送至指定交货地点，减少入库、搬倒、装卸等环节，节省相关环节的费用，降低交割综合成本

C. 在市场因阶段性供需错配出现仓单不足时，厂库可迅速生成仓单，有效地防范和化解交割风险

D. 提货灵活方便，满足买方的个性化需求

5. 以下关于纯碱期货交割的说法，正确的有（　　）。

A. 纯碱期货采用仓库交割和厂库交割的方式，并设置有免检品牌

B. 仓库交割仓单为信用仓单，资金占用是交割货值的100%（现金）或120%（银行保函）

C. 厂库交割提货方式分为送到制和自提制

D. 即使是交割免检品牌，纯碱在出库时买方客户仍有权提出复检申请

6. 以下（　　）不是纯碱期货仓库仓单生成的流程。

A. 交割预报　B. 质量检验　C. 入库验收　D. 仓单注销

7. 以下关于纯碱期货仓单及其相关生成流程的说法，正确的有（　　）。

A. 纯碱仓单的有效期为4个月，每年1月、5月、9月第15个交易日（含该日）之前注册的标准仓单，应在当月的第15个交易日（含该日）之

前全部注销

B. 纯碱生产日期超过 60 天的，不得入库

C. 纯碱入库通知单的有效期（公历日）为 15 天

D. 纯碱质量检验按每 1000 吨一个样品抽取；不足 1000 吨的按 1000 吨计

8. 参与纯碱期货交易和交割，不会涉及的费用有（　　）。

A. 仓储费　　B. 出、入库费

C. 免检品牌申请费　　D. 质检费

二、判断题

1. 纯碱期货交易单位和交割单位均为 20 吨/手，合约交割月份为每年的 1—12 月。（　　）

2. 纯碱期货夜盘交易时间为 21：00 至 23：30。（　　）

3. 交割是了解未平仓合约的一种方式，是参与期货交易的必经环节。（　　）

4. 纯碱交割中引入免检品牌制度有助于降低交割成本，促进期现货市场融合。（　　）

5. 在滚动交割中，最后交易日闭市前，同一会员同一交易编码的客户若未提出不自动平仓申请，则闭市后其相对应部分买卖持仓由计算机自动平仓，平仓价按当日收盘价计算。（　　）

6. 期转现买卖双方的最终平仓价格由交易所规定并代为平仓。（　　）

7. 期转现的买卖双方可以协商选择交货地点、交货时间和交割品级，这对贸易双方来说更具便捷性，满足多样化的贸易需求。（　　）

8. 在纯碱入库过程中，出现破包、潮包、结块、严重污染等情况的，经买卖双方及仓库协商同意后的，仍可按流程入库。（　　）

9. 不同生产厂家生产的纯碱，理论上应当分开进行交割预报；但持仓属于同一客户的，可以进行合并交割预报。（　　）

10. 厂库申请仓单注册时，必须提供交易所认可的银行履约保函、银行承兑汇票、现金或交易所认可的其他担保方式；仓库申请仓单注册时，不需要提供相应担保。（　　）

参考答案

一、不定项选择题

1. ABC　2. AB　3. AC　4. ABCD　5. ACD　6. D　7. C　8. C

二、判断题

1. 对　2. 错　3. 错　4. 对　5. 错　6. 错　7. 对　8. 错　9. 错　10. 错

第六章

普通交易者如何参与纯碱期货

本章要点

本章主要介绍了普通交易者参与纯碱期货的方式、期货账户的资金管理与风险控制、交易习惯的培养以及纯碱期货品种特点等知识。通过本章的介绍，交易者可对纯碱期货的交易流程有一定了解，为进入纯碱期货的实战交易做好基础准备。

一、参与纯碱期货交易的通常有哪些人?

2022 年 8 月 1 日起施行的《中华人民共和国期货和衍生品法》对期货交易者的规定是：期货交易者是指依照《中华人民共和国期货和衍生品法》从事期货交易，承担交易结果的自然人、法人和非法人组织。

根据财产状况、金融资产状况、交易知识和经验、专业能力等因素，交易者可以分为普通交易者和专业交易者。专业交易者的标准由国务院期货监督管理机构规定。

根据参与期货交易目的的不同，交易者可分为两类：一类是套期保值者，另一类是投机者（包含套利者）。套期保值是指交易者为管理因其资产、负债等价值变化产生的风险而达成与上述资产、负债等基本吻合的期货交易和衍生品交易的活动。商品期货的套期保值者主要包括生产者、加工商、贸易商等市场主体，参与期货市场的目的主要是通过期货市场的对冲机制转移生产经营中的价格波动风险。而投机者主要指试图从期货价格波动中获取利润的个人或者企业，他们是期货风险的承受者，也是套期保值者的交易对手。

在成熟的期货市场中，套期保值者和投机者常保持一定的比例，否则期货市场功能将无法充分发挥。一般来说，投机者参加交易可以有效地增加市场流动性，起到"润滑剂"的作用。假如期货市场上的套期保值者数量过多而投机者数量过少，则期货市场的流动性会大大降低，其规避风险和发现价格两大功能就无法得以实现；反之，如果投机者参与过多而套期保值者参与过少，则市场波动将大幅提升，期货价格也无法反映真实的供求关系，市场价格发现的功能同样无法充分发挥。

延伸阅读

《证券期货投资者适当性管理办法》（节选）

2016 年 5 月 26 日中国证券监督管理委员会第七次主席办公会议审议通过，根据 2020 年 10 月 30 日中国证券监督管理委员会《关于修改、废止部分证券期货规章的决定》第一次修正，根据 2022 年 8 月 12 日中国证券监督管理委员会《关于修改、废止部分证券期货规章的决定》第二次修正

第一条　为了规范证券期货投资者适当性管理，维护投资者合法权益，根据《中华人民共和国证券法》（以下简称《证券法》）、《中华人民

共和国证券投资基金法》（以下简称《证券投资基金法》）、《中华人民共和国期货和衍生品法》（以下简称《期货和衍生品法》）、《证券公司监督管理条例》《期货交易管理条例》及其他相关法律、行政法规，制定本办法。

第二条　向投资者销售公开或者非公开发行的证券、公开或者非公开募集的证券投资基金和股权投资基金（包括创业投资基金，以下简称基金）、公开或者非公开转让的期货及其他衍生产品，或者为投资者提供相关业务服务的，适用本办法。

本办法所称投资者，包括《证券法》规定的投资者，《证券投资基金法》规定的投资人、基金份额持有人，以及《期货和衍生品法》规定的交易者等。

……

第七条　投资者分为普通投资者与专业投资者。

普通投资者在信息告知、风险警示、适当性匹配等方面享有特别保护。

第八条　符合下列条件之一的是专业投资者：

（一）经有关金融监管部门批准设立的金融机构，包括证券公司、期货公司、基金管理公司及其子公司、商业银行、保险公司、信托公司、财务公司等；经行业协会备案或者登记的证券公司子公司、期货公司子公司、私募基金管理人。

（二）上述机构面向投资者发行的理财产品，包括但不限于证券公司资产管理产品、基金管理公司及其子公司产品、期货公司资产管理产品、银行理财产品、保险产品、信托产品、经行业协会备案的私募基金。

（三）社会保障基金、企业年金等养老基金，慈善基金等社会公益基金，合格境外机构投资者（QFII）、人民币合格境外机构投资者（RQFII）。

（四）同时符合下列条件的法人或者其他组织：

1. 最近1年末净资产不低于2000万元；

2. 最近1年末金融资产不低于1000万元；

3. 具有2年以上证券、基金、期货、黄金、外汇等投资经历。

（五）同时符合下列条件的自然人：

1. 金融资产不低于500万元，或者最近3年个人年均收入不低于50万元；

2. 具有2年以上证券、基金、期货、黄金、外汇等投资经历，或者具有2年以上金融产品设计、投资、风险管理及相关工作经历，或者属于本条第（一）项规定的专业投资者的高级管理人员、获得职业资格认证的从事金融相关业务的注册会计师和律师。

前款所称金融资产，是指银行存款、股票、债券、基金份额、资产管理计划、银行理财产品、信托计划、保险产品、期货及其他衍生产品等。

第九条　经营机构可以根据专业投资者的业务资格、投资实力、投资经历等因素，对专业投资者进行细化分类和管理。

第十条　专业投资者之外的投资者为普通投资者。

经营机构应当按照有效维护投资者合法权益的要求，综合考虑收入来源、资产状况、债务、投资知识和经验、风险偏好、诚信状况等因素，确定普通投资者的风险承受能力，对其进行细化分类和管理。

第十一条　普通投资者和专业投资者在一定条件下可以互相转化。

符合本办法第八条第（四）、（五）项规定的专业投资者，可以书面告知经营机构选择成为普通投资者，经营机构应当对其履行相应的适当性义务。

符合下列条件之一的普通投资者可以申请转化成为专业投资者，但经营机构有权自主决定是否同意其转化：

（一）最近1年末净资产不低于1000万元，最近1年末金融资产不低于500万元，且具有1年以上证券、基金、期货、黄金、外汇等投资经历的除专业投资者外的法人或其他组织；

（二）金融资产不低于300万元或者最近3年个人年均收入不低于30

万元，且具有1年以上证券、基金、期货、黄金、外汇等投资经历或者1年以上金融产品设计、投资、风险管理及相关工作经历的自然人投资者。

第十二条　普通投资者申请成为专业投资者应当以书面形式向经营机构提出申请并确认自主承担可能产生的风险和后果，提供相关证明材料。

经营机构应当通过追加了解信息、投资知识测试或者模拟交易等方式对投资者进行谨慎评估，确认其符合前条要求，说明对不同类别投资者履行适当性义务的差别，警示可能承担的投资风险，告知申请的审查结果及其理由。

注：最新的《证券期货投资者适当性管理办法》以中国证监会最新公布为准。

二、普通交易者如何参与纯碱期货？

通常，普通交易者参与纯碱期货交易有以下几个步骤：开户、软件下载、入金、下单交易、结算。

（一）开户

开户是参与期货市场的第一步。自然人开户须提供本人身份证原件、本人实名开户的期货结算银行的个人借记卡等材料，同时还需提供交易指令下达人、资金调拨人、结算单确认人身份证明文件原件。

目前，国内期货公司提供线上（手机、电脑）和线下开户方式，交易者可根据方便自行选择。具体开户流程见图6-1、图6-2。

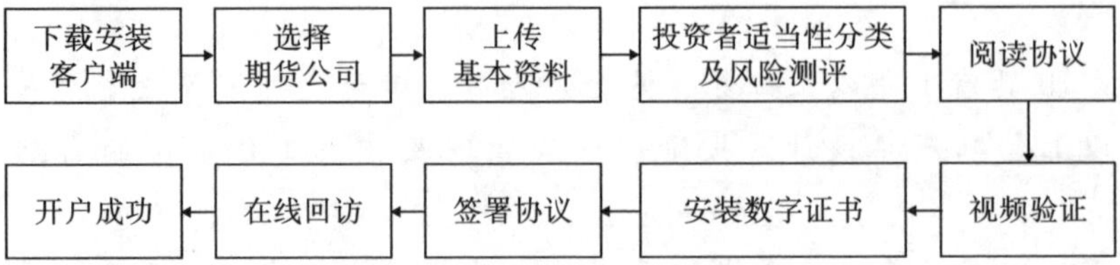

图 6－1　期货账户手机开户流程

资料来源：光大期货研究所制图。

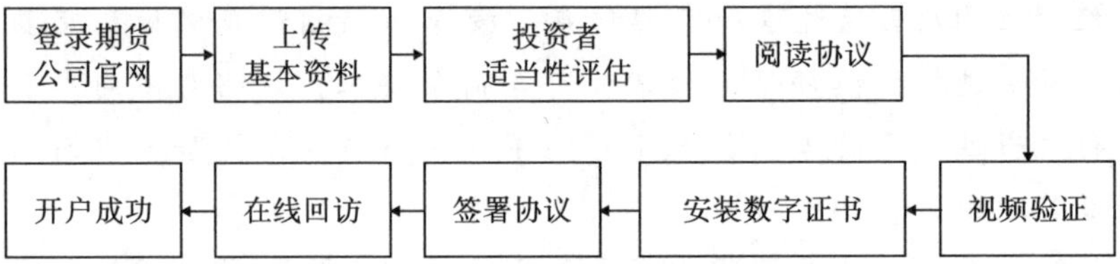

图 6－2　期货账户电脑开户流程

资料来源：光大期货研究所制图。

法人开立期货账户需准备以下材料并联系期货公司办理开户手续：

1. 法定代表人或开户授权人、交易指令下达人、资金调拨人、结算单确认人现场办理开户手续。

2. 三证合一的营业执照（副本）原件。

3. 单位实名开户的期货结算银行任意一家银行单位结算账户。

4. 法定代表人、开户授权人、交易指令下达人、资金调拨人、结算单确认人的有效身份证件原件。

5. 单位公章、法定代表人私章。

延伸阅读

《证券期货投资者适当性管理办法》（节选）

2016 年 5 月 26 日中国证券监督管理委员会第七次主席办公会议审议通过，根据 2020 年 10 月 30 日中国证券监督管理委员会《关于修改、废止部分证券期货规章的决定》第一次修正，根据 2022 年 8 月 12 日中国证

券监督管理委员会《关于修改、废止部分证券期货规章的决定》第二次修正

……

第十四条　中国证监会、自律组织在针对特定市场、产品或者服务制定规则时，可以考虑风险性、复杂性以及投资者的认知难度等因素，从资产规模、收入水平、风险识别能力和风险承担能力、投资认购最低金额等方面，规定投资者准入要求。投资者准入要求包含资产指标的，应当规定投资者在购买产品或者接受服务前一定时期内符合该指标。

现有市场、产品或者服务规定投资者准入要求的，应当符合前款规定。

第十五条　经营机构应当了解所销售产品或者所提供服务的信息，根据风险特征和程度，对销售的产品或者提供的服务划分风险等级。

第十六条　划分产品或者服务风险等级时应当综合考虑以下因素：

（一）流动性；

（二）到期时限；

（三）杠杆情况；

（四）结构复杂性；

（五）投资单位产品或者相关服务的最低金额；

（六）投资方向和投资范围；

（七）募集方式；

（八）发行人等相关主体的信用状况；

（九）同类产品或者服务过往业绩；

（十）其他因素。

涉及投资组合的产品或者服务，应当按照产品或者服务整体风险等级进行评估。

第十七条　产品或者服务存在下列因素的，应当审慎评估其风险等级：

（一）存在本金损失的可能性，因杠杆交易等因素容易导致本金大部

分或者全部损失的产品或者服务；

（二）产品或者服务的流动变现能力，因无公开交易市场、参与投资者少等因素导致难以在短期内以合理价格顺利变现的产品或者服务；

（三）产品或者服务的可理解性，因结构复杂、不易估值等因素导致普通人难以理解其条款和特征的产品或者服务；

（四）产品或者服务的募集方式，涉及面广、影响力大的公募产品或者相关服务；

（五）产品或者服务的跨境因素，存在市场差异、适用境外法律等情形的跨境发行或者交易的产品或者服务；

（六）自律组织认定的高风险产品或者服务；

（七）其他有可能构成投资风险的因素。

第十八条 经营机构应当根据产品或者服务的不同风险等级，对其适合销售产品或者提供服务的投资者类型作出判断，根据投资者的不同分类，对其适合购买的产品或者接受的服务作出判断。

第十九条 经营机构告知投资者不适合购买相关产品或者接受相关服务后，投资者主动要求购买风险等级高于其风险承受能力的产品或者接受相关服务的，经营机构在确认其不属于风险承受能力最低类别的投资者后，应当就产品或者服务风险高于其承受能力进行特别的书面风险警示，投资者仍坚持购买的，可以向其销售相关产品或者提供相关服务。

第二十条 经营机构向普通投资者销售高风险产品或者提供相关服务，应当履行特别的注意义务，包括制定专门的工作程序，追加了解相关信息，告知特别的风险点，给予普通投资者更多的考虑时间，或者增加回访频次等。

第二十一条 经营机构应当根据投资者和产品或者服务的信息变化情况，主动调整投资者分类、产品或者服务分级以及适当性匹配意见，并告知投资者上述情况。

第二十二条 禁止经营机构进行下列销售产品或者提供服务的活动：

（一）向不符合准入要求的投资者销售产品或者提供服务；

（二）向投资者就不确定事项提供确定性的判断，或者告知投资者有可能使其误认为具有确定性的意见；

（三）向普通投资者主动推介风险等级高于其风险承受能力的产品或者服务；

（四）向普通投资者主动推介不符合其投资目标的产品或者服务；

（五）向风险承受能力最低类别的投资者销售或者提供风险等级高于其风险承受能力的产品或者服务；

（六）其他违背适当性要求，损害投资者合法权益的行为。

第二十三条　经营机构向普通投资者销售产品或者提供服务前，应当告知下列信息：

（一）可能直接导致本金亏损的事项；

（二）可能直接导致超过原始本金损失的事项；

（三）因经营机构的业务或者财产状况变化，可能导致本金或者原始本金亏损的事项；

（四）因经营机构的业务或者财产状况变化，影响客户判断的重要事由；

（五）限制销售对象权利行使期限或者可解除合同期限等全部限制内容；

（六）本办法第二十九条规定的适当性匹配意见。

……

第二十九条　经营机构应当制定适当性内部管理制度，明确投资者分类、产品或者服务分级、适当性匹配的具体依据、方法、流程等，严格按照内部管理制度进行分类、分级，定期汇总分类、分级结果，并对每名投资者提出匹配意见。

经营机构应当制定并严格落实与适当性内部管理有关的限制不匹配销售行为、客户回访检查、评估与销售隔离等风控制度，以及培训考核、执业规范、监督问责等制度机制，不得采取鼓励不适当销售的考核激励措施，确保从业人员切实履行适当性义务。

注：最新的《证券期货投资者适当性管理办法》以中国证监会最新公布为准。

延伸阅读

《郑州商品交易所期货交易者适当性管理办法》（节选）

2019年5月30日第六届理事会第十九次会议审议通过，2019年5月31日〔2019〕39号公告发布，自2019年5月31日起施行

第一章　总　则

……

第二条　交易所期权合约和特定品种期货合约交易实行适当性制度。

第三条　本办法所称的交易者是指从事期货交易并承担交易结果的自然人、法人和非法人组织。

交易者应当根据适当性制度的要求，全面评估自身市场及产品认知能力、风险控制与承受能力和经济实力，审慎决定是否参与期货交易。

第四条　期货公司会员和境外经纪机构（以下统称开户机构）应当根据本办法要求，评估客户对期货交易的认知水平和风险承受能力，将适当的产品提供给适合的客户。

交易编码实行权限管理。开户机构在为客户开立交易编码后，应当选择开通相应的上市品种交易权限。

第二章　适当性管理的标准

第五条　开户机构为单位客户参与实行适当性制度的上市品种申请开立交易编码或者开通交易权限时，单位客户应当符合以下标准：

（一）相关业务人员具备期货交易基础知识，了解相关业务规则。

（二）具有累计不少于10个交易日且20笔及以上的境内交易场所的期货合约或者期权合约仿真交易成交记录；或者近三年内具有10笔及以上的境内交易场所的期货合约、期权合约或者集中清算的其他衍生品交易成交记录；或者近三年内具有10笔及以上的在与中国证券监督管理委员会（以下简称中国证监会）签署监管合作谅解备忘录的国家（地区）期货监管机构监管的境外交易场所的期货合约、期权合约或者集中清算的其他衍生品交易成交记录（以下简称认可境外成交记录）。

（三）申请开立交易编码或者开通交易权限前连续5个交易日保证金账户可用资金余额均不低于人民币10万元或者等值外币。

（四）具有健全的内部控制、风险管理等期货交易管理相关制度。

（五）不存在严重不良诚信记录、被有权监管机关宣布为期货市场禁止进入者和法律、法规、规章、交易所业务规则禁止或者限制从事期货交易的情形。

（六）交易所要求的其他条件。

第六条　开户机构为个人客户参与实行适当性制度的上市品种申请开立交易编码或者开通交易权限时，个人客户应当符合以下标准：

（一）具备完全民事行为能力。

（二）具备期货交易基础知识，了解相关业务规则。

（三）具有累计不少于10个交易日且20笔及以上的境内交易场所的期货合约或者期权合约仿真交易成交记录；或者近三年内具有10笔及以上的境内交易场所的期货合约、期权合约或者集中清算的其他衍生品交易成交记录；或者近三年内具有10笔及以上的认可境外成交记录。

（四）申请开立交易编码或者开通交易权限前连续5个交易日保证金账户可用资金余额均不低于人民币10万元或者等值外币。

（五）不存在严重不良诚信记录、被有权监管机关宣布为期货市场禁止进入者和法律、法规、规章、交易所业务规则禁止或者限制从事期货交易的情形。

（六）交易所要求的其他条件。

第七条　具有境内交易场所实行适当性制度的其他上市品种交易权限的客户，申请开立交易所交易编码或者开通交易权限的，开户机构可以不对其进行本办法第五条第一项和第二项、第六条第二项和第三项评估；前述品种的资金要求不低于本办法第五条第三项、第六条第四项规定的，开户机构可以不再对其进行资金评估。

开户机构应当充分使用已了解信息和已有评估结果，已通过适当性评估获得交易所某上市品种交易权限的客户，在同一开户机构可以自动获得交易所其他上市品种交易权限，可以不对本办法第五条、第六条进行重复评估。

第三章　适当性制度的实施

……

第十二条　开户机构应当向客户充分揭示期货交易风险，客观介绍期货交易法律法规、交易所业务规则及有关规定和决定、产品特征，了解客户的期货交易基础知识水平，严格验证客户资金、交易经历和仿真交易经历，审慎评估客户的诚信状况和风险承受能力，审核客户交易编码或者交易权限申请材料等开户资料。

第十三条　开户机构应当对客户进行辅导，督促客户遵守期货交易相关法律、法规、规章、交易所业务规则及有关规定和决定，持续开展客户风险教育，加强客户交易行为的合法与合规性管理。

注：最新的《郑州商品交易所期货交易者适当性管理办法》以郑州商品交易所最新公布为准。

（二）软件下载

开户后期货公司为交易者提供行情软件、交易软件，交易者下载安装后即可登录交易账户。

（三）出入金

期货市场里的入金和出金是指交易者在期货公司登记过的银行账户和期货账户之间的资金划转。入金是指交易者将资金从银行账户划入自己在期货公司的交易账户。出金是指交易者将存放在期货公司的交易账户中的资金转出至其银行账户。

目前交易者可选择与中国银行、中国农业银行、中国工商银行、中国建设银行、中国交通银行、浦发银行、兴业银行、招商银行、光大银行、中信银行、民生银行、平安银行、广发银行、邮政储蓄银行等其中一家或几家银行办理银期转账业务。

交易者办理银期转账业务同样可选择线下办理或线上办理。若选择至银行柜面开通银期转账业务，需携带身份证和银行卡等资料，开通过程中需提供期货资金账号和资金密码；交易者也可以选择通过网银或手机银行开通此项服务。

开通好银期转账业务后，交易者可通过银行柜台、网上银行、手机银行、交易系统等多种方式进行出入金操作。除此之外，交易者也可以联系所开户的期货公司进行手工出入金操作。

（四）下单交易

在完成开户、软件下载、出入金等步骤后，交易者便可以通过登录交易客户端软件进行下单操作。

期货操作步骤包括开仓和平仓。开仓是指交易者新买入或者新卖出一定数量的合约，买入开仓意味着交易者看涨后市行情，卖出开仓则意味着交易者看跌后市行情。平仓是指交易者了结持仓的交易行为。期货交易中的平仓可以看作股票交易中的卖出。由于期货交易具有双向交易机制，与开仓相对应，平仓也有买入平仓（对应于卖出开仓）和卖出平仓（对应于买入开仓）两种类型。

交易者在参与纯碱期货交易前，需熟悉交易软件的界面和操作流程，明晰交易方向、下单数量、止盈止损等操作。

（五）结算

期货结算是指在每日交易结束后，根据交易所公布的期货结算价格对交易双方的交易结果进行的资金清算和划转，在该环节中需要依照交易所有关规定对交易者的盈亏、手续费、交割手续费等进行计算，计算的结果作为收取交易保证金或追加保证金的依据。

延伸阅读

期货结算制度

（一）国际市场期货结算制度

国际上，结算机构通常采用分级结算制度，即只有结算机构的会员才能直接得到结算机构提供的结算服务，非结算会员只能由结算会员提供结算服务。这种分级结算制度使期货结算大致分为以下三个层次。

一是由结算机构对结算会员进行结算，结算会员是交易所会员中资金雄厚、信誉良好的期货公司或金融机构。

二是结算会员与非结算会员或者结算会员与结算会员对其所代理客户之间的结算。

三是非结算会员对非结算会员所代理客户的结算。

这种金字塔形的分级结算制度通过建立多层次的会员结构，逐级承担化解期货交易风险的作用，形成多层次的风险控制体系，提高了结算机构整体的抗风险能力。因此，这种分级结算制度有利于建立期货市场风险防范的防火墙。

自 2008 年美国金融危机发生后，期货交易所开始为场外衍生品交易提供结算服务，成为结算发展的新趋势。

（二）我国境内期货结算机构与结算制度

我国境内的几家期货交易所的结算机构均是交易所的内部机构，因此期货交易所既提供交易服务，也提供结算服务。这意味着我国境内期货交易所除了具有组织和监督期货的职能外，还具有下述职能：组织并监督结算和交割，保证合约履行；监督会员的交易行为；监管指定交割仓库。因此，我国境内期货交易所兼具期货结算职能。

我国境内期货结算制度分为全员结算制度和会员分级结算制度两种类型。

全员结算制度，是指期货交易所会员均具有与期货交易所进行结算的资格，期货交易所的会员均既是交易会员，也是结算会员，没有结算会员与非结算会员之分。在全员结算制度下，期货交易所对会员进行结算，期货公司会员对其受托的客户结算。郑州商品交易所、大连商品交易所、上海期货交易所、上海国际能源交易中心以及广州期货交易所均实行全员结算制度。

实行全员结算制度的期货交易所会员由期货公司会员和非期货公司

会员组成。交易所对会员进行结算，期货公司会员对其客户、境外经纪机构进行结算，境外经纪机构对其客户进行结算。期货公司会员按照中国证监会批准的业务范围开展相关业务，可以代理客户进行期货交易；非期货公司会员不得从事《期货交易管理条例》规定的期货公司业务。

在会员分级结算制度下，期货交易所将交易所会员区分为结算会员与非结算会员。结算会员与非结算会员是根据会员能否直接与期货交易所进行结算来划分的。结算会员具有与交易所进行结算的资格；非结算会员不具有与期货交易所进行结算的资格。在会员分级结算制度下，期货交易所对结算会员结算，结算会员对非结算会员结算，非结算会员对其受托的客户结算。

1. 中国金融期货交易所的会员分级结算制度

按照中国金融期货交易所的业务范围，会员分为交易会员、交易结算会员、全面结算会员和特别结算会员四种类型。其中，交易会员只能在中金所进行期货交易，但不具有与交易所进行结算的资格，它属于非结算会员。交易结算会员、全面结算会员和特别结算会员均具有在交易所进行交易的资格，也均属于结算会员。结算会员具有与交易所进行结算的资格。交易结算会员只能为其受托客户办理结算、交割业务。全面结算会员既可以为其受托客户，也可以为与其签订结算协议的交易会员办理结算、交割业务。特别结算会员只能为与其签订结算协议的交易会员办理结算、交割业务。结算会员权限不同，交易所对其资本金、盈利状况、经营合法性等方面的要求不同。结算权限越大，相应的资信要求就越高。

2. 结算担保金制度

实行会员分级结算制度的期货交易所应当配套建立结算担保金制度。结算会员通过缴纳结算担保金实行风险共担。结算担保金是指由结算会员依交易所规定缴存的，用于应对结算会员违约风险的共同担保资金。结算担保金由结算会员以自有资金向期货交易所缴纳，属于结算会员所有，用于应对结算会员违约风险。

当市场出现重大风险时，所有结算会员都有义务共同承担市场风险，确保市场能够正常运行。结算担保金包括基础结算担保金和变动结算担保金。基础结算担保金是指结算会员参与交易所结算交割业务必须缴纳的最低结算担保金数额；变动结算担保金是指结算会员结算担保金中超出基础结算担保金的部分，随结算会员业务量的变化而调整。结算担保金应当以现金形式缴纳。

三、期货账户的资金安全吗？

按照中国证监会的有关规定，期货客户保证金实行封闭式管理，期货公司要在结算银行开设客户保证金专用账户，客户保证金是单独立户管理，保证金全额存入指定的具有期货结算业务资格的商业银行。中国期货市场监控中心有限责任公司（简称中国期货监控，原中国期货保证金监控中心）对客户的期货保证金账户实行逐日监控、每户监控，大大加强了客户保证金的安全管理。在期货保证金封闭存管制度下，交易者的资金是不会被挪用的。

中国期货监控通过建立期货保证金监控系统，对每日期货保证金的划转、结算业务进行监控，能够及时发现涉嫌危害期货交易者保证金安全的行为，并及时向监管部门报告。期货保证金监控系统由两部分组成：核对系统和交易者查询系统。其中，核对系统就是在每个交易日结束后及时收集期货公司、期货交易所上报的每日结算数据，期货结算银行上报的全部期货公司期货保证金账户余额和每个账户的当日发生额的详细情况，将三方数据收集后启动核对系统进行计算、核对。

核对系统的运作原理主要基于以下几个方面。

一是根据期货结算银行上报的期货公司的保证金账户的每日余额核对期

货公司上报的每日交易者权益数额，检查每日各期货公司入金的所有的交易者资金是否足额存放在期货保证金封闭圈内，各期货公司存放在保证金封闭圈内的自有资金是否符合监管部门的要求。

二是根据各期货交易所上报的每日交易结算数据核对期货公司上报的交易者交易结算数据，检查每日各期货公司向交易者提供的成交、持仓、交割、交易盈亏等交易结算数据是否与交易所的记录保持一致。

三是根据期货结算银行提供的每个保证金账户下的资金划转数据核对期货公司上报的交易者出入金数据，检查期货公司上报的交易者出入金记录是否与银行记录一致、是否按《期货保证金安全存管管理办法》及其规定办理了出入金，是否存在挪用交易者保证金的行为。

此外，交易者的部分资金是通过期货交易所进行划转的，例如交割货款、质押资金、质押手续费、仓单升贴水等（交易者的交易手续费除外），期货公司结算交易者这类资金（称为其他资金）应与交易所记录的金额和时间都一致。核对系统根据交易所上报的其他资金数据核对期货公司上报的其他资金数据，检查每日各期货公司向交易者提供的其他资金数据是否与交易所的记录一致。中国期货监控要将核对系统发现的各市场参与主体违反《期货保证金安全存管管理办法》的行为和可能影响期货保证金安全的问题，及时通报给监管部门和期货交易所，按中国证监会的要求配合监管部门进行后续调查，并跟踪处理结果。

交易者可登录中国期货市场监控中心网站中的“投资者查询服务系统”页面查询，也可以登录网上交易系统进行自助查询。页面网址是 https：//investorservice. cfmmc. com。

小贴士

如何看懂交易账单

（一）资金状况

某期货公司的交易结算单明细样例如图 6－3 所示。

**期货有限公司

制表时间：2022-**-**

交易结算单(盯市)

客户号:**** 客户名称:***

日期:2022-**-**~2022-**-**

资金状况 币种：人民币

期初结存:	15011817.00	交割手续费:	0.00	交割保证金:	0.00
出 入 金:	-4008000.00	期末结存:	12452711.00	可用资金:	11845766.00
平仓盈亏:	896640.00	质押金:	0.00	风险度:	0.34%
持仓盯市盈亏:	564060.00	客户权益:	12452711.00	应追加资金:	0.00
手 续 费:	1806.00	保证金占用:	42885.00	基础保证金:	0.00
质押变化金额:	0.00	总盈亏:	1460700.00	期权执行盈亏:	0.00
权利金收入:	0.00	权利金支出:	0.00	市值:	0.00
行权手续费:	0.00	履约手续费:	0.00	市值权益:	12452711.00
货币质入:	0.00	货币质出:	0.00	货币质押保证金占用:	0.00
货币质押变化金额:	0.00				

图 6-3　交易结算单明细

资料来源：光大期货研究所制图。

★期末结存 = 期初结存 + 出入金 + 平仓盈亏 + 持仓盯市盈亏 − 手续费 + 行权盈亏 + 期权当日权利金收支 − 行权手续费

★风险度 $= \dfrac{\text{保证金占用}}{\text{客户权益}} \times 100\%$

（二）出入金明细

某期货公司的出入金明细样例如图 6-4 所示。

出入金明细

发生日期	出入金类型	入金	出金	说明
20220601	出入金	120000.00	0.00	银行存款(入金)120000
20220602	银期转账	0.00	2000000.00	银期转账自动凭证(出金)2000000
202206020	银期转账	0.00	1300000.00	银期转账自动凭证(出金)1300000
共 3条		120000.00	3300000.00	

图 6-4　出入金明细

资料来源：光大期货研究所制图。

★出入金类型分为银期转账与手工出入金。

（三）成交记录

某期货公司在郑商所交易的成交记录样例如图 6-5 所示。

成交记录

成交日期	交易所	品种	合约	买卖	投保	成交价	手数	成交额	开平	手续费	平仓盈亏
2022****	郑商所	甲醇	MA209	买	投	2800.000	10	280000.00	开	40.00	0.00
2022****	郑商所	甲醇	MA209	卖	投	2847.000	10	284700.00	平	40.00	470.00
2022****	郑商所	纯碱	SA209	卖	投	2949.000	500	29492000.00	平	3500.00	74500.00
2022****	郑商所	纯碱	SA209	买	投	2800.000	500	28000000.00	开	3500.00	0.00
2022****	郑商所	白糖	SR209	买	投	5982.000	10	598200.00	开	60.00	0.00
共 5条							1030	58654900.00		7140.00	74970.00

图 6－5　成交记录明细

资料来源：光大期货研究所制图。

★成交记录为当天所有成交情况，包括开仓和平仓。

★手续费收取方式：

按手数收取：手续费＝手数×手续费标准（元/手）

按成交金额收取：手续费＝成交额×手续费标准（%）

（四）平仓明细

某期货公司在郑商所交易的平仓明细样例如图 6－6 所示。

平仓明细

平仓日期	交易所	品种	合约	开仓日期	买/卖	手数	开仓价	昨结算	成交价	平仓盈亏
2022****	郑商所	玻璃	FG209	-	卖	1	1767.000	1759.000	1793.000	520.00
2022****	郑商所	甲醇	MA209	-	卖	1	2834.000	2802.000	2863.000	290.00
2022****	郑商所	纯碱	SA209	-	卖	3	3074.000	3092.000	3094.000	120.00
共 3条						5				930.00

图 6－6　平仓记录明细

资料来源：光大期货研究所制图。

★平仓盈亏分为平历史仓和平今仓：

★①平仓盈亏（当日多头）＝（成交价－开仓价）×合约持仓数量×交易单位

★②平仓盈亏（历史多头）＝（成交价－昨结算）×合约持仓数量×交易单位

★③平仓盈亏（当日空头）＝（开仓价－成交价）×合约持仓数量×交易单位

★④平仓盈亏（历史空头）=（昨结算－成交价）×合约持仓数量×交易单位

（五）持仓明细

某期货公司在郑商所交易的持仓明细样例如图6－7所示。

持仓明细

交易所	品种	合约	开仓日期	投/保	买/卖	持仓量	开仓价	昨结算	结算价	盯市盈亏	保证金
郑商所	玻璃	FG209	2022****	投	买	1	1777.000	1759.000	1779.000	40.00	4269.60
郑商所	纯碱	SA209	2022****	投	买	1	2818.000	2854.000	2871.000	340.00	7464.60
郑商所	纯碱	SA209	2022****	投	买	1	2880.000	2854.000	2871.000	-180.00	7464.60
共 3条						3				200.00	19198.80

图6－7 持仓明细

资料来源：光大期货研究所制图。

★①盯市盈亏（当日多头）=（当日结算价－开仓价）×合约持仓数量×交易单位

★②盯市盈亏（历史多头）=（当日结算价－昨结价）×合约持仓数量×交易单位

★③盯市盈亏（当日空头）=（开仓价－当日结算价）×合约持仓数量×交易单位

★④盯市盈亏（历史空头）=（昨结算－当日结算价）×合约持仓数量×交易单位

（六）持仓汇总

某期货公司的持仓汇总样例如图6－8所示。

持仓汇总

品种	合约	买持	买均价	卖持	卖均价	昨结算	今结算	持仓盯市盈亏	保证金占用	投保	期权市值
玻璃	FG209	1	1777.000	0	0.000	1759.000	1779.000	40.00	4269.60	投	0.00
纯碱	SA209	2	3075.000	0	0.000	3092.000	3088.000	-160.00	16057.60	投	0.00
共 2条		3		0				-120.00	20327.20		0.00

图6－8 持仓汇总

资料来源：光大期货研究所制图。

★保证金占用按照当日结算价进行计算。

★保证金占用＝合约持仓数量×交易单位×当日结算价×保证金率

★当日未平的持仓，均用结算价进行结算，产生持仓盯市盈亏。

四、纯碱期货作为投资品种有哪些特点？

在交易纯碱期货时，交易者需要对纯碱期货市场的运行特点、现货市场季节性规律等有更深的理解，这样才能更准确地把握行情趋势。纯碱期货有以下几个特点。

（一）交易活跃，流动性好

纯碱期货自 2019 年 12 月 6 日上市以来，产业客户参与数量与日俱增，纯碱期货市场规模不断扩大，交易量、持仓量稳步上升。高度活跃的市场和充足的流动性，为交易者参与纯碱期货提供了良好的市场环境和交易环境（见图 6－9）。

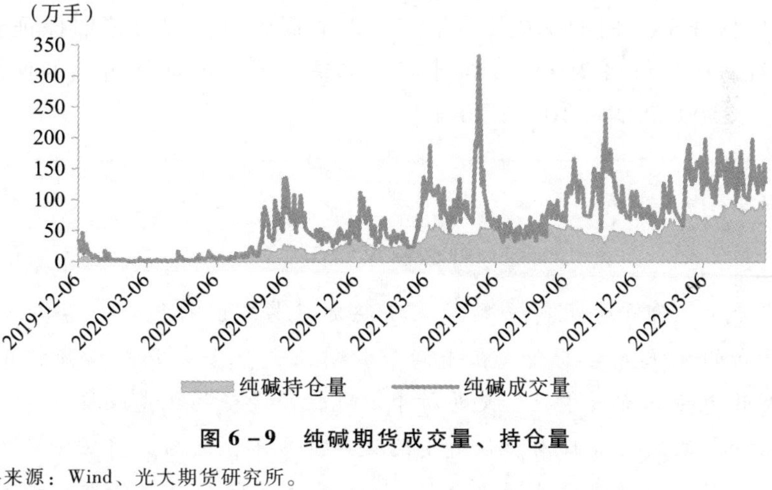

图 6－9　纯碱期货成交量、持仓量

资料来源：Wind、光大期货研究所。

（二）季节性明显

在现货市场，纯碱供给端的产量变化具有一定的季节性。通常来说，第一季度末和第二季度初是传统的生产旺季，厂家生产大多保持在较高水平；第二季度末和第三季度气温高，有利于纯碱企业进行检修，而第四季度或春节前因需求较弱导致厂家降负荷生产，属于纯碱行业的传统生产淡季。

（三）纯碱下游产品玻璃期货上市时间长，品种成熟度高，二者套利机会多

玻璃期货自2012年底上市迄今已经10年多了，且运行平稳、市场成熟、产业客户参与度高，产业链也积累了丰富的期货工具运用经验。纯碱与玻璃属于上下游关系，二者紧密相连，在玻璃企业带动下，纯碱期货市场活跃度和流动性都较好，玻璃、纯碱期货价格波动呈现明显正相关关系，为交易者参与二者的跨品种套利、上下游产业链参与二者的套期保值提供了更多机会和选择。

（四）交易费用低、保证金占用少

纯碱期货交易手续费收取标准为3.5元/手（非平今免收），期货公司一般会有一定比例的上浮。纯碱期货交易所保证金最低比例为5%，郑州商品交易所可根据市场情况调整纯碱期货的交易所保证金比例。期货公司通常在交易所保证金比例的基础上上浮2~3个百分点。假设按照保证金比例10%、纯碱期货价格2500元/吨计算，交易1手纯碱期货占用的保证金为5000元（2500元/吨×10%×20手）。

小贴士

什么是平今免

平今免，即平今免收手续费。在期货交易中，所谓“平今”就是将今天开仓的部位平仓了结。在手续费收取上，平今免收手续费就是在了结今天开仓的期货头寸时，交易所予以免收手续费的优惠政策。

例如，某交易者日内开仓1手纯碱期货多单，随后又将该手多单平仓了结（假设该交易者没有历史仓位）。如果交易所针对纯碱期货设置平今免的手续费优惠政策，那么该交易者当天一开一平的操作只收取开仓时的手续费，而不收平仓时的手续费。

（五）中长期趋势性特点明显

纯碱期货自上市以来中长期趋势性特点显著（见图 6 - 10），为交易者提供了良好的交易机会。

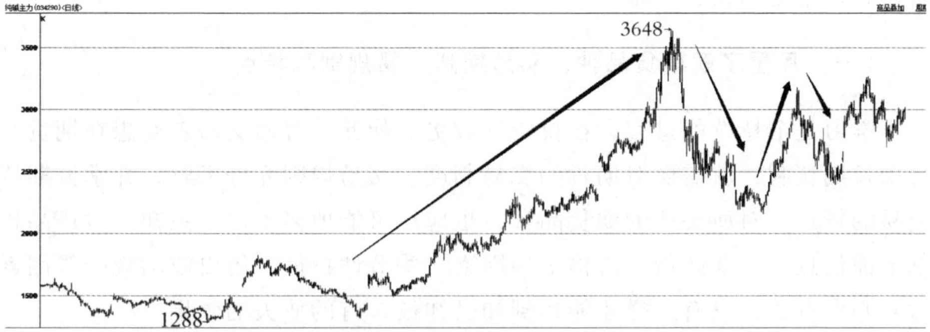

图 6 - 10　纯碱期货主力合约价格走势（单位：元/吨）

资料来源：博易大师、光大期货研究所。

五、期货交易中如何树立正确的交易理念？

期货市场是一个具有杠杆的市场，在这个市场上，资金使用效率被放大，人性也被充分放大，而由于人性的弱点导致的结果也会被充分放大。因此，在期货交易中，相比于认识期货市场，更重要的是先认识自己。

在任何一个投资市场中，没有任何一个交易者可以百战百胜，也没有任何一种分析工具次次灵验，人们对事物的认识总会受时间、空间等局限。交易者在面对变化着的、运动着的期货市场，出现考虑不周、应对不当的情况是难免的。因此，认识到自己在交易中出错是必然的，并允许自己出错，才是走向交易成功的第一步。

一些新入期货市场的交易者可能会被市场流传的高收益、高回报的交易逆袭故事所吸引，从而为自己设置过高、不切实际的投资回报期望值，后期在结果不及预期时产生失望情绪也是在所难免的。其实在投资中最不应该的就是预设过高的利润回报，追求暴利，因此，通过树立正确的交易理念、设定合理的回报预期、不断学习和丰富理财知识、提升交易能力和水平等多重措施才能养成良好的交易习惯，才能在投资市场中找到适合自己的交易策略，获得稳定的投资回报。

（一）尽量了解期货品种，熟悉期货交易规则和特点

学习是个持续的过程，在投资领域更需如此。普通交易者要想在期货交易中长期获利，就需要对期货的交易制度、交易规则充分了解，并掌握期货交易的特点。对所关注的期货品种，也应尽可能地多了解、熟知，对该品种基本面信息、产业政策、价格主导因素、季节性特征、历史波动规律等因素做到心中有数，只有这样才能达到知己知彼、有的放矢的效果。

（二）制订交易计划，避免盲目交易

在期货交易中，比判断行情更为重要的其实是制订严格的交易计划，避免盲目、随机交易。有些交易者认为，只要自己有能力把握价格的运动趋势，就可以轻松获利。实际上这是一种非常片面的想法，或许在一次两次偶然中可以凭借正确判断行情而获利，但如果想具备持续盈利的能力，具有一套切实可行的交易计划并严格执行至关重要。

为什么我们要制订投资计划呢？

首先，虽然每个人进入期货市场的目的都是为了获取投资利润，但每个人的资金量不同，交易习惯不同，能投入期货交易的时间和精力也不同。另外，交易者对期货市场的风险承受能力也是因人而异的，有的人每笔投资都思前想后、患得患失，从而错失行情，有的人则喜欢重仓博大利，导致收益曲线波动剧烈。但如果有了交易计划，交易者可以相对客观地审视自己的交易，交易前有计划，交易时有记录，交易后能复盘，这样才能使自己处于相对客观的状态，从而不断提高自己的交易能力，完善交易策略。

其次，市场本身是千变万化的，面对剧烈波动的价格，如果没有一个好的交易计划，交易者很容易无从下手。而有计划的交易，可以有效缓解交易

者的恐慌心理，保持其相对客观的心态，不会被市场短暂的不利波动所左右。

最后，预测行情本身就是一项高难度的工作，再完美的分析方法也难免会遇到意外，因此，只有在交易前建立严格的交易计划，才能从容面对各种市场情形，做到进可攻、退可守，最大限度地保证本金安全，追求利润最大化。

一个完整的交易计划通常包括哪些内容呢？一般来说，在制订交易计划时，交易者通常要明确以下问题：

1. 厘清市场趋势，判断交易方向

分析行情的趋势，判断是上升趋势、盘整趋势，还是下降趋势。对于顺势而为的交易者来说，一般不会参与盘整趋势，只有当趋势确立时才会考虑入场，绝不逆势操作。

2. 明确进出场条件，清晰自己的仓位、止盈止损条件

找到适合自己的开仓信号，弄清什么情况下入场，什么情况下持有、加仓，什么情况下离场。交易计划不是追求精准预测市场，而是解决好“如果市场怎么变我就如何做”的问题。换言之，交易计划是一个应对计划，不是一个精准预测机制。一旦制订好了应对计划，就意味着交易者非常清楚此计划的风险和利润所在。总之，制订交易计划是力求做到开仓、持仓、加仓和平仓都要有依据，避免随意性。

当然，交易计划并不是一成不变的，任何交易的核心思想都是控制风险，让利润奔跑。交易者按照计划建仓入市后，也要根据市场的实际走势和基本面的变化对交易计划做必要的修正和调整，跟随市场趋势的发展动态调整止盈、止损位，直到价格触发平仓价位完成这次交易为止。交易计划的修正和调整也是思考过的，符合自己交易策略的。

3. 做好操作记录，不断总结提升

在交易中时刻记录自己做得好和做的不足的地方，不断完善自己的交易系统。如果说制订交易计划的过程是认真分析市场、研究市场的过程，那么做好交易记录、认真研究复盘，就是一个不断反思和提升自己、修正交易系统、反复验证完善交易逻辑、检验自己执行力与纪律性的过程。只有按计划交易、善于总结、长期坚持，才能更好地完善自己的交易系统，取得稳定的

投资收益。

(三) 保持良好的交易心态，耐心等待交易机会

有时期货价格一直在波动，看似到处都是机会，但并不是每一次信号都符合交易者自己的交易策略。如果想抓住每一次机会，往往容易错过真正的大行情。只有在众多的交易信号中做出筛选，选出适合自己的交易机会，才能避免被市场的波动牵着走，患得患失。

错过最佳开仓点后，不必追涨杀跌。既然已经错过了，那么本来确定性的机会及操作空间就打了折扣，再交易就失去了意义。这时交易者应当耐心等待下一个交易机会的到来，抓住下一个开仓点，真正做到耐心等待确定性的机会才开仓。当总体胜率提高了，长期盈利也就成为必然。

交易者在交易过程中，难免会遇到交易连续不顺、连续止损的情况。这可能是交易者自身的原因，也可能是市场情况发生变化引起的。但不管什么原因，一旦出现了这种情况，说明自己和市场节奏不吻合，应马上停止交易，及时调整心态，耐心等待，看清盘面，找出失败原因后，再进行操作。投资最忌讳的就是交易不顺时急于下单，急于挽回损失，结果往往是不断止损，形成恶性循环。

六、期货交易者如何进行资金管理和风险控制?

期货采用保证金交易制度，它所带来的就是期货投资中的杠杆效应，投资结果会被放大，因此，在期货交易中，资金管理尤为重要。作为成功的交易者，在胜率不变的情况下，好的资金管理无疑会增强盈利效果。

交易者的承受能力、对风险的偏好程度、进出场依据等都不同，所以具体的资金管理方式也有所差别。没有一种万能的资金管理方法可以适合所有人，但管理的思想和原则是不变的：将风险和收益组合到理想水平，实现长期的稳定盈利。

交易者在从事期货交易时，要先根据自己的资金实力和心理承受能力，确定在期货投资中能动用的资金和能承受的最大亏损额度。在进行更细化的资金管理时，需要注意以下几点因素。

首先，对个人交易者来说，投入市场的资金跟日常生活要分开，这样不至于因为收益的波动影响生活，也不会有必须盈利的压力，给账户持仓留足充分的持有时间和适当的波动空间。

其次，每次入场交易前，要充分考虑风险/报酬比。例如，将该比例设置成1:3或者1:4，也就是说，这次投资一旦亏损，预计要承受的亏损额度是1000元，那么预期回报至少在3000元以上才能触发入场交易条件。

最后，对每次交易投入的总资金和单笔投资可承受的亏损金额也要有明确计划。比如，要求自己每次交易的资金量不超过总资金的15%~25%，这样就能保证在任何时候都有足够的储备资金来承受交易方向不顺时的适当波动。

另外，对单次交易的最大亏损额的设置、可以承受连续亏损的次数，也要有清晰的认识。例如，单笔亏损必须限制在总资金的4%~5%以内，这也决定了单笔可以交易合约量和止损指令设置的范围。如果是短线交易者，止损幅度的设置应该更小一些。在进行资金管理和制订风控计划时，对于资金规模也应有所考虑。如果交易者的资金规模是100万元，每次交易的最大亏损承受度为2%，则每次交易的最大风险为2万元。即使连续出现5次亏损，总账户损失幅度也仅为10%。但是对于资金总规模5万元的交易者来说，2万元的亏损幅度就明显过大了。此时如果连续出现2次亏损，账户资金便会所剩无几。

资金管理和风险控制中的加仓、减仓也有很多方法，这些都需要交易者慢慢总结摸索。例如，金字塔式加仓法需要依据技术指标作为参考。在趋势行情中，每当价格调整到前一波涨幅（或跌幅）的1/3处时可考虑进行加仓，加仓的幅度应小于初次建仓的数量，这样可以使在一波上涨（或下跌）行情中最重的仓位建在行情底部（或顶部）。随着行情的趋势性延续下去，自己总的持仓成本就会低于其他交易者。

七、什么是套利？常见的套利方式有哪些？

套利交易是指利用相关市场、相关合约或相关品种之间的价差变化，在相关市场、相关合约或相关品种上进行交易方向相反的交易，以期待价差发生有利变化而获得利润的交易行为。

进行套利交易时，交易者关心的是合约之间的相互价格关系，而不是绝对价格水平。交易者买进自认为价格被市场低估的合约，同时卖出自认为价格被市场高估的合约。如果二者价差的变动方向与交易者当初的预测一致，即买进的合约价格走高，卖出的合约价格走低，那么交易者可从两合约价格间的价格关系变动中获利；反之，交易者就可能亏损。

期货的套利交易可分为两种类型：一是期现套利，即在期货和现货市场之间进行套利；二是对期货市场不同月份之间、不同品种之间、不同市场之间的价差进行套利，也被称为价差交易。根据操作对象的不同，价差交易又可分为跨期套利、跨品种套利和跨市场套利三种，分别对应以上不同月份之间、不同品种之间、不同市场之间的套利。普通交易者常采用跨期套利和跨品种套利。

除此之外，衍生品市场的套利还有期权套利、期货与期权套利等。

（一）跨期套利

跨期套利是买卖同一市场、同一商品、不同到期月份的期货合约，利用不同到期月份合约的价差变动来获利的套利模式。

同一期货品种在市场上会有多个不同交割月份的合约同时挂牌交易，在市场预期相对稳定的情况下，不同交割月份合约间的价差应该是稳定的。理论上，远月到期月份的合约期货价格通常较近月到期月份的合约价格更高，高出的部分包含仓储费、资金利息、交易成本、持有成本等升水。一旦远近合约价差发生变化，偏离了均值水平，市场就会产生跨期套利机会，而跨期套利能够盈利的核心思想就是预期远月合约和近月合约之间的价差会向均值回归。

跨期套利本质上是一种风险对冲，其原理见图 6－11。当期货价格出现单方向变动时，单边交易者要承担价格反向变动的风险，而跨期套利过滤了大部分期货价格波动的风险，交易者只需承担价差反向变动的风险。

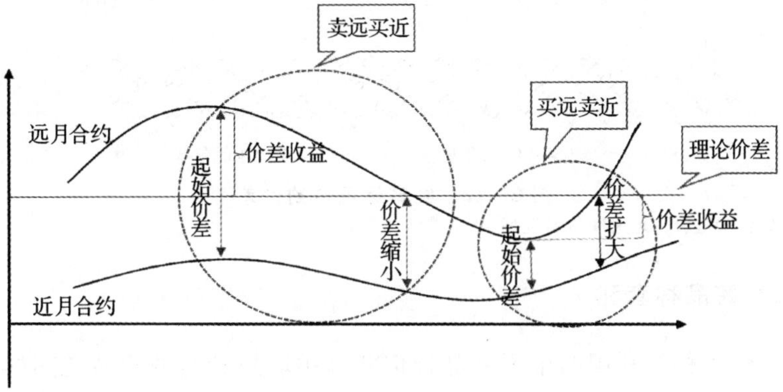

图 6－11　跨期套利原理示意图

资料来源：光大期货研究所制图。

案例 6－1　纯碱跨期套利

2021 年 9 月，能耗“双控”在全国范围内展开，涉及江苏、河南、青海等多个纯碱主产区，纯碱供给端阶段性的大幅缩减导致供需偏紧格局进一步明晰，纯碱期货盘面近月合约也加速上涨，涨幅远超远月合约。此阶段内纯碱远近合约价差出现大幅缩水，偏离其正常运行区间。当时 05－01 合约价差从 8 月中旬的 200 元/吨大幅下降至 11 月初的－300 元/吨附近，09－05 合约价差从 8 月中旬的 110 元/吨左右下降至 11 月初的－100 元/吨附近，随后，经过近 3 个月的时间才逐步恢复至正常区间（见图 6－12）。

8 月至 11 月，纯碱期货远近合约价差大幅下降至历史低点，此时出于对后期纯碱不同月份的合约价差将回归正常区间的预期，交易者便可以进行纯碱的跨期套利操作，在远近合约价差低点时进行卖出近月合约、买入远月合约的交易策略。待远近合约价差回归正常区间，平仓获利。

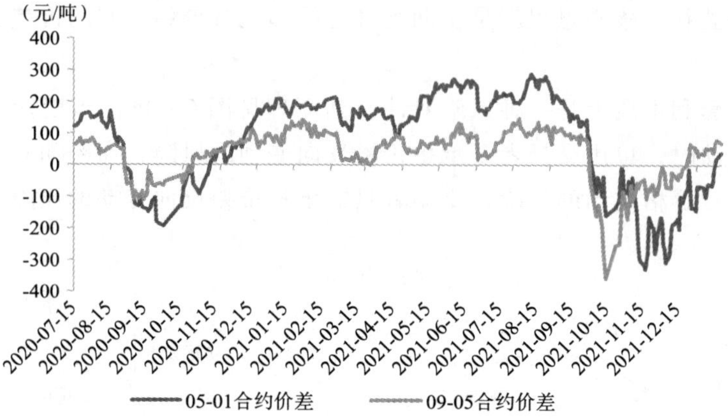

图 6－12　纯碱远近合约价差

资料来源：Wind、光大期货研究所。

（二）跨品种套利

跨品种套利是利用两个不同品种但相互关联性较高的商品之间的价格变动进行获利的交易模式，即买入某种商品某月份期货合约的同时卖出另一关联商品相近交割月份期货合约。当两个不同品种的期货合约有较强的相关性时，可能存在相似的价格变动关系，此时二者之间的价差也会维持在一定的水平。当市场出现变化时，两个品种合约之间的价差会偏离均衡水平。此时，可以买入其中一个品种合约同时卖出另一个品种合约，当二者价差恢复到正常水平时平仓，获取收益。例如，铜、铝同属于有色板块，因此二者便属于相关联商品；焦煤与焦炭之间具有原料与产成品关系；纯碱中的重碱主要用于玻璃生产，所以纯碱和玻璃之间也具有一定的相关性，以上品种之间都可以进行跨品种套利的操作。

案例 6－2　多玻璃、空纯碱的跨品种套利

2020 年第一季度，玻璃、纯碱现货行业生产和需求双双受挫。玻璃生产线不堪重负而进行大面积冷修，一方面导致玻璃供应明显下降，另一方面导致纯碱需求大面积减少，二者供需结构出现明显差异。这也导致了在第二季度复工复产的过程中，玻璃趋势性上涨行情率先于 4 月中旬启动。在此后 4 个月的时间里，玻璃期货主力合约价格从 1199 元/吨上涨至 1950 元/吨，而此阶段纯碱现货市场依旧面临超高库存的压力，纯碱期货主力合约价格在4个月的时间里从1475元/吨下跌至1300元/吨附近。玻璃期价的大幅上涨和纯碱期价的小幅下跌导致二者走势背离，期货价差也从4月中下旬的-253元/吨大幅提升至8月中旬的511元/吨，期间便出现了多玻璃、空纯碱的绝佳机会，套利策略利润最高可达760元/吨。

案例6-3 多纯碱、空玻璃的跨品种套利

2021年9月，纯碱、玻璃再度面临完全相反的供需格局。一方面，纯碱供需格局不断向好，期货价格自2021年初便启动了新一轮的上涨趋势；另一方面，9月份能耗“双控”在全国范围内展开，涉及江苏、河南、青海等多个纯碱主产区，纯碱供给端出现阶段性的大幅缩减，期货价格也进入加速上涨阶段。纯碱期货主力合约在9月初至10月中旬的一个多月的时间里上涨了866元/吨，涨幅高达32%。而玻璃则经历近一年的生产线大面积投产后供应水平处于历年高位，再加上市场对未来终端市场地产的信心不足，故玻璃期货在2021年7月下旬率先走出下行趋势。在9月初至10月中旬的同一段时期内，玻璃期货主力合约下跌316元/吨，跌幅达12%。期间，玻璃、纯碱期货价差由9月初的-89元/吨大幅下行至-1271元/吨，达到纯碱期货上市以来的极值。若此期间参与多纯碱、空玻璃的跨品种套利，最大获利空间近1200元/吨（见图6-13）。

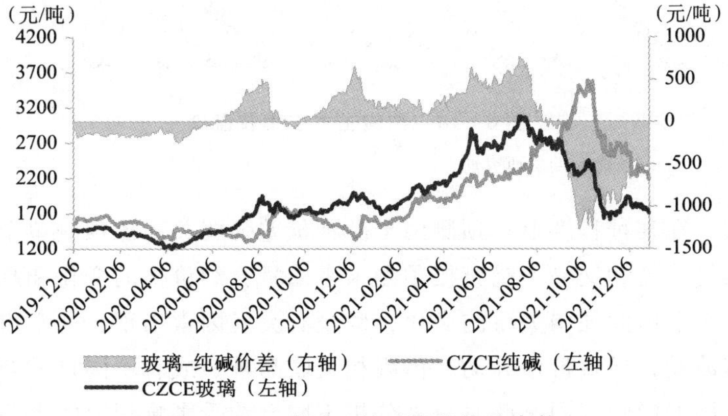

图6-13 玻璃、纯碱期货价差走势

资料来源：Wind、光大期货研究所。

（三）套利交易的优势

套利交易模式多元化，丰富了期货交易的形式。

首先，套利交易比单边交易的波动率更低，交易者面临的风险更小。2021 年 2 月至 4 月纯碱期货主力合约收盘价波动区间在 1596 元/吨至 2087 元/吨，波动幅度为 491 元/吨；同期 09 - 05 合约价差波动区间在 0 ~ 125 元/吨，波动幅度 125 元/吨。2021 年 10 月至 12 月纯碱期货主力合约波动区间在 2183 元/吨至 3583 元/吨（见图 6 - 14），波动幅度为 1400 元/吨，同期 09 - 05 合约价差波动区间在 0 ~ 144 元/吨（见图 6 - 15）。由此可见，纯碱单边操作所面临的价格绝对值波动要远远大于合约套利价差绝对值的波动，尤其是在行情波动更大的时候，单边交易面临的风险也更高，此时，套利交易的对冲效果更为突出。

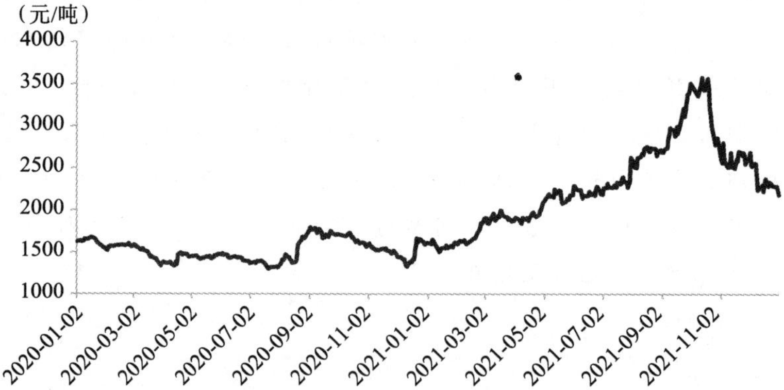

图 6 - 14 纯碱主力连续收盘价

资料来源：Wind、光大期货研究所。

其次，在某种程度上，预测两个品种价差强弱关系比预测单个品种价格波幅更容易。套利交易不是直接预测未来期货合约价格的变化和趋势性，而是预测两个合约间强弱关系的变化，假设有突发因素出现，通常市场情绪会出现剧烈波动，导致价格异动。但因相关联品种、或者不同月份合约的走势受共同外因的影响不同，此时只需分析不同合约受影响程度的大小即可，这比单纯研判突发因素对价格影响程度的难度要小很多。

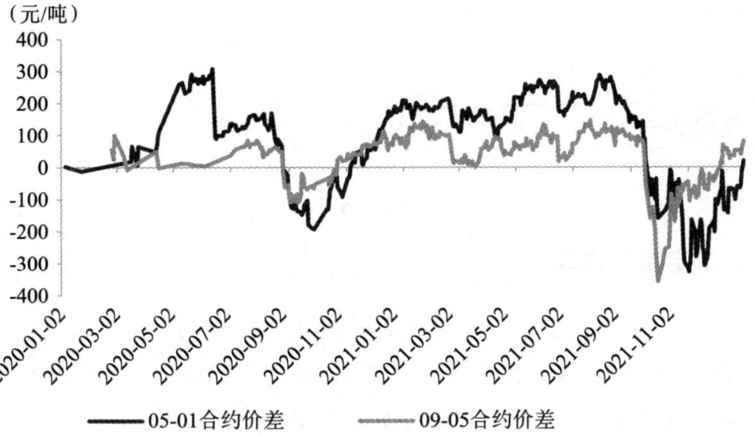

图 6－15 纯碱期货月间价差

资料来源：Wind、光大期货研究所。

再次，套利交易的资金占用更少。例如，郑州商品交易所玻璃纯碱套利指令，按照套利持仓组合内交易保证金较高的合约单边收取，相比于原本两个合约分别收取保证金，资金占用更少。

最后，套利交易可以确保以指定价差成交。以玻璃纯碱套利指令为例，如果以套利指令下单，郑州商品交易所通过算法保证了当且仅当“双腿”合约价差等于或者优于客户指定的价差时才能成交，保证了“双腿”合约同时成交，避免了一条腿成交、另一条腿不成交的现象出现。

关于玻璃纯碱套利指令，具体内容参见第五章第十二个问题的相关介绍。

（四）套利交易的局限性

套利交易的最大缺点是潜在的收益受限。当期货价格出现趋势性单边行情时，套利交易的收益会低于单边交易。另外，在市场效率高、流动性强的品种中，套利机会相对较少。

需要特别注意的是套利交易也是有风险的。当交易者判断价差会向均值回归时，参考的是历史经验得出的理论价差的运行规律。但如果市场受到某些因素影响，导致合约间或品种间的强弱关系短期内不回归均值时，套利者也将不得不承受损失。

自测题

一、不定项选择题

1. 期货交易的参与者，按照目的的不同可以分为（　　）。

A. 投机者　　B. 套利者　　C. 套期保值者　D. 贸易者

2. 普通交易者参与纯碱期货主要的步骤不包含以下（　　）。

A. 结算　　B. 交易　　C. 交割　　D. 入金

3. 纯碱期货市场具有以下（　　）特点。

A. 流动性好　　B. 现货具有季节性

C. 产业链相关品种成熟度高　　D. 交易费用低

4. 以下（　　）不是期货交易中正确的交易理念和良好习惯。

A. 尽量了解期货品种，熟悉期货交易规则和特点

B. 超短线和日内交易不需要制订交易计划

C. 抓住每一次机会进行交易以获取更多盈利

D. 遇到亏损甚至亏损不断扩大时可以耐心等待回正

5. 以下关于普通交易者对资金管理与风险控制的说法，正确的有(　　)。

A. 先根据自己的资金实力和心理承受能力，确定在期货投资中能动用的资金和能承受的最大亏损额

B. 给自己制订每次交易必须实现的盈利目标计划表

C. 设置自己每次交易的资金占用比例最高值

D. 可以将自己所有积蓄投入到期货交易中，并争取高仓位和满仓操作以博取高额回报

6. 套利交易的类型包含以下（　　）。

A. 期现套利　　B. 跨期套利　　B. 跨品种套利　D. 蝶式套利

7. 以下（　　）不属于套利交易的优势。

A. 在行情波动更大的时候，单边交易面临的风险较套利交易小

B. 预测价差强弱关系相比于预测价格波幅更容易

C. 玻璃纯碱套利指令中需要对玻璃和纯碱分别收取交易保证金

D. 以套利指令下单可以保证当且仅当“双腿”合约价差等于或优于客户指定的价差时才能成交

8. 套利交易的缺点有（ ）。

A. 收益受限

B. 套利机会可能缺少较好机会

C. 没有风险

D. 套利对象强弱关系不回归时可能造成更大亏损

二、判断题

1. 套利是指交易者为管理因其资产、负债等价值变化产生的风险而达成与上述资产、负债等基本吻合的期货交易和衍生品交易的活动。（ ）

2. 套期保值者和投机者在期货市场参与的比例可以随意调整，无论二者过多或者或少，都对期货市场功能没有太大影响。（ ）

3. 期货交易具有双向交易机制，平仓分为买入平仓和卖出平仓两种类型。（ ）

4. 在特殊情况或紧急事件下，期货公司可以挪用其客户期货账户里的保证金来应急。（ ）

5. 普通交易者要想在期货交易中长期获利，可以不需要对期货的交易制度、交易规则和期货交易特点充分了解，也不需要对所交易品种的基本面、产业政策、价格影响指标等因素过于分析，只需要参考关键技术指标进行交易即可。（ ）

6. 不同交易者的承受能力、对风险的偏好程度、进出场的依据等都不同，因此其资金管理方式也有所差别。（ ）

7. 参与玻璃和纯碱跨品种套利交易，需要对纯碱和玻璃未来期货价格走势分别做出相对准确的判断才能获得更多获利机会。（ ）

8. 当玻璃期货价格上涨幅度较大、纯碱期货价格下跌趋势较为明显之时，可以进行多玻璃、空纯碱的跨市场套利交易策略。（ ）

9. 套利交易比单边交易的波动率更低，交易者面临的风险更小。 （　　）

10. 套利交易几乎可以规避所有风险。 （　　）

参考答案

一、不定项选择题

1. ABC　2. C　3. ABCD　4. BCD　5. AC　6. ABC　7. AC　8. ABD

二、判断题

1. 错　2. 错　3. 对　4. 错　5. 错　6. 对　7. 错　8. 错　9. 对　10. 错

第七章

纯碱期货如何服务实体产业

本章要点

本章主要介绍了纯碱期货上市后给实体企业带来的影响，并通过理论方法与实际案例相结合的方式介绍了纯碱上下游企业利用期货工具进行风险规避和运营管理的效果，为现货企业参与纯碱期货提供了更多理论与实际依据。

一、纯碱期货能给现货企业带来什么？

在纯碱期货上市以前，由于产业链缺少有效的远期价格指导和避险工具，产业链的相关主体难以主动应对市场供需变化，只能被动承受价格波动风险，给纯碱及其下游的稳健经营带来潜在风险。面对日益增加的市场风险，上下游企业的避险需求也日益增加，因此对纯碱期货上市的呼声也水涨船高，纯碱企业及其相关产业链企业急需发现价格和规避风险的手段和工具。

纯碱期货自 2019 年 12 月 6 日起在郑州商品交易所挂牌上市，可以毫不夸张地说，纯碱期货的上市时间恰好覆盖了国内外宏观环境复杂多变、产业政策调整密集、市场波动加大的时期。除此之外，2021 年国内商品市场价格普遍大幅上涨，平板玻璃和光伏玻璃生产水平的提升持续增加了纯碱的需求量，另外，再叠加能耗“双控”、碳达峰、碳中和等政策的影响，纯碱整个产业链将面临市场多方因素波动带来的复杂性、风险性和不确定性。

据统计，纯碱期货自上市以来成交量和持仓规模不断扩大，品种成熟度与市场影响力迅速提升。截至 2021 年 12 月底，纯碱期货共完成 20 个合约、113.382 万吨的货源交割。其中，2020 年 8 个合约交割 27.546 万吨，月均交割量 3.44 万吨。进入 2021 年，纯碱期货 12 个合约连续交割 85.836 万吨，月均交割 7.153 万吨。

目前，纯碱期货仍是一个上市时间不长、市场规模仍有待提升的相对较新的品种，但作为一个上市仅 3 年的期货品种，这样的成绩着实耀眼。因为纯碱和玻璃是上下游关系，而玻璃企业又有多年的期货运用经验，所以纯碱企业在玻璃企业的带动下，也积极参与期货市场，借助期货市场服务实体企业，发挥价格发现、风险规避等功能，利用纯碱期货工具辅助生产及经营的意识显著增强。

虽然对部分纯碱生产企业来说，期货仍是新鲜事物，完全参与期货市场仍需一定的学习和适应过程，但一些纯碱企业已经开始使用并不断探索期货工具了。例如，金山化工集团（金大地化工）在纯碱期货上市之初就成立了期货部门，并第一时间申请成为首批纯碱交割厂库和免检品牌。云图控股集团也积极运用期货工具，成为后期增设的纯碱交割厂库之一。唐山三友集团、山东海天生物、中源化学等大型纯碱企业也纷纷通过合作套期保值、与贸易商开展基差交易等方式，探索利用期货市场对冲风险，开展定价的新模式。随着纯碱期货市场的发展、对交易者教育的深入，后期将会有更多生产企业参与进来，从而使纯碱期货成为更多企业运营的稳定器。

（一）纯碱期货给实体企业带来的影响

1. 纯碱期货既为生产企业带来了完善的避险工具，又给企业增添了新的货物流通渠道

近几年，国内纯碱市场波动幅度明显加大，企业面临较多的风险因素。2019 年至 2020 年，国内纯碱产能持续释放，导致供应增量明显提升，价格下行压力不断加大，纯碱企业面临很大的价格波动、利润和收入萎缩风险。除此之外，同时期内纯碱企业库存长期维持在较高水平，而实物库存的价值变动风险是纯碱企业面临的巨大挑战，仅依靠传统的产销模式已难以满足纯碱企业对库存风险管理的诉求，也难以有效对库存进行保值。2021 年，随着国家推动节能减排及能耗“双控”，纯碱企业面临的环保风险逐步加大，同时，行业淘汰落后产能、产能结构优化等政府调控政策也给企业的生产运营增添了不稳定因素。煤炭、天然气等大宗物资价格和人员工资上涨导致纯碱企业综合成本大幅提升，再加上部分企业生产设备年限久远、零件老化、操作人员安全意识薄弱等因素，都给安全生产和管理带来了巨大考验。

期货市场的根本宗旨是服务实体经济，企业在经营过程中遇到的价格波动风险大多可以通过期货市场来进行规避。从已参与期货市场的纯碱企业的经历来看，近两年它们通过期货价格指导现货库存管理，锁定企业远期生产利润，降低下游购货成本，从期现价差波动中提升盈利能力，特殊时期通过期货交割避免现货违约情况的发生，和贸易公司展开合作套保业务，通过期货市场提升公司流动资金并降低成本，将期货市场作为新的销售渠道等诸多方式，非常有效地化解了企业面临的大多数风险。

2. 对于玻璃企业来说，纯碱期货的上市进一步完善了产业链的品种体系，是对玻璃行业及其产业链避险工具的重要补充

纯碱作为玻璃的重要生产原料之一，其期货品种的上市可以进一步提高期货市场服务建材产业的广度和深度，而玻璃企业也在纯碱期货上市之后发现了新的机遇。玻璃期货已上市多年，整个行业通过玻璃期货的套期保值、期现贸易等摸索，已经积累了大量期现结合的运作经验，企业对期货市场也有了深入的理解和运用。玻璃企业对玻璃期货工具的实际运用，使企业实现了经营理念的转变，获得了同产业链上下游合作的机会，增强了抗风险能力

和盈利能力。这些收获让玻璃企业深刻体会到期货市场服务实体企业的功能发挥效果。

纯碱期货上市以来，玻璃企业的原料和成品之间的风险管理变得更加可控。在纯碱期货上市以前，玻璃企业会阶段性面临纯碱短缺导致的生产无法正常进行、窑炉被迫冷修导致的维修费用激增的情况。因此，玻璃企业需要长期囤积大量的原料纯碱，既占用了大量的仓储容量，还占用了大量资金，同时还分流了企业运营的现金流，极端情况下甚至还影响企业的正常运转。纯碱期货上市以后，玻璃企业依靠其对期货市场娴熟的运用经验，在期货市场建立虚拟库存，既避免了因原料价格上涨带来的成本压力，也规避了现货原料短缺给生产带来的干扰。即使原料价格下跌，虚拟库存相较于实体库存来说占用的资金比例也非常低，也无须担心货品质量和违约风险。因此，玻璃、纯碱产业链品种体系的进一步完善为玻璃企业的风险管理提供了“双保险”。

3. 开辟多元化业务模式时代，推动全行业走向产融结合、升级转型道路

纯碱期货上市之后很快就被一部分产业参与者所接受，玻璃现货企业因为长期利用期货市场进行套期保值，对冲风险，为其他产业参与期货交易奠定了良好基础。目前，不少纯碱企业、玻璃厂、产业链贸易商、期现投资公司都已参与其中。近两年，参与期货交易的企业还有轻碱下游如污水处理企业、重碱下游如光伏玻璃产业。除了为纯碱企业提供规避市场风险的工具、为玻璃厂丰富原料采购和保值的渠道之外，纯碱期货市场也为两个品种开展点价交易、基差贸易、期现结合、仓单质押等衍生品业务提供了全产业链、全方位的护航。

纯碱期货上市之后，生产企业的业务范围从此前的现货市场的生产销售转变为与期货市场结合的多元化模式，信用仓单、期现套利、基差贸易、仓单服务、含权贸易等新的业务范围不仅为纯碱企业带来了更多的收入来源、升级转型，还在特殊时期提升了企业的抗风险能力。

4. 纯碱期货的上市对纯碱生产企业来说是一次接受风险管理工具的学习机会

自纯碱期货上市以来，中国期货业协会及郑州商品交易所便不遗余力地开展了针对分析师、纯碱行业上下游产业链的市场培育工作，培训内容涉及纯碱现货基础知识、纯碱期货合约及规则、上下游企业如何参与及运用期货

工具、套期保值、期现结合、风险管理以及企业成功参与期货市场案例等，培训方式涵盖了实地调研、优秀案例分析、产业基地示范企业、座谈会、风险管理论坛等多样化的形式，有效地帮助了纯碱企业多方面了解期货市场运作及企业参与期货市场的要点。目前，仍有相当多的纯碱企业对期货了解得不多，但又急切需要借助期货工具规避风险，他们对一些专业培训课程的需求非常迫切。另外，开展产业培训有助于帮助现货企业快速、系统地掌握期货知识，深入了解期货市场套期保值理论知识及实际操作的思路和模式，促进企业快速参与、利用期货市场，同时也会促进纯碱期货市场的发展。

（二）现货产业参与纯碱期货的必要性

自纯碱期货上市以来，产业链上下游企业利用纯碱期货作为避险工具的需求日益增加。企业如果能够依托现有的经营成本、销售渠道、信息等优势，深耕原盐、合成氨、石灰石、玻璃、光伏等和纯碱相关的产业链，提前准备和布局，并通过纯碱期货提高企业运营的稳定性，尽快适应、发展并完善新的业务模式，充分融合期货与现货市场，可大大提升企业的竞争力。

纯碱期货对于现货产业链的各环节主体来说，具有更多、更广的作用。第一是价格发现的功能体现；第二是期现市场变化趋势相同、上下游产品价格走势高度相关，因而给现货产业链提供了良好的规避价格波动风险的工具；第三，现货产业链还可以将实物库存和期货市场虚拟库存、实体订单和期货市场预售、预购订单等灵活转换，优化销售和库存管理模式；第四，期货市场的信用仓单、仓单质押等业务模式也为现货产业链提供了新的融资渠道；第五，如果产业链中现货企业能够成功申请交易所的免检品牌、交割厂（仓）库，对于企业在行业内的知名度、影响力、信誉度甚至是定价权有积极的影响。

企业长远生存和发展的前提是要懂得规避风险、实现稳定盈利。传统的现货企业生存模式目前虽然还存在一定空间，但随着市场化进程的不断深入，期现结合无疑会成为企业经营的必经之路。尤其是在近两年市场行情波动较大的情况下，期货市场的风险规避功能发挥得淋漓尽致，让现货企业对期货有了更直观的了解和认识。近两年，国内外的公共卫生事件，国际地缘政治冲突，原油、煤炭及天然气价格波动等因素都让更多的纯碱和玻璃企业认识到了期货市场的积极作用。于是，越来越多的玻璃厂、贸易商及纯碱企业在生产、销售时将期货价格纳入参考指标体系，或参考期货价格进行现货定价，或利用盘面进行采购和销售。随着市场的发展，纯碱期货将会更好地服务产业链经营和风险管理，助力实体企业实现转型升级。

二、现货企业如何利用纯碱期货进行风险管理?

纯碱企业现阶段利用期货市场的方法主要是套期保值和期现套利。套期保值可以对冲现货价格波动风险，稳定经营、平滑利润。套利则需要结合现货市场的运行情况，通过关注期货与现货的价差进行相应操作，从而达到增盈或减亏的目的。

近两年，国际市场动荡引发国内大宗商品市场价格大幅波动，纯碱企业面临市场剧烈波动带来的风险和不确定性，给企业的稳定经营带来了很大阻碍，这也使纯碱生产企业参与期货市场、利用期货工具进行风险管理的积极性不断提升。

（一）纯碱企业参与期货市场的主要业务模式

尽管纯碱企业接触期货市场的时间并不长，但纯碱期货上市之后，纯碱生产企业利用期货市场进行风险管理的模式也算丰富。从最基本的套期保值到基差贸易，再到利用期货市场建立虚拟库存，拓展销售渠道，联合套保等，纯碱企业在不断学习和探索期货市场的功能模式。目前，纯碱企业可以通过期货市场开展的业务模式主要有以下几种。

1. 套期保值

套期保值（Hedging），又称对冲贸易，指在买进（或卖出）现货货物的同时，在期货市场卖出（或买进）同等数量的期货合约作为风险对冲方式。企业利用期货市场进行套期保值交易实际上是一种以规避现货市场风险为目的的投资行为，是结合现货交易的操作。

套期保值的基本特征是：某一时间点，在现货市场和期货市场对同一种类的商品同时进行数量相等但方向相反的买卖活动，即在买进或卖出实货的同时，在期货市场上卖出或买进同等数量的期货。经过一段时间，当价格变动使现货买卖上出现盈亏时，可由期货交易上的亏盈来抵消，从而在“现”与“期”之间、近期和远期之间建立一种对冲机制，以使价格风险降低到最低限度。

套期保值能够发挥作用的根本原因在于现货和期货市场的走势趋同（在正常市场条件下）。因为这两个市场受相同供求关系的影响，所以二者价格同涨同跌，但是由于在这两个市场上的操作相反，盈亏可以相抵，期货市场的盈利可以弥补现货市场的亏损，或者现货市场的升值也会因为期货市场的亏损而抵消。因此，要想使套期保值效果得到充分发挥，就要遵循以下四个原则：交易方向相反；商品种类相同；商品数量相等或相近；月份相同或相近。

延伸阅读

了解套期保值的四大原则

（一）交易方向相反原则

套期保值成功的前提之一是期货价格与现货价格具有正相关关系，因此，对冲现货市场价格风险的操作自然是让期货市场的买卖方向与现货操作相反。比如，某纯碱企业现在持有一定数量的纯碱现货，其担心未来纯碱价格下跌，产生损失，所以其要通过期货市场对冲现货价格下跌风险，就必须在期货市场中进行卖出操作，这样便成为现货上的多头、纯碱期货的空头。未来一段时间，当期货和现货市场价格同步下跌时，现货虽然是亏损的，但是期货市场却是盈利的，以期货市场的盈利来对冲现货市场的亏损，这样便达到了对冲风险的目的。如果违反了交易方向相反原则，则企业所做的期货市场操作就偏离了套期保值的原则，不仅达不到对冲价格风险的目的，而且还要承担期现两个市场的价格风险，最终可能导致两个市场上同时出现亏损。

（二）商品种类相同原则

商品种类相同原则是指在进行套期保值交易时，所选择的期货品种应该和需要对冲的现货商品种类相同，只有这样才能保证期货价格和现货价格具有较强的正相关，才能在价格走势上保持大致相同的趋势。否则，套期保值就难以达到规避价格风险的目的。如果期货市场上没有同种类的品种，则应该选择相似品种或者在价格走势上大致相同的商品。

（三）数量相等或相近原则

数量相等或相近原则是指在从事套期保值交易时，期货市场上买卖的数量应该与现货市场需要对冲的商品数量基本相同。这主要是由于套期保值的目的是对冲现货价格风险，因此，现货市场有多少数量的货源存在风险敞口，期货市场上就应该用多少数量的期货合约来对冲。如果期货市场对冲的数量少于现货暴露风险敞口的货物数量，则必定有部分现货头寸的风险未被对冲，风险依旧存在；但如果期货市场上对冲数量超过现货风险敞口数量，则多余的头寸就成了投机目的，也将偏离套期保值的原则和目的。

（四）月份相同或相近原则

月份相同或相近原则是指在进行套期保值交易时，所选用的期货合约的交割月份要与交易者将来在现货市场上实际买入或卖出现货的时间相同或相近，这样可以使期货合约覆盖的时间与现货市场暴露风险的时间一致。

套期保值可以分为买入套期保值和卖出套期保值两类。买入套期保值（也称多头套期保值）是套期保值者通过在期货市场上建立多头头寸，预期对冲其现货商品或资产空头，或者未来将买入的商品或资产的价格上涨的风险。其目的主要是防范现货市场价格上涨风险，适用于预计未来要购买某种商品或资产，购买价格尚未确定，但担心市场价格上涨时购入成本提高，或者目前尚未持有某种商品或资产，但已按固定价格将该商品或资产卖出（此时处于现货空头头寸），担心市场价格上涨，影响其销售收益或者采购成本等情况。买入套期保值主要适用于纯碱下游企业担心纯碱价格上涨，从而对纯碱进行买入套期保值的情况，此种情况下，套期保值者处于现货空头或未来要买入现货头寸的状态。

卖出套期保值（也称“空头套期保值”），是套期保值者通过在期货市场建立空头头寸，预期对冲其目前持有的或者未来将卖出的商品或资产的价格的下跌风险的操作，适用于持有某种商品或资产（此时持有现货多头头寸），但担心市场价格下跌，导致其商品或资产的市场价值下降或其销售收益下降，或者已经按照固定的价格买入未来交收的商品或资产（此时持有现货多头头寸），但担心市场价格下跌，导致其商品或资产的市场价值下降，或是预计未来要销售某种商品或资产，但销售价格尚未确定，担心市场价格下跌，使其销售收益下降等多种情况。通常，此时套期保值者处于现货多头或未来要卖出现货头寸的状态。

对于纯碱产业链上下游企业来说，从事套期保值业务时要坚守“担心什么做什么”的原则。例如，纯碱生产企业出于对利润追求的目标，担心纯碱市场价格下跌所带来的收入和利润下降，因此在期货市场上套保需要操作的方向也需跟其所担心的情况保持一致，即做空。而纯碱下游生产企业，如平板玻璃、光伏玻璃企业以及部分轻质纯碱下游企业，则担心纯碱市场价格上涨造成成本上升、利润萎缩，因此，在期货市场上套期保值的方向需与其担心的方向一致，即做多。

只有对企业所担心的事情进行套期保值，才能在风险事件发生之后，以期货市场的盈利来对冲现货市场的亏损，从而达到风险对冲的目的。因此，在期货市场上，纯碱生产企业属于天然的空头，而下游平板玻璃、光伏玻璃企业以及部分轻质纯碱下游企业则属于天然的多头。

需要注意的是，纯碱企业利用期货市场进行套期保值等风险管理操作，其本身目的并不是从中获取超额利润，而是期望通过套期保值等风险管理操作，可以平滑企业利润，降低利润波动，同时减少极端事件对企业的负面影响。企业采取风险管理前后公司利润曲线的变化见图 7 - 1。

对于套期保值等衍生品市场的风险管理措施的效果评估，需要综合期货市场和现货市场两个市场的盈亏总和来确定，切忌单独以期货市场盈亏来评估风险管理效果，更不能用期货市场单独某个指标作为考核指标。

2. 信用仓单

纯碱期货挂牌交易后，纯碱交割厂库或贸易商厂库可以用未来一段时间的产量向交易所申请信用仓单，有效期为 2 个月。这些信用仓单可以在交易

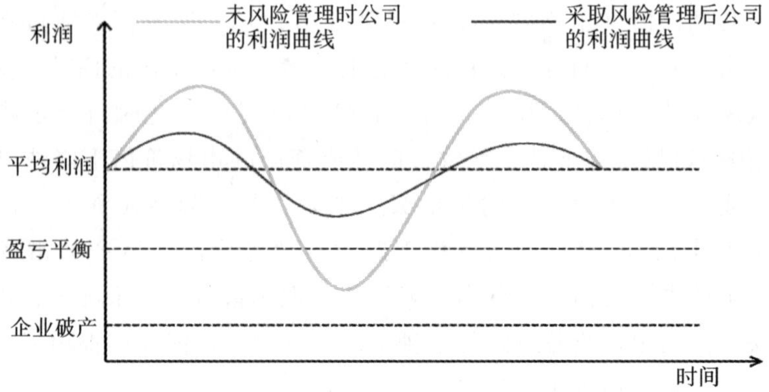

图 7 – 1　企业采取风险管理前后利润曲线变化示意图

资料来源：公开资料。

所冲抵保证金，同时也可以抵押给银行进行融资。通常，申请信用仓单的（贸易商）厂库可以在交割月前向交易所提出申请，以银行信用保函形式或者现金形式，将款项打到交易所指定保证金账户。仓单注册后可以在交易所网站进行查询，而仓单数量和注册主体的不同也都会对期货价格产生一定指引效果。（贸易商）厂库在交割月之前可以随时注销信用仓单，也可以将仓单进行转让，这样既避免了占用大量资金，还能够获取一定收益，是一种较为灵活的工具。

3. 实物交割

实物交割是期货合约到期时，交易双方通过该期货合约所载商品所有权的转移，了结到期未平仓合约的过程。一般，商品期货合约以实物交割为主，即在合约到期日之后，卖方将相应货物按时、按质、按量送到交易所指定交割仓库，买方向交易所划拨相应货款，履行期货合约。

纯碱期货上市后，生产企业和贸易企业在期货价格合适时卖出纯碱期货某一个合约，并申请注册厂库仓单和仓库仓单，持有至合约到期日后将纯碱现货的所有权通过交割方式转移给买家，以此实现通过期货市场进行现货销售的目的。倘若当前纯碱期货价格明显高于现货价格，生产企业和贸易商均可根据自身产量及货物贸易量计算可注册的仓单数量，从而在相应合约上进行卖出纯碱期货的操作，并在期货市场上进行交割。倘若纯碱现货价格远高于纯碱期货价格，则纯碱现货持有方可以在现货市场进行销售后平仓相应的期货市场头寸。这样，纯碱现货销售方就可以选择价格具有相对优势的市场进行销售，既保障了企业的正常经营，又开拓了新的销货渠道。

4. 基差交易

基差交易，是指纯碱卖方与买方（下游玻璃企业、贸易商、轻质纯碱需求企业等）签订销售合同时，按照某一特定时间期货“盘面价格 + 升贴水（运费、仓储费、资金利息等费用）”的方式进行现货定价的交易方式，这在国际市场上属于较为通行的做法，也称为点价（Pricing）。

基差交易的核心是利用期货价格为现货定价，也就是在现货交易中利用期货价格作为定价基准。因为期货市场价格公平、公开、透明、连续、权威，所以，现货买卖双方如果按照期货价格确定现货交易价格，则大大减少了现货交易中买卖双方对于价格争议的频率，提高了议价效率。同时，基差贸易还具有延期定价、锁定成本和利润、规避现货价格波动风险等优势。

小贴士

纯碱是怎样进行基差报价的

假如某纯碱采购方询问某纯碱卖方：“当前湖北纯碱什么价格?”卖方可以用基差的形式进行报价，如“SA2205 - 110”；如果买方问：“当前河北纯碱什么价格?”基差报价可以是“SA2103 + 10”。至于报价时选取的合约基准以及升贴水幅度，双方可以谈判，也可以由卖方主动报出。

5. 期现套利、跨期套利和跨品种套利

套利一般发生在期货与现货价格（期现套利）、近期与远期价格（跨期套利）、相关品种（跨品种套利）的价差出现不合理情况时，市场对未来价差回归正常区间存在预期，从而引发套利行为。例如：价差过大可以做价差收敛套利，即做空高价品种（或高价合约、高价市场）同时做多低价品种（或低价合约、低价市场）；反之，价差过小则可以采取价差扩散策略，即做空低价品种（或低价合约、低价市场）同时做多高价品种（或高价合约、高价市场）。

期现套利就是现货和期货之间的价差（即基差）达到一定的低点时，

买入现货的同时卖出相应数量的期货合约，等到价差回升至正常合理区间时，卖出现货同时将期货空单平仓，获得价差利润。

期现套利的最大优势在于买入现货的同时卖出期货，可以抵消价格涨跌带来的不确定风险，并且不用对单一市场（如现货市场或期货市场）未来趋势做出精准判断，因此只要价差运行合理，则无论价格涨跌都有获利机会。纯碱企业在现货市场拥有绝对优势，不需要外采现货的一系列货运、装卸等费用，因此，在基差合适时可以快速抓住期现套利机会，获取更具有成本优势的套利利润。

跨期套利则是利用纯碱不同合约之间由于供需变化、市场预期和一些外在因素引起的价差变化，进行买近卖远或者卖近买远的操作。例如，2021年9月能耗“双控”政策导致江苏等纯碱主产地区大面积减产，纯碱近月合约大幅升水远月合约，因此，市场对未来纯碱远近合约价差回归合理区间存在较强预期，此时便可以通过卖出纯碱近月合约、买入远月合约，待远近合约价差回归正常区间时平仓获利。

跨品种套利是利用不同期货品种之间期价走势的相关性，如上下游品种、替代性品种以及同一品种不同成分、同一工艺的多个产品等之间的价格差值变化进行的操作。对于纯碱来说，期货市场上相关性最高的品种则属于其下游产品玻璃，而其他品种如煤炭、黑色建材、化肥等也都直接或间接地与纯碱存在一定关联。

小贴士

期货市场的哪些品种可以和纯碱进行跨品种套利

以玻璃为例，现货市场中纯碱需求与玻璃在产产能有较大相关性，当玻璃在产产能提升时，对纯碱的需求就会增加，在其他因素不变的情况下纯碱价格存在上升预期；反之亦然。因此，纯碱生产企业可以通过玻璃在产产能与纯碱需求的变化和对比以及玻璃需求季节性来进行纯碱期货与玻璃期货之间的套利操作。在期货市场上，当纯碱期货和玻璃期货价差过大或过小时都能够进行跨品种套利操作。特别是当两个行业的现货利润向其中一方倾斜时，通过对纯碱和玻璃的套利，可将产业链利润转移到另一方，从而达到产业链利润再分配，弥补产业链中盈利处于弱势的一方，也能够等纯碱、玻璃期货价差回归理性时从套利策略中获利。

另外，联碱法生产工艺有1:1.1的副产品氯化铵产出，氯化铵属于氮肥，其氮含量为尿素的二分之一，市场价格约为尿素的三分之一，主要用于复合肥的生产。在现货市场中，下游行业对氯化铵和尿素的使用存在相互替代的作用，但二者又同属于化肥行业，价格变化趋势存在趋同效应。因此，尿素价格与氯化铵价格的相关性较高，而氯化铵与纯碱又出自同一工艺的两种产品，价格相关性也较强，故在期货市场上，尿素和纯碱期货价格的走势也有一定相关性。因此，纯碱期货和尿素期货的套利策略也可以考虑为纯碱的跨品种套利操作之一。

6. 其他业务模式

除了以上业务，轻质纯碱生产企业还可以利用轻质纯碱和重质纯碱价格高度相关性的特点，利用期货市场进行套期保值或风险管理，即“非标套利”。

（二）纯碱企业利用期货市场进行风险管理的案例分析

作为纯碱的生产方，纯碱企业在产业链中主要是向中下游及市场提供纯碱原料的供应者。为了保证生产企业已经生产出来即将向市场出售，或者尚在生产过程中，将来要向市场售卖的利润不受纯碱价格大幅下跌而遭受损失，便可以通过在期货市场上卖出与现货数量相等的期货合约作为对冲工具，抵消其现货价格下跌带来的利润萎缩风险。

另外，近几年，纯碱期现价格除了面临其自身基本面的波动外，还遭受了频发的“黑天鹅”事件的侵袭，因此，对于纯碱生产企业来说，利用期货市场进行风险管理的方式不仅仅局限在卖出套期保值或转移价格风险上。在特殊时期，纯碱生产企业还可以利用期货市场作为新的销货渠道缓解库存压力、提前锁定利润、管理虚拟库存等多样化风险管理方式。

案例 7-1 纯碱生产企业卖出套期保值，转移价格风险，缓解库存压力

2021 年 5 月初，纯碱现货价格已从年初的 1300 元/吨涨至 1900 元/吨，企业库存也接近 100 万吨，在现货企业面临库存压力、价格略显疲态之时，纯碱期货盘面价格已接近 2200 元/吨，期货价格升水现货价格近 300 元/吨。为缓解企业阶段性的销售压力，某纯碱生产企业开始在期货盘面上进行部分库存卖出套期保值的操作，具体操作如下：

2021 年“五一”假期后，纯碱期货价格上涨至 2200 元/吨，现货价格在 1900 元/吨附近，盘面升水现货 300 元/吨，基差 -300 元/吨左右。该企业计算当时距离纯碱期货 09 合约交割（9 月 17 日）时间尚有 130 天。综合该企业在五月初到 09 合约交割日期间的各项成本及费用，大致测算为 150 元/吨，而在基差为 -300 元/吨的情况下，该企业仍有 150 元/吨的无风险套利空间。于是，5 月 6 日至 5 月 12 日，该企业在纯碱期货 SA2109 合约上分批建立空单，对部分库存进行卖出套期保值，持仓均价 2200 元/吨，涉及纯碱货源总量约 3 万吨。同时，在现货仓储管理中对这批库存进行冻结，防止出现风险敞口。6 月至 8 月份，纯碱生产企业逐步进入季节性检修，供应出现阶段性紧张局面，8 月份纯碱现货价格已经涨至 2250 元/吨左右，且涨幅大于期货市场的涨幅，纯碱基差由 -300 元/吨走强至 0 元/吨。于是该公司在 8 月 5 日以 2260 元/吨的价格将持有的期货空单进行平仓，把冻结的 3 万吨待交割的库存转为现货进行销售。具体过程见表 7-1。

表 7-1 纯碱生产企业卖出套期保值综合评估

时间	现货市场	期货市场	基差（元/吨）	数量
5 月 6 日至 12 日	1900 元/吨库存冻结	2200 元/吨卖出	-300	3 万吨
8 月 5 日	2250 元/吨现货销售	2260 元/吨平仓	-10	
盈亏（元/吨）	2250 - 1900 = 350	2200 - 2260 = -60	290	
合计	350 +（-60）= 290 元/吨		290 元/吨 × 3 万吨 = 870 万元	

资料来源：光大期货研究所整理。

在此案例中，该生产企业在期货市场上每吨亏损 60 元，但在现货市场上每吨获利 350 元/吨，该卖出套期保值策略总体盈利每吨 290 元，3 万吨货源总共盈利870万元。但若该企业不进行卖出套期保值，一旦纯碱价格下跌，则该3万吨货源将面临更大的风险敞口。

案例7－2 纯碱生产企业买入套期保值，建立虚拟库存，优化库存管理方案

受季节性检修的影响，2021年8月底纯碱行业继续维持偏低开工水平，现货市场也由于供应缩减维持偏紧状态。同时，需求端浮法玻璃生产运行稳定，光伏玻璃生产线第三季度持续投产，因此，纯碱现货企业开始酝酿新一轮的涨价。9月初，沙河市场重质纯碱主流价为2600元/吨，而期货盘面SA2201合约价格在2687元/吨左右，虽然盘面升水现货，但幅度有限。某纯碱生产企业对后期市场研判，发现纯碱现货价格存在再次上涨预期，期货仍将强于现货运行，盘面升水幅度将有所扩大，故该公司判断应通过期货市场进行买入套保操作。

2021年9月2日，纯碱期货主力合约SA2201价格最高涨至2705元/吨，升水现货幅度100元，基差在－100元/吨左右。现货市场经过8月底的提价后暂时维持稳定，但是期货市场受宏观预期、能耗“双控”政策及光伏玻璃投产预期影响持续走强，该企业预计纯碱期货盘面升水幅度将进一步扩大，基差明显存在走弱空间。受制于政策对生产水平的限制，该企业产能无法全部释放，出于对企业稳定经营的考虑，该公司于8月31日至9月2日分批在纯碱期货SA2201合约上建立多单，进行买入套期保值操作，持仓均价2700元/吨，涉及现货数量共计4万吨，并且做好从期货市场接货的准备。该公司利用旗下商贸公司期货账户进行套期保值操作，若持仓至2022年1月，则从期货市场上买入货源已基本可以满足其长约客户的需求，多余货源也可以卖给其他下游企业和非长协客户。但实际情况是，仅仅一周的时间，纯碱期货价格受主产区限电限产、煤炭、原盐生产原料成本抬升等因素的影响明显上涨，快速反映了市场最新变化，9月10日，SA2201合约最高价达到了3062元/吨，而现货价格依旧维持在2600元/吨，基差由原先的－100元/吨走弱至－460元/吨，该企业决定不进入交割环节，遂平仓。最终在9月10日当天以3010元/吨的价格进行卖出平仓，平仓时纯碱基差－410元/吨，该企业每吨获310元的收益，减少了现货销售价格较低带来的营收损失。具体过程见表7－2。

表 7-2　　纯碱生产企业买入套期保值综合评估

时间	现货市场	期货市场	基差（元/吨）	数量
8月31日至9月2日	2600元/吨	2700元/吨多单	-100	4万吨
9月2日	2600元/吨	3010元/吨平仓	-410	
盈亏（元/吨）	0	3010-2700=310	310	
合计	0+310=310元/吨		310×4万吨=1240万元	

资料来源：光大期货研究所整理。

在此案例中，该生产企业在现货市场价格不变、增收效果不明显时，通过期货市场买入套期保值，实现每吨纯碱增收310元的效果。假如该企业并未在期货市场上进行买入套期保值，则只能通过现货市场2600元/吨的价格进行纯碱销售，对企业营收和利润提升均没有贡献。因此，纯碱生产企业通过期货市场进行套期保值，既可以实现对冲风险的目的，也可以达到虚拟库存管理、增收增利的效果。

（三）纯碱企业利用期货市场进行风险管理的操作步骤及注意事项

首先，生产企业需要确定自身面临的风险敞口。例如，某纯碱生产企业每月生产纯碱10万吨，2020年2月底已预售出8万吨纯碱，但是尚有2万吨未签订销售合同。该企业对市场认真分析后担心后市价格下跌，因此决定对这2万吨纯碱进行卖期保值，以规避后市价格下跌所带来的风险。此时，该企业面临的风险敞口便是未销售出去的2万吨纯碱，而并非全月产量10万吨，因此，在期货市场进行套期保值理应针对这2万吨的货源进行方案设计和操作。

其次，将风险敞口对应至期货市场合约及数量。该企业的2万吨风险敞口对应纯碱期货是1000手（期货市场1手=20吨），而在非活跃合约上套保，则可能导致合约成交量不足，进一步出现企业风险敞口无法完全成交的情况。因此，该企业若3月份进行套期保值，理应选择时间最近的一个主力合约SA2005。

再次，该企业需要以适当的价格在SA2005合约上卖出1000手纯碱期货，建立空头持仓。后期依据市场走势决定是持有至05合约交割，或是平仓获利了结。

最后，对此次套期保值方案、操作、盈亏等进行总结和回顾，为以后利用期货市场进行风险管理提供经验和基础。随后，该企业在2020年第二季度纯碱市场回顾发现主要是受到了大环境影响，纯碱期现价格才出现了大幅下跌。而该企业因为在期货市场进行了卖出套期保值，期货市场盈利和现货市场亏损相抵后总体仅亏损4万元，且该亏损是由于基差走弱（即现货价格跌幅大于期货价格跌幅）造成的。如果该企业不进行套期保值，其未销售的2万吨纯碱现货将出现120万元的亏损。

对生产企业或贸易商的库存来说，在期货市场上进行卖出套期保值虽然能够规避价格下跌所带来的风险，用一个市场的盈利去弥补另一个市场的亏损，但是企业对未来价格运行方向的判断是预期，并非价格运行的现实情况，若企业预期价格下跌但实际却出现上涨，此时进行卖出套保可能会减少期现市场总体的盈利，如果企业不进行套期保值反而会获得更高的收益。因此，生产企业进行套期保值虽然在一定程度上规避了价格下行风险，但同时也放弃了由价格上涨而可能得到的超额盈利机会。

另外，企业在评估套期保值效果时，一定要结合现货市场和期货市场两个市场的总体盈利和亏损情况来评判，切忌只看某一市场的盈亏来衡量套期保值效果。最后需要注意的是，企业进行套期保值操作，并非一定要持仓至交割，也可根据企业自身风险管理方案和利润目标等策略，提前平仓进行了结，或通过期转现提前进入交割。

除了传统的风险管理方式，纯碱企业还可以在套期保值中引入基差交易、点价交易、合作套保等新型避险措施，为纯碱企业利用期货市场进行深度风险管理开启多元化业务模式。

三、下游行业如何利用纯碱期货化解风险？

通常，玻璃企业可以被看作纯碱的消耗者，在产业链中是需要购买纯碱的需求方。对需求方来说，其所面临的市场风险既来自担忧纯碱等原材料价格上升导致的成本激增，又担心生产出来的玻璃产品价格下跌，而当二者同时发生的时候，玻璃企业将面临更加被动的局面和更大的市场风险。

在现货市场中，纯碱与玻璃属于上下游关系，而在期货市场上，纯碱期货的上市使整个产业链期货品种更加完善。由于玻璃企业对玻璃期货的套期保值、期现贸易等已经探索了多年，能够成熟运用期货市场来进行风险管理。因此，作为纯碱下游最大的消费主体，浮法玻璃企业对期货市场的运用不仅限于对原材料纯碱的买入和卖出套期保值，还有对玻璃产品进行的卖出套期保值，以及进行玻璃－纯碱双向套保、期现结合等业务。

案例 7－3　玻璃生产企业通过期货市场管理原材料库存的贬值风险

玻璃企业受生产工艺限制，窑炉一旦点火投产就需要不间断生产，因此玻璃企业往往会在节假日前囤积大量原料，以备过节期间使用。2020年春节前夕，某玻璃生产企业选择通过现货市场采购，增加原料纯碱库存1万吨，用以保障春节期间企业正常生产。但在囤积纯碱现货库存的同时，该企业考虑到2019年纯碱行业新增产能较多，供过于求格局可能导致市场库存持续增加，纯碱价格也将处于弱势。为避免企业囤积的纯碱原料大幅贬值，该企业同时选择在期货市场上对囤积的1万吨原料进行卖出套期保值。

通过观察与研判，该企业发现，2020年1月纯碱行业供过于求格局状态凸显，价格处于下降趋势。与此同时，纯碱期货价格升水现货价格100元/吨，当时的基差有利于企业针对原料进行卖出套期保值，故该企业最终选择在纯碱期货价格1638～1680元/吨区间建仓套期保值的头寸，用以对冲库存价格下跌的风险。2020年春节后第一个交易日，国内金融市场悲观情绪蔓延，纯碱期货开盘价格1517元/吨，近乎跌停。考虑到增加的1万吨纯碱库存在春节假期期间已陆续用于生产使用，故该企业对套期保值头寸进行了平仓。

事后，该玻璃企业对此次套期保值的综合效果评估如表7－3所示。

表 7－3　　玻璃生产企业对纯碱原料卖出套期保值综合评估

时间	现货市场	期货市场（SA2005）	数量
2020 年 1 月	1550 元/吨采购（均价）	1660 元/吨卖出（均价）	1 万吨
2020 年 2 月 3 日	1530 元/吨消费（均价）	1520 元/吨平仓（开盘价）	
盈亏	（1530－1550）×10000＝－20 万元	（1660－1520）×10000＝140 万元	
合计	规避损失 20 万元，净盈利 120 万元		

资料来源：光大期货研究所整理。

该玻璃企业此次对原料纯碱进行的卖出套期保值的操作，使企业的生产经营在春节期间和“黑天鹅”事件发生期间保持了稳定，同时也获得了基差回归的额外收益。

案例 7－4　玻璃生产企业以纯碱期货价格指导库存管理

2021 年 6 月，纯碱产量在厂家季节性检修影响下不断减少，纯碱期货价格发现功能充分发挥，领先于现货价格启动上行趋势。某玻璃生产企业考虑在碳达峰、碳中和的政策背景下，第三季度纯碱行业存有进一步限产可能性，产量将在当时的基础上继续减少，而纯碱现货价格也将因产量持续下滑而存在持续上涨的可能。当时，纯碱期货价格为 2350 元/吨，现货价 2060 元/吨，该玻璃企业遂决定在现货市场扩大纯碱的采购力度，增加原料库存，以减少后期纯碱价格进一步上涨带来的采购成本压力。

7 月之后，纯碱现货价格及期货价格均呈大幅上涨趋势。时至 9 月，随着光伏玻璃投产不及预期、纯碱产量的稳步恢复以及交割库库存的逐步累积，该玻璃企业判断此后纯碱价格存在降价可能。另外，9 月中旬纯碱基差出现低于正常区间的情况，后期基差走强的可能性较大，为规避纯碱原料库存价格下跌的风险，9 月底，该玻璃企业决定将多余的 3000 吨纯碱原料以 3360 元/吨的价格在期货市场上卖出，遂建立 SA2210 合约空头持仓并持有至到期进行交割，盘面获利情况如表 7－4 所示。

表 7－4　玻璃生产企业利用纯碱期货市场管理原料库存的效果评估

名称	单价	数量（吨）	金额（元）	备注
纯碱期货买入（元/吨）	2060	3000	6180000	

续表

名称	单价	数量（吨）	金额（元）	备注
利息（%）	6		145131.2877	6月4日付款，10月6日开票，共4个月21天
装卸费（元/吨）	25	3000	75000	
仓储费（元/吨）	0.5	3000	214500	截至10月26日，累计时间143天
费用总计（元）			6614631.288	
纯碱期货销售（元/吨）	3360	3000	10080000	
销售收入合计（元）			10080000	
毛利（元）			3465368.712	
所得税（%）	25		866342.1781	
增值税（%）	17	3000	663000	
附加税（元）			56518	城建税、教育附加税等
净利润（元）			1879508.534	

资料来源：光大期货研究所整理。

该玻璃企业此次对纯碱原料现货库存的管理，使企业获利于在低位囤货，又在高价时通过期货市场卖出。但如果该玻璃企业没有通过期货市场进行套期保值，最终只能被动接受库存价值大幅萎缩的结果。因此，该玻璃企业通过对期货市场的运用，大大降低了生产成本，也规避了库存价格下跌的风险，同时还将多余的原料转化成收益。

案例7－5 玻璃生产企业通过期现结合增收

2021年4月21日前后玻璃期货盘面在2250元/吨的价格附近维持震荡走势，但现货此时已经涨至2500元/吨以上。某玻璃生产企业判断5月份梅雨季节的需求淡季因素可能会影响玻璃期货的市场情绪，但当时现货市场销售旺盛，并无淡季拐点出现的迹象，贸易商抬价抢货的积极性随之水涨船高，该玻璃企业遂决定以期现结合的模式进行风险管理。在期货市场上，该企业以2252元/吨的价格买入玻璃FG2105合约并持有至5月合约交割，随后以2400元/吨对外进行销售同等数量的玻璃现货。

经过时间验证，玻璃市场5月份再次大幅上涨，验证了该企业此前判断的“淡季不淡”现象。而该企业通过期现结合的方式，在期货市场低价买入并在现货市场上高价销售，通过交割环节完成期货和现货的完美衔接。若不考虑手续费、运费等成本，该玻璃企业通过期货市场期现套利的方式获得了148元/吨的利润。

案例7-6 玻璃生产企业通过期货市场交割，降低下游企业的采购成本

2021年7月至8月，河南地区再次受外部因素影响，纯碱、玻璃市场进入近乎停滞状态。除此之外，河南多个地区还面临洪涝灾害的侵袭，无论是运输还是采购方面，都对玻璃需求存在较大压制。再加上房地产政策持续收紧，地产企业资金持续紧张，也限制了采购原片玻璃的力度，使玻璃需求雪上加霜，价格一跌再跌。

国庆节后的10月8日，玻璃期货FG2110合约的价格已跌破2300元/吨，下穿沙河地区的生产成本线，而此时沙河地区玻璃现货价格是2600元/吨以上，武汉地区玻璃现货价格2500元/吨。某玻璃生产企业最终选择在FG2110合约上以低于2300元/吨的价格逐步买入玻璃期货，最终持仓的成交均价2290元/吨。该企业持有玻璃多单到交割月份，交割时华中现货价格下跌至2400元/吨，最终该企业在期货市场上交割买入的玻璃以2300元/吨的价格销售给该企业的下游客户，以低于现货价格100元/吨的绝对优势快速售空。

该玻璃企业此次期现结合的操作模式，既通过期货市场购买了具有价格优势的玻璃，满足了下游需求，还赚取了每吨10元的利润，同时还以比现货价格更具优势的价格向下游企业进行了销售，大大降低了下游企业的采购成本。若该企业没有在期货市场上进行操作，则其在现货市场上将面临华中地区现货价格由2500元/吨跌至2400元/吨带来的销售利润损失，同时，其下游客户也将以2400元/吨的现货价格采购玻璃原片，采购成本将提升100元/吨。

四、贸易商如何运用期货工具？

贸易商，通常指从厂商把所购的产品卖到消费者手里，赚取其中的差额的人或市场主体。在纯碱产业链中，浮法玻璃、光伏玻璃等消耗重碱的下游企业通常因为纯碱采购量集中、量大且稳定，多从纯碱厂家直接采购。但轻碱下游企业分布广而散，因此下游企业多从贸易商、直销点、分销店等提货。此时纯碱贸易商就承担着纯碱库存转移、运输、分销至下游等责任，是连接上下游企业的纽带，贸易体量大的贸易商，通常也会在纯碱采购、贸易、仓储和消费方面存在较大优势。

纯碱期货上市不久，就有不少贸易商积极参与。除此之外，郑州商品交易所还创新式地引入了纯碱贸易商厂库的模式。作为纯碱现货产业中的一员，贸易商厂库在产业链中起着承上启下的中枢作用，在组织货物出入库等方面也存在较大优势。特殊时期，厂库对交割货源的补充、调节作用进一步显现。而贸易商厂库注册的信用仓单也进一步拓宽了纯碱期货仓单在时间、空间上的范围。除此之外，贸易商厂库的模式还能够有效降低因生产企业资源不足或无法及时备货而出现的交割风险，降低纯碱期货仓单注册和注销中的摩擦成本，促进纯碱期现货市场的深度融合。

案例 7-7 贸易商厂库借助纯碱期货提升贸易规模

在纯碱期货上市之前，由于纯碱现货价格波动较大，经营风险难以控制，某贸易公司虽然在玻璃期货业务上已积累了丰富的经验，但却不敢轻易涉足纯碱板块业务。2019 年，纯碱期货的上市给该贸易商拓展纯碱业务板块带来了良好契机。该贸易商尝试用 100% 的期现模式经营纯碱板块业务，后来该项业务成为提升公司业务规模的一大亮点。

2020 年，该贸易商累计采购纯碱现货 6 万吨，累计套保纯碱现货 6 万吨，入库纯碱现货 6 万吨。在当时纯碱市场行情波动较大的情况下，该贸易商通过期现结合的方式实现了稳定盈利，纯碱板块业务收入达8000万元，贸易规模增幅达1100%。

成为贸易商厂库后，该企业深刻体会到期现结合在风险防范方面可以发挥重大作用，不仅帮助他们迅速做大业务规模，整合市场资源，同时还与产业链上下游知名纯碱、玻璃生产企业达成了战略合作关系，转变了以往单一厂家代理模式，企业发展水平迈上新的台阶。

案例7－8　贸易商针对纯碱期货进行无风险套利

2020年1月上旬正值纯碱期货上市初期，SA2005合约价格小幅走强并升水现货。当时纯碱期货主力合约SA2005的价格在1660元/吨附近波动，而沙河地区重质纯碱主流价仅为1530元/吨，期货升水沙河地区现货价格幅度130元/吨。某贸易商对市场进行了分析，认为若当时以1150元/吨的现货价格购入青海纯碱，再加上运费300元/吨、1月中旬至5月交割的资金费用32元/吨（按年化6%测算）、交易所费用减半后的仓储费用18.75元/吨、其他杂费（如入库费、短驳费、损耗费）等共30～40元/吨，综合现货成本在1530.75至1540.75元/吨之间。因此，该贸易商在1月中旬买入现货，并在期货市场建立与现货数量相当的SA2005合约空单并持有至到期进行交割。期货端保证金占用资金成本按持有至交割月测算依旧为32元/吨（按年化6%测算），则无论未来纯碱价格是涨是跌，该贸易商都能确保实现无风险套利利润87～97元/吨。

该贸易商厂库此次期现操作具体流程如下：

1. 确定现货货品合同成交价1150元/吨，同时约定生产日期符合抛售SA2005合约并生成标准仓单的所有条件。

2. 从当期交易所指定交割仓库中选择有库存且仓储费用合理的交割仓库，并预定跟期货空单数量相当的库容。

3. 期货与现货同时进行操作。在期货市场上开与现货数量相当的空单，成为空头持仓，同时预留足够的保证金以保障期货价格继续上涨带来的浮亏资金占用。该贸易商持续对未来3～4个月不同时间周期下的持仓及保证金变动进行合理预估，精准定位保证金在交割前提升比例的截止时间。

4. 根据当时的纯碱交割细则，该贸易商核定单账户被允许的最大交割数量为 16000 吨，并分析可能超出的交割数量，向交易所申请额外套保额度。

5. 进入交割月后，该贸易商从三种期货头寸的了结方式中进行最优方案选择：期转现、滚动交割及最后的集中交割。

6. 交割配对成功后确认买方，核对配对双方各类信息（含工商信息，开票方式、税点、邮寄发票接收人、期货公司确认函等）。

7. 根据买卖双方商议的结果，协商提货合同细节，机动调整方案并配合交割库进行货权转移和运输。2021 年，该主体成为指定纯碱交割厂库（贸易商厂库）。在此后的交割过程中，该贸易商厂库还需要与买方协议仓储价格、免仓储时间及存放时间等方案。

通过以上期现操作，该贸易商厂库实现了纯碱期货的无风险套利，既兑现了利润，也通过参与期货交割充分了解并熟悉了纯碱期现业务的双方流程和路径，为此后成为纯碱指定贸易商厂库的运营打下了坚实基础。

五、纯碱期货如何服务国家新能源战略？

随着技术不断进步，光伏发电成本在过去 10 年大幅下降 89%，已成为成本降幅最大的可再生能源。我国光伏发电资源禀赋优异，平价上网时代到来后，增长潜力巨大。2020 年 12 月，国务院发布《新时代的中国能源发展》白皮书，“优先发展非化石能源”被摆在“建设多元清洁的能源供应体系”的首位，“推动太阳能多元化利用”成为“优先发展非化石能源”的重中之重。“双碳”目标提出后，能源结构改革进入深水区，光伏产业成为建设多元清洁能源供应体系中的重要一环。

光伏玻璃是光伏发电组件的一部分，用于保护太阳能电池片，直接决定光伏组件的发电效率和寿命。与平板玻璃相同，光伏玻璃的主要原材料为纯碱和石英砂，其中纯碱成本占总成本的近一半。作为光伏玻璃上游，纯碱对新能源战略的重要性日益提升。纯碱期货于 2019 年 12 月在郑州商品交易所上市后，在服务国家光伏产业发展和能源结构转型中发挥了积极作用。

（一）光伏玻璃行业发展现状

2021年7月工信部正式发布《水泥玻璃行业产能置换实施办法》（工信部原〔2021〕80号），取消光伏玻璃行业产能新增限制。随着国家进入“十四五”规划期，对新能源及光伏行业的发展更具有推动意义。2021年6月国家能源局综合司正式下发《关于报送整县（市、区）屋顶分布式光伏开发试点方案的通知》，在全国推行整县屋顶分布式光伏建设。该试点项目的推进将进一步增加光伏玻璃的需求，引导光伏玻璃企业加大中长期产能投放规模。

随着新能源战略的实施和政策限制的放开，国内光伏发电行业规模迅速扩大，光伏玻璃和下游光伏组件产能也随之快速提升。但受制于光伏产业链上游硅料、多晶硅产能的增长瓶颈，2021年多晶硅价格大幅上涨，光伏产业链原材料行业的产能扩张节奏出现较大差异，从而导致下游终端需求规模增长受限，光伏玻璃短期也进入产能扩张加速、需求释放不及预期的供需错配阶段，价格长期承压。虽然光伏玻璃行业仍处于建设投产高峰期，但全行业也将维持微利水平。

在行业整体利润不高的现状下，保障原材料供应稳定、降低原材料采购成本已成为光伏玻璃企业面临的挑战之一，具备供应链管理优势的光伏玻璃企业可获得较为稳定的利润，能吸引投资资金，保持扩张速度，占据市场份额和优势地位。因此，纯碱期货市场价格发现、资源配置、风险管理等功能的发挥，将成为助力光伏玻璃行业稳定经营，尤其是对原材料供应和采购成本方面控制的重要保障。

（二）纯碱期货市场在服务光伏产业链中的模式与案例

随着郑州商品交易所对纯碱期货市场培育和产业客户服务工作的不断深化，包括光伏玻璃行业在内的下游企业逐渐接受了套期保值理念，并尝试利用期货市场拓展原料采购渠道，实现保供应、降成本、防风险。

案例7-9　光伏玻璃企业直接参与期货市场套期保值

我国某光伏玻璃生产商在纯碱期货上市后，及时组建了专业团队，积极尝试利用期货工具对生产成本进行管理，逐步形成了成熟的风险管理和综合采购体系，有效规避了原材料价格的波动风险。

2020 年上半年，玻璃及纯碱行业都面临较大的产销压力，价格双双走低。华东地区纯碱市场均价 6 月时一度降至 1218 元/吨的低点。第二季度国内经济逐步复苏，该光伏玻璃企业观察到纯碱需求已出现复苏迹象。为规避原料纯碱价格上涨带来的成本增加，该光伏玻璃企业在期货市场展开了对纯碱原料的买入套期保值。该企业在此后一段时间累计建仓 1000 手纯碱期货，折合纯碱现货 2 万吨，建仓成本大约 1365 元/吨。此后，纯碱需求逐渐回暖，华东地区纯碱市场均价在 9 月上涨至 1961 元/吨，而该光伏玻璃企业也在纯碱期货后续几个合约里分批完成了实物交割。据该企业核算，本次套期保值共节省纯碱采购成本 826 万元，平均降低光伏玻璃生产成本 83 元/吨。

案例 7－10　光伏企业间接参与期货市场，丰富采购渠道，降低采购成本

2020 年下半年，受房地产市场需求持续回暖、光伏产业规模快速增长等因素的影响，浮法玻璃和光伏玻璃产量双双提升，带动纯碱需求和价格双双上涨，对玻璃企业成本造成较大压力。国内部分光伏玻璃企业虽然未直接参与期货市场，但是通过期现公司和贸易商的无风险套利模式的介入，注册并销售了纯碱期货仓单，间接参与了纯碱期货市场，拓展了新的采购渠道，也通过期现结合的模式达到了风险管理、降低成本等效果。

2021 年 3 月之后，某光伏玻璃企业通过期现公司累计购买纯碱约 5 万吨，平均节约支出 60 元/吨，平均降低玻璃生产成本 12 元/吨，累计降低采购成本 360 万元。

六、期货如何助力纯碱生态链优化升级？

近几年我国光伏产业快速发展，华东地区已成为国内光伏玻璃企业最集中的地区，整个区域产能占国内总产能的 70%，其中安徽地区产能占比达 55%。根据国家能源局预测，我国“十四五”规划时期风、电、光伏要成为清洁能源增长的主力。而自“十五五”规划起，光伏的年新增装机量计划超过其他电源类型，到2030年，光伏设备装机规模计划位居所有电源类型的首位，到2035年光伏发电量计划成为所有发电类型的第一位。而2050年光伏行业将成为我国的第一大电源，光伏发电的总装机规模计划达到50亿千瓦，即5000GW，规模相当于2020年年底的19.8倍。因此，未来30年，光伏行业规模化增长空间仍存在巨大潜力。

纯碱行业与国家新能源战略联系紧密，是光伏产业链中的重要原材料。为了更好地满足光伏玻璃企业对风险管理的需求，增强期货市场服务实体经济能力，助力光伏产业发展，2021年下半年郑州商品交易所将安徽纳入纯碱期货交割区域，并在该区域增设了指定纯碱交割厂库和仓库。

纯碱期货自2019年12月上市之后保持安全、平稳运行，产业参与度和市场活跃度持续提升，市场功能良好发挥，具备服务光伏玻璃产业发展的良好基础。而将光伏玻璃主产地区安徽纳入纯碱期货交割区域，有利于纯碱期货更好地服务下游光伏玻璃产业，服务国家新能源战略，促进光伏产业高质量发展，也是我国期货市场主动服务国家碳达峰、碳中和目标的重要体现。

通过进一步优化纯碱交割区域布局，纯碱期货将更加贴合现货市场实际情况，能更好地满足市场交割需求，增强期货市场服务实体经济的能力。光伏玻璃企业通过开展期货市场套期保值、点价交易、基差贸易、期现套利以及仓单业务等多元化业务模式，可以提前锁定利润，加强成本管理，稳定原料供应，拓展销售及采购渠道，提高资金使用和资源配置效率。通过服务、促进产业链转型，纯碱期货可助力我国绿色能源行业的健康发展。

除了增设纯碱交割区域及指定交割厂库和仓库，郑州商品交易所还将光伏玻璃生产企业列为重点培育的纯碱期货产业客户，持续开展具有针对性的企业培训，不断提升光伏玻璃企业风险管理的意识和能力。

未来，随着新能源及光伏行业发展的不断推进，纯碱期货在助力产业链中下游降低采购成本、保障光伏产业链供应链稳定、服务国家新能源战略、建立清洁低碳的多元能源供应体系中将发挥更大的作用。期货市场也将为实体经济向绿色可持续转型升级提供公平透明的定价机制和多样化的风险管理工具。

自测题

一、不定项选择题

1. 在纯碱期货上市以前，产业链的相关主体只能（　　）承受纯碱现货价格波动风险，给纯碱及其下游的稳健经营带来潜在风险。

A. 主动　　B. 被动　　C. 正向　　D. 反向

2. 以下（　　）业务模式是纯碱企业可以利用期货工具进行的风险管理操作。

A. 套期保值　　B. 合作套保　　C. 仓单业务　　D. 投机获利

3. 纯碱现货企业可以利用期货市场进行风险管理，从而达到以下（　　）效果。

A. 规避价格风险　　B. 拓展贸易渠道

C. 控制成本　　D. 管理库存

4. 纯碱现货企业的仓单业务包含以下（　　）模式。

A. 实物交割　　B. 仓单转让　　C. 冲抵保证金　　D. 仓单质押

5. 纯碱上下游产业链面临的主要风险有（　　）。

A. 宏观　　B. 政策　　B. 成本上升　　D. 价格平稳

6. 纯碱上下游产业链在利用期货市场进行套期保值时，需要遵循的原则有（　　）。

A. 交易方向相同　　B. 商品种类相同或相似

C. 商品数量相等　　D. 合约月份相同或相近

7. 纯碱期货上市以后，现货企业及上下游产业链可以利用期货市场的（　　）功能为全产业链提供公开、透明的价格信息。

A. 价格发现　　B. 风险规避　　C. 资源配置　　D. 套期保值

8. 纯碱下游企业可以根据纯碱期货价格的走势来调整采购进度，当期货价格（　　）时，下游企业可以暂时减少纯碱采购量，从而规避采购成本上升的风险。

A. 上涨　　　　B. 下跌　　　　C. 稳定　　　　D. 区间波动

9. 当纯碱价格均处于持续下跌过程中，纯碱生产企业可以执行的操作有（　　）。

A. 在期货市场上做卖出套期保值

B. 在期货市场上做买入套期保值

C. 在现货市场上卖出纯碱现货

D. 在现货市场上买入纯碱现货

10. 当纯碱价格持续上涨时，纯碱下游企业可以执行的操作有（　　）。

A. 在期货市场上做卖出套期保值

B. 在期货市场上做买入套期保值

C. 在现货市场上卖出纯碱现货

D. 在现货市场上买入纯碱现货

二、判断题

1. 浮法玻璃企业对期货市场的运用仅限于对原料纯碱的买入和卖出套期保值，以及对玻璃产品的卖出套期保值等业务模式。（　　）

2. 企业在评估套期保值效果时，可以单独以现货或期货市场的盈亏来衡量。（　　）

3. 套期保值虽然在一定程度上能够规避价格下行风险，但同时也放弃了由于价格上涨而可能得到的超额盈利机会。（　　）

4. 某玻璃企业判断此后一段时间纯碱将处于供需宽松、价格下行周期，故选择在盘面上以 1600 元/吨的价格卖出纯碱期货 1 万吨，同时现货市场原料采购正常进行，此时纯碱现货价格为 1550 元/吨。一个月后，纯碱现货价格跌至 1450 元/吨，该企业以 1500 元/吨的价格平仓期货头寸。若不考虑交易手续费等因素，该企业通过此次套期保值操作共获利 100 万元。（　　）

5. 纯碱贸易商在产业链中承担着纯碱库存转移、运输、分销至下游等责任，是连接上下游企业的纽带。（　　）

6. 纯碱期货市场具有价格发现、资源配置、风险管理等功能。（　　）

7. 光伏玻璃企业必须直接参与期货市场的套期保值才能够进行有效的风险管理。（　　）

8. 安徽是我国光伏玻璃的主产区，将其纳入纯碱期货交割区域，有利于纯碱期货更好地服务下游光伏玻璃产业，服务国家新能源战略，促进光伏产业高质量发展。 ( )

9. 光伏玻璃的主要原材料为纯碱和石英砂，其中纯碱成本占总成本的近一半。 ( )

10. 贸易商厂库作为期货交易所的重要服务模式，已经成为助力实体企业进行实物交割、参与期现交易、管理经营风险的关键一环。 ( )

参考答案

一、不定项选择题

1. B 2. ABC 3. ABCD 4. ABCD 5. ABC 6. BCD 7. A 8. A 9. A 10. B

二、判断题

1. 错 2. 错 3. 对 4. 错 5. 对 6. 对 7. 错 8. 对 9. 对 10. 对

后　记

本书是专为期货交易者编写的一本普及性读物，适合于纯碱产业链企业和普通交易者阅读。

本书注意实用性、趣味性，以通俗易懂的语言、鲜明生动的案例将理论知识简单化，避免了理论知识阐述过程中的呆板僵硬。对纯碱产业链企业而言，本书具有指导实务操作的作用，书中包含了大量套期保值、套利、风险管理的应用型案例，对企业应用纯碱期货和期权有一定借鉴意义。对于普通交易者而言，本书通过一问一答的形式，由浅入深地剖析纯碱产业的基本面和技术面，有助于交易者快速了解纯碱市场。

与证券、债券等金融工具相比，期货作为风险管理工具，专业性强，杠杆率高，风险大，这在客观上要求交易者具备一定的专业投资知识、经济实力以及风险承受能力。"期市有风险，入市需谨慎！"

本书由于篇幅限制，无法尽述相关实体企业及交易者在期货市场上可能面临的所有具体情况，不管是实体企业还是普通交易者，参与到期货市场中，都务必结合自身需求，制定科学合理的交易策略。企业参与套期保值要避免变成投机，普通交易者要严格评估自身能力，尽可能地熟悉并掌握交易品种的市场特点及操作技巧，并严格控制交易规模，避免遭受不必要的损失。

作为《期货交易者教育系列丛书》之一，本书由中国期货业协会组织编写，光大期货有限公司苑文忠、叶燕武、张笑金、张凌璐同志承担具体编写任务。郑州商品交易所对本书书稿进行了审阅并提出了宝贵建议。

本书在编写过程中还得到了中国证监会投资者保护局、期货部、郑州商品交易所和光大期货有限公司相关领导的指导和帮助，在此表示衷心的感谢！书中的错误之处，敬请批评指正。

中国期货业协会《期货交易者教育系列丛书》编委会

2023 年 7 月

书单

FUTURES

一、系列

序号	系列
(一)	期货投资者教育系列丛书
(二)	金融衍生品系列丛书
(三)	中国期货业发展创新与风险管理研究
(四)	中国期货市场年鉴
(五)	“讲故事　学期货”金融国民教育丛书
(六)	全国期货从业人员资格考试参考用书
(七)	服务实体经济系列
(八)	期货投资者保护丛书
……	……

二、明细

(一) 期货交易者教育系列图书

序号	书名	书号
1	铜期货	978-7-5223-0293-5
2	精对苯二甲酸（PTA）期货	978-7-5223-1405-1
3	玉米	978-7-5095-3193-8
4	铝	978-7-5095-3181-5
5	小麦	978-7-5095-3183-9
6	锌	978-7-5095-3190-7
7	线型低密度聚乙烯（LLDPE）	978-7-5095-3184-6
8	早籼稻	978-7-5095-3076-4

续表

序号	书名	书号
9	棉花期货	978-7-5223-2276-6
10	燃料油	978-7-5095-3034-4
11	菜籽油	978-7-5095-2025-3
12	聚氯乙烯	978-7-5095-2592-0
13	棕榈油	978-7-5095-2589-0
14	黄金	978-7-5095-2532-6
15	白糖期货	978-7-5095-8814-7
16	豆类期货	978-7-5095-8815-4
17	焦煤焦炭期货	978-7-5223-2286-5
18	乙二醇期货	978-7-5223-1645-1
19	铅	978-7-5095-4086-2
20	鸡蛋期货	978-7-5095-5803-4
21	铁矿石期货	978-7-5095-5809-6
22	纤维板、胶合板期货	978-7-5095-5810-2
23	石油沥青期货	978-7-5095-5816-4
24	菜籽系期货	978-7-5095-5743-3
25	白银期货	978-7-5095-5955-0
26	玻璃期货	978-7-5095-5697-9
27	动力煤期货	978-7-5095-5802-7
28	稻谷期货	978-7-5095-5826-3
29	原油期货（第二版）	978-7-5223-2342-8
30	苹果期货	978-7-5223-0455-7
31	花生期货	978-7-5223-0967-5
32	生猪期货	978-7-5223-0851-7
33	天然橡胶期货	978-7-5223-1184-5
34	钢材期货	978-7-5223-1175-3
35	甲醇期货	978-7-5223-1295-8
36	纸浆期货	978-7-5223-1277-4
37	纯碱期货	978-7-5223-2285-8
……	……	……

（二）金融衍生品系列丛书

序号	书名	书号
1	股指期货（第二版）	978-7-5095-9432-2
2	场外衍生品（第二版）	978-7-5095-9596-1
3	国债期货（第二版）	978-7-5095-9601-2
4	金融期权（第二版）	978-7-5095-9598-5
5	外汇期货（第二版）	978-7-5095-9597-8
6	结构化产品（第二版）	978-7-5095-9600-5
7	金融衍生品习题集（第二版）	978-7-5095-9599-2

（三）中国期货业发展创新与风险管理研究

序号	书名	书号
1	中国期货业发展创新与风险管理研究（8）	978-7-5095-6907-8
2	中国期货业发展创新与风险管理研究（9）	978-7-5095-7523-9
3	中国期货业发展创新与风险管理研究（10）	978-7-5095-8144-5
4	中国期货业发展创新与风险管理研究（11）	978-7-5223-0213-3
5	中国期货业发展创新与风险管理研究（12）	978-7-5223-1483-9
6	中国期货业发展创新与风险管理研究（13）	978-7-5223-2215-5
……	……	……

（四）中国期货市场年鉴

序号	书名	书号
1	中国期货市场年鉴（2015年）	978-7-5095-6924-5
2	中国期货市场年鉴（2016年）	978-7-5095-7503-1
3	中国期货市场年鉴（2017年）	978-7-5095-8331-9
4	中国期货市场年鉴（2018年）	978-7-5095-9079-9
5	中国期货市场年鉴（2019年）	978-7-5095-9869-6
6	中国期货市场年鉴（2020年）	978-7-5223-0640-7
7	中国期货市场年鉴（2021年）	978-7-5223-1500-3
……	……	……

（五）“讲故事 学期货”金融国民教育丛书

序号	书名	书号
1	走进期货	978-7-5095-7095-1
2	如何进行期货交易	978-7-5095-7092-0

续表

序号	书名	书号
3	期货的套保和套利	978-7-5095-7093-7
4	期货交易中的“规矩”	978-7-5095-4355-9
5	金属期货	978-7-5095-7087-6
6	农产品期货	978-7-5095-7104-0
7	能化期货	978-7-5095-7088-3
8	金融期货	978-7-5095-7094-4
9	期权	978-7-5095-7217-7
10	场外衍生品	978-7-5095-7091-3

（六）全国期货从业人员资格考试参考用书

序号	书名	书号
1	期货及衍生品基础（第三版）	978-7-5223-1005-3
2	期货法律法规与职业道德	978-7-5223-0997-2
3	期货及衍生品分析与应用（第四版）	978-7-5223-0998-9

（七）服务实体经济系列

序号	书名	书号
1	期货行业主力复工复产案例集	978-7-5223-0168-6
2	期货服务实体经济案例集	978-7-5095-8029-5
……	……	……

（八）期货投资者保护丛书

序号	书名	书号
1	期海导航——期货投资常识与基础知识	978-7-5223-1045-9
2	期海护航——期货交易者合法权益保护	978-7-5223-1531-7

咨询电话：010-88190912

咨询邮箱：jiayanping@cfemg.cn